BIBLICA ET ORIENTALIA - N. 27

WILLIBALD KUHNIGK

NORDWESTSEMITISCHE STUDIEN ZUM HOSEABUCH

ROME
BIBLICAL INSTITUTE PRESS
1974

BIBLICA ET ORIENTALIA

SACRA SCRIPTURA ANTIQUITATIBUS ORIENTALIBUS ILLUSTRATA

1. — W. PAULUS, Marduk Urtyp Christi ? (in-4°). 1928. 66 p., II tab. L.it. 1.500/$2.70
2. — E. BURROWS, Tilmun, Baḫrain, Paradise (in-4°). 1928. 34 p. L.it. 7.200/$12.70
3. — G. MESSINA, I Magi a Betlemme e una predizione di Zoroastro. 1933. 104 p. Divenditus; out of print.
4. — Fr. BLOME, Die Opfermaterie in Babylonien und Israel. I. Teil. 1934. xx-469 p. L.it. 2.900/$5.10
5. — A. DEIMEL, *Enuma Eliš* und Hexaëmeron. 1934. 92 p. Divenditus; out of print.
6. — A. DEIMEL, Die altbabylonische Königsliste und ihre Bedeutung für die Chronologie. 1935. 66 p. Divenditus; out of print.
7. — G. MESSINA, Inizi di lirica ascetica e mistica persiana. 1938. 53 p. L.it. 800/$1.40
8. — I. DI MATTEO, La divinità di Cristo e la dottrina della Trinità in Maometto e nei polemisti musulmani. 1938. 86 p. L.it. 1.100/$1.90
9. — G. MESSINA, Libro apocalittico persiano : Ayātkār-i Žāmāspīk. 1939. 156 p. L.it. 4.600/$8.10
10. — G. MESSINA, Notizia su un diatessaron persiano tradotto dal siriaco. 1943. 128 p., II tab. L.it. 1.800/$3.20
11. — T. O'SHAUGHNESSY, The Koranic Concept of the Word of God. 1948. 72 p. L.it. 1.500/$2.70
12. — E. S. DROWER, Šarḥ ḏ Qabin ḏ Šišlam Rba. 1950. 112 p. L.it. 3.300/$5.80
13. — S. LYONNET, Les origines de la version arménienne de la Bible et le Diatessaron. 1950. 302 p. L.it. 6.900/$12.10
14. — G. MESSINA, Diatessaron persiano. I. Introduzione. II. Testo e traduzione. 1951. CXIV-390 p. L.it. 10.100/$17.70
15. — S. MOSCATI, L'Epigrafia ebraica antica 1935-1950. 1951. XIX-123 p., XXXIV tab. L.it. 6.100/$10.70
16. — D. HILLERS, Treaty-Curses and the Old Testament Prophets. 1964 XIX-101 p. Divenditus; out of print.
17. — M. DAHOOD, Ugaritic-Hebrew Philology. Marginal Notes on Recent Publications. 1965. VIII-89 p. Divenditus; out of print.

18A. — J. FITZMYER, The Genesis Apocryphon of Qumran Cave I. A Commentary. Second, Revised Edition. 1971. XVI-260 p. L.it. 4.700/$8.30

BIBLICA ET ORIENTALIA
(SACRA SCRIPTURA ANTIQUITATIBUS ORIENTALIBUS ILLUSTRATA)
27

ROMAE
E PONTIFICIO INSTITUTO BIBLICO
1974

WILLIBALD KUHNIGK, OSB
Abtei Gerleve, BRD

NORDWESTSEMITISCHE STUDIEN ZUM HOSEABUCH

ROME
BIBLICAL INSTITUTE PRESS
1974

TYPIS PONTIFICIAE UNIVERSITATIS GREGORIANAE — ROMAE

Einleitung

Es sind bereits mehrere Werke bzw. Studien erschienen, deren Autoren es sich jeweils zur Aufgabe gemacht hatten, ein bestimmtes biblisches Buch oder auch nur einen Teil eines solchen zu übersetzen und hinsichtlich seiner Probleme zu bearbeiten im Lichte vor allem der ugaritischen und phönizisch-punischen Texte und mit den Methoden und Erkenntnissen der heutigen nordwestsemitischen Philologie. Aus den letzten Jahren sind etwa zu nennen: besonders M. Dahoods dreibändiger Psalmenkommentar und ferner die von ihm betreuten Dissertationen, wie H.J. van Dijk, Ezekiel's Prophecy on Tyre; A.C.M. Blommerde, Northwest Semitic Grammar and Job; u.a. – Die vorliegende Arbeit „Nordwestsemitische Studien zum Hoseabuch", die ebenfalls unter der Leitung von Prof. M. Dahood geschrieben wurde, möchte die Reihe dieser Bemühungen fortsetzen. Sie wurde im wesentlichen im Frühjahr 1972 abgeschlossen und am 13. November desselben Jahres im Päpstlichen Bibelinstitut zu Rom verteidigt.

Als ich mir seinerzeit das Buch Hosea vornahm, bot sich mir eine positive und eine negative Seite dieses Unternehmens. Ein positiver, verlockender Aspekt war es, daß Hosea der einzige Schriftprophet ist, der aus dem Nordreich stammt. H.S. Nyberg (S. 12) und W. Rudolph (S. 20f) weisen in ihren Kommentaren sicher mit Recht darauf hin, daß wir bei Hosea mit einer eigenen Sprache, einem besonderen nördlichen Dialekt rechnen müssen. Sollte da mit der größeren geographischen Nähe zum nördlichen Kanaan nicht auch eine relativ engere sprachliche Verwandtschaft mit den ugaritischen und phönizischen Dokumenten zu erwarten sein als etwa bei Texten Jerusalemer Herkunft? — Der negative Aspekt besteht in dem hohen Schwierigkeitsgrad dieser Schrift. Hören wir wiederum W. Rudolph, der die Einleitung zu seinem Kommentar mit der Feststellung beginnt: „Dem Hoseabuch geht der Ruf voraus, daß es stellenweise Texte enthält, die zu den am schlechtesten erhaltenen des ganzen AT gehören."

Ich habe nicht alle Texte behandelt und übersetzt, sondern nur solche, zu denen ich etwas Positives beitragen zu können meinte, sei es zur Übersetzung oder zu tieferem Verständnis. Dabei beschränkt sich meine Methode hauptsächlich auf die (vergleichende) Philologie. Wenn ich den ursprünglichen Konsonantenbestand des MT und möglichst auch die masoretische Vokalisation unangetastet ließ, so will ich damit natürlich nicht behaupten, in der hebräischen Bibel im allgemeinen und in der Hoseaschrift im besonderen seien diesbezügliche Fehler undenkbar. Aber ich hielt es doch für lohnend, zu sehen, wie weit man mit dem uns vorliegenden überlieferten Text kommt, und habe entsprechend in dieser Studie nur solche Verse und Abschnitte zusammengetragen, in denen ich dabei zu m.E. erwägenswerten Ergebnissen kam. Fragen, die den philologischen Bereich überschreiten, habe ich weitgehend außer Betracht gelassen ; nicht, weil ich sie nicht für wichtig hielte, sondern weil sie den Rahmen meiner Untersuchungen gesprengt hätten. Deshalb messe ich meinen Darlegungen und Lösungen natürlich von vorn herein einen in diesem Sinne relativen Wert bei und überlasse es kompetenteren Forschern, die hier gebotenen Ergebnisse unter weiteren Gesichtspunkten zu beurteilen.

Aber auch im Rahmen der strengen Philologie konnte ich durchaus nicht immer Endgültiges und ganz Sicheres bringen. Auch da sind viele Beobachtungen und Darlegungen mehr oder weniger als Fragen an den Leser gemeint. So versteht es sich, wenn hin und wieder mehr als ein Lösungsvorschlag geboten wird. Sicher, wie bei jeglicher wissenschaftlichen Untersuchung ist es auch das Bestreben dieses Versuches, Unklarheiten, Dunkelheiten nicht zu schaffen, sondern möglichst zu beseitigen. Doch man kann die Dinge nicht übers Knie brechen. Jeder, der heute auf diesem Felde arbeitet, wird zugeben, wie wir vielfach noch am Anfang stehen, oder, optimistischer ausgedrückt, wie viel da noch zu tun ist [1].

[1] Im Juli 1967 leitete C. H. Gordon sein „ Supplement to the Ugaritic Textbook " ein mit der Feststellung : „ No one working on Ugaritic is under the illusion that finality and perfection are in sight. To the contrary the subject has not yet hit its stride. The bearing of Ugaritic on Old Testament Studies has presumably been evident since the decipherment in 1930 ; and yet Dahood's outstanding service in bringing Ugaritic philology to bear comprehensively on the text of a Hebrew book is not always understood, let alone appreciated, by professional reviewers " (UT S. 549). Das war 1967. Gut ein Jahr vorher waren M. Dahoods Psalms I erschienen, auf die Gordon in einer Fußnote hinweisen konnte. Inzwischen hat sich einiges getan : Dahoods Psalmenkommentar liegt vollständig vor, einschließlich einer systematischen grammatischen Übersicht als Anhang des dritten Bandes (GP). Die anfangs erwähnten Arbeiten unter Dahoods Leitung sind alle seitdem erschienen. 1969 begann die Jahrbuchreihe „ Ugarit-Forschungen " (UF), 1971 wurde in Südafrika die

Meine Untersuchung wurde wesentlich erleichtert und vereinfacht vor allem durch die beiden in den letzten Jahren erschienenen großen Kommentare von H.W. Wolff und W. Rudolph. Deren fleißige und gründliche Arbeit hat es mir auch erlaubt, gewöhnlich auf die Darlegung und Diskussion der jeweiligen Probleme mit umfangreichem bibliographischem Nachweis weitgehend zu verzichten und nur die Lösungsvorschläge mit den dazugehörigen Argumenten zu bringen. Auf diese beiden Kommentare sei also grundsätzlich verwiesen, auch wo es nicht eigens gesagt wird.

Hat sich mein Hauptaugenmerk auch auf das Hoseabuch gerichtet, so ging es natürlich nicht ohne einen häufigen Blick „ über den Zaun “ in andere biblische Bücher. Zur weiteren Begründung meiner Ergebnisse bei Hosea habe ich auch manche Beispiele anderswo gesucht und gefunden, die ich größerer Übersicht halber gewöhnlich in entsprechenden Exkursen zusammengestellt habe.

Der Fachmann wird sich schon bei der Lektüre dieser Einleitung, ja, bereits angesichts des Titels dieser Arbeit, besonders an H.S. Nybergs „ Studien zum Hoseabuche “ erinnert fühlen, und Nyberg wurde auch anfangs schon kurz genannt. Er hat seinerzeit mit den damaligen Möglichkeiten einen Neuansatz unternommen, und an sein Anliegen und seine Ergebnisse konnte ich in einigen Punkten anknüpfen. Ihm ist es bei seiner großen Gelehrsamkeit gelungen, die Hoseaforschung trotz mancher Zeitbedingtheiten einige Schritte weiterzuführen. Wenn die vorliegende Arbeit nach dem Urteil der Fachwelt wiederum ein Stückchen voranbringt, hat sie für mich ihr Ziel erreicht.

Gerleve, März 1973 Willibald Kuhnigk OSB

Zeitschrift „ Journal of Northwest Semitic Languages “ (herausgegeben von F.C. Fensham) gegründet. Das seien nur Beispiele. Die beiden zuletzt genannten Reihen haben aber sicherlich nicht begonnen, um in wenigen Jahren aus Mangel an Stoff wieder einzugehen.

Inhaltsverzeichnis

Einleitung V

Inhaltsverzeichnis IX

Siglen- und Abkürzungsverzeichnis XIII

Literaturverzeichnis XVII

Nordwestsemitische Studien zum Hoseabuch 1

Hos 1,3b(6.8) 1
Hos 1,4.5 2
Hos 1,6 4
Hos 1,9b 4

Hos 2,2aα 5
Hos 2,2aβ 8
Hos 2,5b 10
Hos 2,7b 10
Hos 2,8 14
Scholion 17
Hos 2,9bα 18
Hos 2,10 19
Hos 2,11b 21
Hos 2,19 23
Hos 2,20a 24
Hos 2,23(f) 25

Hos 3,4 25

Hos 4,1bβ 25
Hos 4,2 26
Scholion 27
Hos 4,3 28
Hos 4,4a 29
Hos 4,4b-6 30
Exkurs: Hosea und Dtn 32,1-43 35
Hos 4,7 40
Exkurs: Zwei weitere m.E. mögliche Beispiele von Afel-Formen in der hebräischen Bibel 44

Hos 4,8 45
Hos 4,9b 46
Hos 4,10b(f) 47
Hos 4,11(f) 47
Hos 4,13a 48
Hos 4,13b.14aα 49
Hos 4,14aβ 50
Hos 4,16 50
Exkurs: Zwei weitere Texte, in denen wohl auf die Unterwelt angespielt wird: Jes 15,9 – 16,1 und 19,1-15 53

Hos 5,1 57
Hos 5,4a 59
Exkurs: Weitere (mögliche) Beispiele für shared consonants, die in den in Anm. 214 genannten Veröffentlichungen noch nicht erwähnt sind 60
Alef 60
Bet 61
He 61
Waw 63
Kaf 63
Mem 65
Hos 5,5 66
Hos 5,6 67
Hos 5,7 68
Exkurs: Weitere Vorschläge einer Qal-Passiv-Punktierung in nichthoseanischen Texten 71
Hos 5,8 72
Hos 5,14 74
Hos 5,15a 74
Hos 5,15(b); 10,14aβb; 11,4aα (Double-Duty Modifiers) 75
Exkurs: Double-Duty Modifiers in anderen biblischen Büchern . . 76
a) Vokativ als double-duty modifier 76
b) Nicht-Vokativ als double-duty modifier 77

Hos 6,2abα 80
Hos 6,5 81
Hos 6,7 82
Scholion 83
Hos 6,8.9a 86
Hos 7,1aβb 87
Hos 7,3 89
Hos 7,4-6 90
Hos 7,7 93
Hos 7,9 93
Hos 7,10abα 93
Hos 7,11b 94

Hos 7,12a . . . 95
Hos 7,13a . . . 95
Hos 7,14-16 . . . 96

Hos 8,2 . . . 102
Hos 8,3(f) . . . 104
Hos 8,4a . . . 105
Hos 8,5a . . . 106
Hos 8,6b . . . 106
Hos 8,11 . . . 107
Hos 8,14 . . . 108

Hos 9,1-4 . . . 109
Hos 9,5 . . . 115
Hos 9,6a.7a . . . 115
Hos 9,7a . . . 115
Hos 9,7b . . . 116

Hos 10,1 . . . 117
Hos 10,2a . . . 119
Hos 10,6a . . . 120
Hos 10,11f . . . 121
Hos 10,13 . . . 124
Hos 10,14aα . . . 125
Hos 10,14aβb . . . 126

Hos 11,1-4 . . . 126
Hos 11,5 . . . 133
Hos 11,6f . . . 134
Hos 11,8a . . . 139
Hos 11,9bα . . . 140
Hos 11,11 . . . 141

Hos 12,1f . . . 142
Hos 12,5 . . . 146
Hos 12,7a . . . 147
Hos 12,12aβb . . . 148
Hos 12,15b . . . 149

Hos 13,2b . . . 149
Hos 13,8b . . . 150
Hos 13,10 . . . 150
Hos 13,11 . . . 151
Hos 13,14aβbα . . . 152
Hos 13,15bβ . . . 152

Hos 14,1 . . . 153
Hos 14,3 . . . 154
Hos 14,9abα . . . 156
Hos 14,10 . . . 157

Register 159

1) Personen 159

2) Sachen 161

3) Wörter 164
- a) hebräische 164
- b) ugaritische 166
- c) sonstige (in Auswahl) 166

4) Wortparallelen („ Parallel Pairs “) 166
- a) hebräisch–ugaritische 166
  - 1. im Hoseabuch 166
  - 2. außerhalb des Hoseabuches 167
- b) hebräisch–phönizische (nur im Hoseabuch) 167
- c) hebräisch-innerbiblische 167

5) Texte 168
- a) biblische 168
- b) ugaritische 175
- c) phönizisch–punische 177
- d) aramäische 177
- e) Qumran 177

Siglen- und Abkürzungsverzeichnis

Die hier aufgeführten Werke sind gewöhnlich im Literaturverzeichnis nicht eigens genannt.

AB	The Anchor Bible, Garden City, N.Y.
ActOr.	Acta Orientalia.
ANET²	J.B. Pritchard, Ancient Near Eastern Texts Relating to the Old Testament. Princeton, New Jersey ²1955.
ATD	Das Alte Testament Deutsch, Göttingen.
BASOR	Bulletin of the American Schools of Oriental Research. New Haven, Connecticut [SS = Supplementary Studies].
BBB	Bonner Biblische Beiträge, Bonn.
BHK².	Biblia Hebraica, hg. von R. Kittel. Leipzig ²1913.
BHK³.	Biblia Hebraica, hg. von R. Kittel. Stuttgart ³1937.
BHS	Biblia Hebraica Suttgartensia, hg. von K. Elliger und W. Rudolph. Stuttgart 1968 ff.
Bib.	Biblica, Roma.
BibOr.	Bibbia e Oriente, Genova.
BJ	La Sainte Bible traduite en francais sous la direction de l'École Biblique de Jérusalem. Paris 1961.
BJ, deutsche Ausgabe . .	Die Bibel. Die Heilige Schrift des Alten und Neuen Bundes. Deutsche Ausgabe mit den Erläuterungen der Jerusalemer Bibel, hg. von D. Arenhoevel, A. Deissler, A. Vögtle. Freiburg 1968.
BK.	Biblischer Kommentar. Altes Testament, Neukirchen-Vluyn.
BL	H. Bauer – P. Leander, Historische Grammatik der hebräischen Sprache des Alten Testamentes. Mit einem Beitrag von P. Kahle. Hildesheim 1965 [Reprografischer Nachdruck der Ausgabe Halle 1922].
BZ	Biblische Zeitschrift, Paderborn.
BZAW	Beihefte zur Zeitschrift für die Alttestamentliche Wissenschaft, Berlin.
CBQ	Catholic Biblical Quarterly, Washington, D.C.
CC	Corpus Christianorum, Turnholti.

COT . . . . . . Commentaar op het Oude Testament, Kampen.
EH. . . . . . . Exegetisches Handbuch zum Alten Testament, Münster.
EstBíb . . . . . Estudios Bíblicos, Madrid.
ETL . . . . . . Ephemerides Theologicae Lovanienses, Louvain.
GB . . . . . . W. Gesenius – F. Buhl, Hebräisches und aramäisches Handwörterbuch über das Alte Testament. Unveränderter Neudruck der 1915 erschienenen 17. Auflage. Berlin 1954.
GK. . . . . . . W. Gesenius – E. Kautzsch, Hebräische Grammatik. Leipzig ^{28}1909.
GP . . . . M. Dahood – T. Penar, The Grammar of the Psalter, in : AB XVII A. Garden City, N.Y. 1970, S. 361-456.
HALAT. . . . . Hebräisches und Aramäisches Lexikon zum Alten Testament von L. Koehler und W. Baumgartner. 3. Auflage neu bearbeitet von W. Baumgartner unter Mitarbeit von B. Hartmann und E.Y. Kutscher (1. Lieferung). Leiden 1967.
HAT . . . . . . Handbuch zum Alten Testament, Tübingen.
HK. . . . . . . Handkommentar zum Alten Testament, Göttingen.
HS . . . . Die Heilige Schrift des Alten Testamentes, hg. von F. Feldmann und H. Herkenne. Bonn.
HUCA . . . . . Hebrew Union College Annual, Cincinnati.
JAOS. . . . . . Journal of the American Oriental Society. New Haven, Conn.
JBL . . . . . . Journal of Biblical Literature, Philadelphia.
JCS . . . . . . Journal of Cuneiform Studies, New Haven, Conn.
JNES. . . . . . Journal of Near Eastern Studies, Chicago.
JTS . . . . . . Journal of Theological Studies, N.S. Oxford/London.
k . . . . . . *k^{e}tîb*
KAI . . . . . . H. Donner – W. Röllig, Kanaanäische und aramäische Inschriften. Mit einem Beitrag von O. Rössler. 3 Bde. Wiesbaden 1962-1964.
KAT . . . . . . Kommentar zum Alten Testament, Gütersloh.
KBL^2 . . . . . L. Koehler – W. Baumgartner, Lexicon in Veteris Testamenti Libros. Leiden ^{2}1958.
KHC . . . . . . Kurzer Hand-Commentar zum Alten Testament, Tübingen.
MT . . . . . . Masoretischer Text.
NEB . . . . . . The New English Bible. Oxford–Cambridge 1970.
NTD . . . . . . Das Neue Testament Deutsch, Göttingen.
Or . . . . Orientalia, Roma.
OTS . . . . . . Oudtestamentische Studiën, Leiden.

Pattloch-B . . .	Die Heilige Schrift. Familienbibel. Altes und Neues Testament. Vollständige Ausgabe nach den Grundtexten übersetzt von V. Hamp, M. Stenzel, J. Kürzinger. Anmerkungen von E. Beck und G. Miller. Aschaffenburg (Paul Pattloch Verlag) 1966.
q	*q*ᵉ*rê*
RB	Revue Biblique, Paris.
RSP I	Ras Shamra Parallels. The Texts from Ugarit and the Hebrew Bible. Band I, hg. von L.R. Fisher (Analecta Orientalia 49). Roma 1972.
RSV	Revised Standard Version, 1946, 1952.
ThStKr	Theologische Studien und Kritiken, Gotha.
TLZ	Theologische Literaturzeitung, Leipzig, Berlin.
UF	Ugarit-Forschungen. Internationales Jahrbuch für die Altertumskunde Syrien-Palästinas, hg. von K. Bergerhof, M. Dietrich, O. Loretz, J.C. de Moor. Neukirchen-Vluyn.
Ugaritica V . . .	Nouveaux textes accadiens, hourrites et ugaritiques des archives et bibliothèques privées d'Ugarit ; commentaires des textes historiques (première partie) par J. Nougayrol, E. Laroche, C. Virolleaud, C.F.A. Schaeffer. Avec la collaboration de A. Herdner, J. Yoyotte J.-M. Aynard, L. Courtois, I. de Chalon-Schaeffer, M. Sznycer, J.-C. Courtois (Mission de Ras Shamra XVI). Paris 1968.
UHP	M. Dahood, Ugaritic–Hebrew Philology, siehe Literaturverzeichnis.
UT	C.H. Gordon, Ugaritic Textbook (Analecta Orientalia 38). Rome 1965, mit Supplement 1967.
UUÅ	Uppsala Universitets Årsskrift, Uppsala.
VD	Verbum Domini, Roma.
VT	Vetus Testamentum, Leiden.
VTS	Supplements to Vetus Testamentum, Leiden.
ZAW	Zeitschrift für die Alttestamentliche Wissenschaft, Berlin.

Alle sonst verwendeten Abkürzungen dürften geläufig sein.

Kommentare und monographische Studien zum Hoseabuch werden gewöhnlich nur mit dem Namen des Autors zitiert.

Literaturverzeichnis

Aistleitner, J., Wörterbuch der ugaritischen Sprache. Hg. von O. Eißfeldt (Berichte über die Verhandlungen der Sächsischen Akademie der Wissenschaften zu Leipzig. Philologisch-historische Klasse Bd. 106 Heft 3). Berlin ³1967.

Albright, W.F., Anath and the Dragon : BASOR 84 (1941) 14-17.

Andersen, F.I., A Short Note on Construct *k* in Hebrew : Bib 50 (1969) 68f.

——, Biconsonantal Byforms of Weak Hebrew Roots : ZAW 82 (1970) 270-274.

Bach, R., Die Erwählung Israels in der Wüste. Maschinenschriftl. Diss. Bonn 1952 [Referat in : TLZ 78 (1953) Sp. 687].

Bartina, S., „Cada uno a lo suyo". Una frase hecha en Oseas 14,9 : EstBíb 27 (1968) 247-249.

Baumann, E., Das Lied Mose's (Dt. XXXII 1-43) auf seine gedankliche Geschlossenheit untersucht : VT 6 (1956) 414-424.

Beyer, K., Althebräische Grammatik. Laut- und Formenlehre. Göttingen 1969.

Bittner, M., Studien zur Laut- und Formenlehre der Mehri-Sprache in Südarabien (Sitzungsberichte der philosophisch-historischen Klasse der Kaiserlichen Akademie der Wissenschaften in Wien 162/5). Wien 1909.

Blau, J., Über homonyme und angeblich homonyme Wurzeln II : VT 7 (1957) 98-102.

Blau, J. – Loewenstamm, S.E., Zur Frage der Scriptio plena im Ugaritischen und Verwandtes : UF 2 (1970) 19-33.

Blommerde, A.C.M., Northwest Semitic Grammar and Job (Biblica et Orientalia 22). Rome 1969.

Brekelmans, C., Some Considerations on the Translation of the Psalms by M. Dahood. I. The Preposition *b* = from in the Psalms According to M. Dahood : UF 1 (1969) 5-14.

Bright, J., Geschichte Israels. Von den Anfängen bis zur Schwelle des Neuen Bundes. Düsseldorf 1966.

Brockelmann, C., Hebräische Syntax. Neukirchen 1956.

Brongers, H.A., Bemerkungen zum Gebrauch des adverbialen *we'attāh* im Alten Testament (Ein lexikologischer Beitrag) : VT 15 (1965) 289-299.
Buber, M. – Rosenzweig, F., Hoschea, in : Bücher der Kündung. Neubearbeitete Ausgabe. Köln 1958, S. 591-618.
Budde, K., Das Rätsel von Micha 1 : ZAW 37 (1917/18) 77-108.
——, Der Abschnitt Hosea 1–3 und seine grundlegende religionsgeschichtliche Bedeutung : ThStKr 96/97 (1925) 1-89.
——, Zu Text und Auslegung des Buches Hosea : JBL 45 (1926) 280-297.
Buss, M.J., The Prophetic Word of Hosea. A Morphological Study (BZAW 111). Berlin 1969.
Cazelles, H., La titulature du Roi David, in : Mélanges André Robert. Paris 1957, S. 131-136.
Chomsky, W., David Ḳimḥi's Hebrew Grammar, siehe Ḳimḥi, David.
Coote, R.B., Hosea XII : VT 21 (1971) 389-402.
Dahood, M., Rezension : T.H. Robinson – F. Horst, Die Zwölf Kleinen Propheten ²1954 : CBQ 17 (1955) 103f.
——, Some Northwest-Semitic Words in Job : Bib 38 (1957) 306-320.
——, The Value of Ugaritic for Textual Criticism : Bib 40 (1959) 160-170.
——, Northwest Semitic Philology and Job, in : The Bible in Current Catholic Thought (Gruenthaner Memorial Volume, hg. von J.L. McKenzie). Saint Mary's Theology Studies 1. New York 1962, S. 55-74.
——, Proverbs and Northwest Semitic Philology (Scripta Pontificii Instituti Biblici 113). Roma 1963.
——, Hebrew–Ugaritic Lexicography I : Bib 44 (1963) 289-303 ; – II : Bib 45 (1964) 393-412 ; – III : Bib 46 (1965) 311-332 ; – IV : Bib 47 (1966) 403-419 ; – V : Bib 48 (1967) 421-438 ; – VI : Bib 49 1968) 355-369 ; – VII : Bib 50 (1969) 337-356 ; – VIII : Bib 51 (1970) 391-404 ; – IX : Bib 52 (1971) 337-356.
——, Ugaritic Lexicography, in : Mélanges Eugène Tisserant I (Studi e Testi 231). Città del Vaticano 1964, S. 81-104.
——, Ugaritic–Hebrew Philology. Marginal Notes on Recent Publications (Biblica et Orientalia 17). Rome 1965.
——, The Phoenician Background of Qoheleth : Bib 47 (1966) 264-282.
——, Psalms. 3 Bde. (AB XVI/XVII/XVII A). Garden City, N.Y. 1966-1970.
——, A New Metrical Pattern in Biblical Poetry : CBQ 29 (1967) 574-579.
——, Ugaritic and the Old Testament : ETL 44 (1968) 35-54.
——, Proverbs 8,22-31. Translation and Commentary : CBQ 30 (1968) 512-521.
——, Ugaritic–Hebrew Syntax and Style : UF 1 (1969) 15-36.

——, Rezension : J. Nougayrol u. a., Ugaritica V. Nouveaux textes accadiens, hourrites et ugaritiques des archives et bibliothèques privées d'Ugarit ; commentaires des textes historiques (première partie) : Or 39 (1970) 375-379.

Deissler, A., Osée, in : L. Pirot – A. Clamer, La Sainte Bible VIII/1. Paris 1961, S. 25-131.

Delcor, M., Habacuc, in : L. Pirot – A. Clamer, La Sainte Bible VIII/1. Paris 1964, S. 389-433.

van Dijk, H.J., Ezekiel's Prophecy on Tyre (Ez. 26,1 – 28,19). A New Approach (Biblica et Orientalia 20). Rome 1968.

Donner, H., Israel unter den Völkern. Die Stellung der klassischen Propheten des 8. Jahrhunderts v. Chr. zur Außenpolitik der Könige von Israel und Juda (VTS 11). Leiden 1964.

Driver, G.R., Studies in the Vocabulary of the Old Testament VIII : JTS 36 (1935) 293-301.

——, Confused Hebrew Roots, in : Occident and Orient (M. Gaster Anniversary Volume). London 1936, S. 73-82.

——, Linguistic and Textual Problems : Isaiah I–XXXIX : JTS 38 (1937) 36-50.

——, Problems of the Hebrew Text and Language, in : Festschrift F. Nötscher (BBB 1). Bonn 1950, S. 46-61.

——, Isaiah 52,13 – 53,12 : the Servant of the Lord, in : In Memoriam Paul Kahle, hg. von M. Black – G. Fohrer (BZAW 103). Berlin 1968, S. 90-105.

Duhm, B., Anmerkungen zu den Zwölf Propheten II. Buch Hosea : ZAW 31 (1911) 18-43.

——, Das Buch Jesaja (HK III/1). Göttingen ^{4}1922.

Ehrlich, A.B., Randglossen zur hebräischen Bibel V. Hildesheim 1968 [Reprografischer Nachdruck der Ausgabe Leipzig 1912].

Eichrodt, W., Der Herr der Geschichte. Jesaja 13-23 und 28-39 (Die Botschaft des Alten Testaments XVII/2). Stuttgart 1967.

Elliger, K., Eine verkannte Kunstform bei Hosea (Zur Einheit von Hos 5,1f) : ZAW 69 (1957) 151-160.

Feldmann, F., Das Buch Isaias. 2 Bde. (EH XIV/1-2). Münster 1925/26.

Fischer, J., Das Buch Isaias I. Kapitel 1-39 (HS VII 1/1). Bonn 1937.

Fitzmyer, J.A., The Aramaic Inscriptions of Sefîre (Biblica et Orientalia 19). Rome 1967.

Fohrer, G., Das Buch Hiob (KAT XVI). Gütersloh 1963.

Freedman, D.N., Archaic Forms in Early Hebrew Poetry : ZAW 72 (1960) 101-107.

——, The Chronology of Israel and the Ancient Near East. Section A. Old Testament Chronology, in : The Bible and the Ancient Near East (Essays in honor of W.F. Albright, hg. von G.E. Wright). London 1961, S. 203-214.225-228.

——, Is Justice Blind? (Is 11,3f.): Bib 52 (1971) 536.
——, The Broken Construct Chain: Bib 53 (1972) 534-536.
Friedrich, J., Phönizisch-Punische Grammatik (Analecta Orientalia 32). Roma 1951.
Friedrich, J. – Röllig, W., Phönizisch-Punische Grammatik (Analecta Orientalia 46). Roma ²1970.
Galbiati, E., La struttura sintetica di Osea 2, in: Studi sull'Oriente e la Bibbia (Festschrift G. Rinaldi). Genova 1967, S. 317-328.
Galling, K., Prediger Salomo, in: HAT XVIII. Tübingen 1940, S. 47-90.
Gaster, T.H., Myth, Legend, and Custom in the Old Testament. A comparative study with chapters from Sir James G. Frazer's *Folklore in the Old Testament.* New York and Evanston 1969.
van Gelderen, C. – Gispen, W.H., Het Boek Hosea (COT). Kampen 1953.
Gerleman, G., Das Hohelied (Canticum Canticorum), in: BK XVIII. Neukirchen-Vluyn 1965, S. 41-235.
Ginsberg, H.L., The Legend of King Keret. A Canaanite Epic of the Bronze Age (BASOR SS 2-3). New Haven, Conn. 1946.
Glück, J.J., Paronomasia in Biblical Literature: Semitics 1 (1970) 50-78.
Good, E.M., Hosea 5,8 – 6,6: An Alternative to Alt: JBL 85 (1966) 273-286.
Gordis, R., The Text and Meaning of Hosea XIV 3: VT 5 (1955) 88-90.
Gordon, C.H., Ugaritic Literature. A Comprehensive Translation of the Poetic and Prose Texts. Roma 1949.
——, Ugarit and Minoan Crete. The Bearing of their Texts on the Origins of Western Culture. New York 1966.
——, His Name is „One": JNES 29 (1970) 198f.
Greenberg, M., Rezension: H.J. van Dijk, Ezekiel's Prophecy on Tyre (Ez. 26,1 – 28,19). A New Approach: JAOS 90 (1970) 536-540.
Greenfield, J.C., Studies in West Semitic Inscriptions I. Stylistic Aspects of the Sefîre Treaty Inscriptions: ActOr 29 (1965) 1-18.
Harris, Z.S., A Grammar of the Phoenician Language (American Oriental Series 8). New Haven, Conn. 1936.
Haussig, H.W., Wörterbuch der Mythologie I/1. Götter und Mythen im Vorderen Orient. Stuttgart 1965.
Held, M., The Action-Result (Factitive-Passive) Sequence of Identical Verbs in Biblical Hebrew and Ugaritic: JBL 84 (1965) 272-282.
Herdner, A., Corpus des Tablettes en Cunéiformes Alphabétiques découvertes à Ras Shamra–Ugarit de 1929 à 1939. 2 Bde. (Mission de Ras Shamra X). Paris 1963.
Herranz, M., Demologia del A.T.: los sedim: EstBíb 27 (1968) 301-313.
Hertzberg, H.W., Die Samuelbücher (ATD X). Göttingen ²1960.
——, Der Prediger, in: KAT XVII/4-5. Gütersloh 1963, S. 19-238.
Hieronymus, S. Presbyter, Commentariorum in Osee prophetam libri III, in: CC 76. Turnholti 1969, S. 1-158.

Hillers, D.R., A Convention in Hebrew Literature : The Reaction to Bad News : ZAW 77 (1965) 86-90.

Holladay, W.L., Style, Irony, and Authenticity in Jeremiah : JBL 81 (1962) 44-54.

——, *'EREṢ* – „ Underworld " : Two More Suggestions : VT 19 (1969) 123f.

Holman, J., Analysis of the Text of Ps 139 : BZ 14 (1970) 37-71 ; 198-227.

Huesman, J., Finite Uses of the Infinitive Absolute : Bib 37 (1956) 271-295.

——, The Infinitive Absolute and the Waw+Perfect Problem : Bib 37 (1956) 410-434.

Jastrow, M., A Dictionary of the Targumim, the Talmud Babli and Yerushalmi, and the Midrashic Literature. New York 1950.

Joüon, P., Grammaire de l'Hébreu biblique. Rome 1923.

——, Notes de lexicographie hébraique XV. Racine *'šm* : Bib 19 (1938) 454-459.

Junker, H., Textkritische, formkritische und traditionsgeschichtliche Untersuchung zu Os 4,1-10 : BZ 4 (1960) 165-173.

Kaiser, O., Der Prophet Jesaja. Kapitel 1 – 12 (ATD XVII). Göttingen 1963.

Ḳimḥi, David, Hebrew Grammar (Mikhlol). Systematically Presented and Critically Annotated by W. Chomsky. New York 1952.

Köhler, B., Sacharja IX 9. Ein neuer Übersetzungsvorschlag : VT 21 (1971) 370.

König, E., Historisch-kritisches Lehrgebäude der hebräischen Sprache. Mit comparativer Berücksichtigung des Semitischen überhaupt. II/2. Syntax. Leipzig 1897.

——, Hebräisches und aramäisches Wörterbuch zum Alten Testament. Leipzig 2-31922.

——, Das Buch Jesaja. Gütersloh 1926.

Kraus, H.J., Psalmen (BK XV). Neukirchen 21961.

Krinetzki, L., Das Hohe Lied. Kommentar zu Gestalt und Kerygma eines alttestamentlichen Liebesliedes. Düsseldorf 1964.

Krszyna, H., Literarische Struktur von Os 2,4-17 : BZ 13 (1969) 41-59.

Lohfink, N., Zu Text und Form von Os 4,4-6 : Bib 42 (1961) 303-332.

Macdonald, J., The Samaritan Chronicle No. II (or : Sepher Ha-Yamim). From Joshua to Nebuchadnezzar (BZAW 107). Berlin 1969.

Mandelkern, S., Veteris Testamenti Concordantiae Hebraicae atque Chaldaicae. Hierosolymis et Tel Aviv 71967.

Marti, K., Das Dodekapropheton (KHC XIII). Tübingen 1904.

McCarthy, D.J., Notes on the Love of God in Deuteronomy and the

Father-Son Relationship between Yahweh and Israel: CBQ 27 (1965) 144-147.
——, Rezension: L. Perlitt, Bundestheologie im Alten Testament: Bib 53 (1972) 110-121.
McDaniel, T.F., Philological Studies in Lamentations: Bib 49 (1968) 27-53; 199-220.
Meyer, R., Hebräische Grammatik II. Formenlehre, Flexionstabellen (Sammlung Göschen 764/764a/764b). Berlin ^{3}1969.
Milik, J.T., „Prière de Nabonide" et autres écrits d'un cycle de Daniel. Fragments araméens de Qumrân 4: RB 63 (1956) 407-415.
de Moor, J.C., Ugaritic *hm* – Never , Behold ': UF 1 (1969) 201f.
——, Studies in the New Alphabetic Texts from Ras Shamra II: UF 2 (1970) 303-327.
Noth, M., Das zweite Buch Mose. Exodus (ATD V). Göttingen ^{2}1961.
Nowack, W., Die kleinen Propheten (HK III/4). Göttingen ^{3}1922.
Nyberg, H.S., Studien zum Hoseabuche. Zugleich ein Beitrag zur Klärung des Problems der alttestamentlichen Textkritik (UUÅ 1935/6). Uppsala 1935.
O'Callaghan, R.T., Echoes of Canaanite Literature in the Psalms: VT 4 (1954) 164-176.
Paul, S.M., The Image of the Oven and the Cake in Hosea VII 4-10: VT 18 (1968) 114-120.
Payne Smith, R., Thesaurus Syriacus. Oxonii 1901.
Perles, F., Analekten zur Textkritik des Alten Testaments II (= Neue Folge). Leipzig 1922.
Pope, M.H., El in the Ugaritic Texts (VTS 2). Leiden 1955.
von Rad, G., Das fünfte Buch Mose. Deuteronomium (ATD VIII). Göttingen 1964.
Rin, S. und S., Ugaritic–Old Testament Affinities II: BZ 11 (1967) 174-192.
Robinson, T.H., Hosea, in: HAT XIV. Tübingen 1938, S. 1-54.
Rudolph, W., Das Hohe Lied, in: KAT XVII/1-3. Gütersloh 1962, S. 73-186.
——, Jesaja XV-XVI, in: Hebrew and Semitic Studies, presented to G.R. Driver. Oxford 1963, S. 130-143.
——, Hosea (KAT XIII/1). Gütersloh 1966.
——, Jeremia (HAT XII). Tübingen ^{3}1968.
Rupprecht, K., *'lh mn h'rṣ* (Ex 1,10; Hos 2,2): „sich des Landes bemächtigen"?: ZAW 82 (1970) 442-447.
Sabottka, L., Zephanja. Versuch einer Neuübersetzung mit philologischem Kommentar (Biblica et Orientalia 25). Rom 1972.
Schegg, P., Die kleinen Propheten I. Osee – Michäas. Regensburg 1854.
Schlatter, A., Paulus der Bote Jesu. Eine Deutung seiner Briefe an die Korinther. Stuttgart ^{3}1962.

Singer, A.D., The Vocative in Ugaritic, JCS 2 (1948) 1-10.
Soggin, J.A., Osea 11,5 (cfr. 10,9b ?) : lamed „ enfatico " ? : BibOr 9 (1967) 42.
——, Textkritische Untersuchung von Ps. VIII VV. 2-3 und 6 : VT 21 (1971) 565-571.
Solá-Solé, J.M., L'infinitif sémitique (Bibliothèque de l'école pratique des hautes études. Section des sciences historiques et philologiques, fasc. 315). Paris 1961.
Speiser, E.A., Genesis (AB I). Garden City, N.Y. 1964.
Sperber, A., The Bible in Aramaic. Based on Old Manuscripts and Printed Texts. II. The Former Prophets According to Targum Jonathan. Leiden 1959 ; – III. The Latter Prophets According to Targum Jonathan. Leiden 1962.
Tournay, R., Rezension : A.C.M. Blommerde, Northwest Semitic Grammar and Job : RB 77 (1970) 619f.
Tromp, N.J., Primitive Conceptions of Death and the Nether World in the Old Testament (Biblica et Orientalia 21). Rome 1969.
Tsevat, M., Alalakhiana : HUCA 29 (1958) 109-136.
van Uchelen, N.A., *'nšy dmym* in the Psalms : OTS 15 (1969) 205-212.
Vannorsdall, A.O., The Use of the Covenant Liturgy in Hosea. Dissertation Boston University Graduate School 1968. Microfilm, Ann Arbor, Mich.
Vogt, E., Lexicon linguae aramaicae Veteris Testamenti, documentis antiquis illustratum. Roma 1971.
Wagner, M., Die lexikalischen und grammatikalischen Aramaismen im alttestamentlichen Hebräisch (BZAW 96). Berlin 1966.
Watson, W.G.E., Shared Consonants in Northwest Semitic : Bib 50 (1969) 525-533.
——, More on Shared Consonants : Bib 52 (1971) 44-50.
van der Weiden, W.A., Radix hebraica *'rb* : VD 44 (1966) 97-104.
——, Le livre des Proverbes. Notes philologiques (Biblica et Orientalia 23). Rome 1970.
Weiser, A., Die Psalmen (ATD XIV/XV). Göttingen ^{4}1955.
——, Hosea, in : ATD XXIV. Göttingen ^{4}1963, S. 11-104.
Wendland, H.-D., Die Briefe an die Korinther, in : NTD III. Göttingen 1968.
Westermann, C., Das Loben Gottes in den Psalmen. Göttingen ^{3}1963.
——, Das Buch Jesaja. Kapitel 40 – 66 (ATD XIX). Göttingen 1966.
Willi-Plein, I., Vorformen der Schriftexegese innerhalb des Alten Testaments. Untersuchungen zum literarischen Werden der auf Amos, Hosea und Micha zurückgehenden Bücher im hebräischen Zwölfprophetenbuch (BZAW 123). Berlin 1971.
Wolff, H.W., Dodekapropheton 1. Hosea (BK XIV/1). Neukirchen ^{1}1961 ; ^{2}1965.

Yoder, P.B., A-B Pairs and Oral Composition in Hebrew Poetry : VT 21 (1971) 470-489.
Young, D.W., Notes on the Root *ntn* in Biblical Hebrew : VT 10 (1960) 457-459.
Ziegler, J., Duodecim prophetae (Septuaginta Vetus Testamentum Graecum XIII). Göttingen 1943.
Zimmerli, W., Ezechiel (BK XIII). Neukirchen-Vluyn 1969.
——. Rezension : H.J. van Dijk, Ezekiel's Prophecy on Tyre (Ez. 26,1 – 28,19). A New Approach : Bib 51 (1970) 144-149.
Zorell, F., Lexicon hebraicum (et aramaicum) Veteris Testamenti (Fasc. 1-9). Roma 1966.

Nordwestsemitische Studien zum Hoseabuch

Hos 1,3b(6.8)

wattahar wattēled lô bēn

Und sie wurde schwanger und gebar ihm einen Sohn.

C.H. Gordon schreibt im UT S. 145 : „ Nowhere does the proximity of Heb. and Ugar. manifest itself more plainly than in the pairs of synonyms used parallelistically in both languages " [2]. Entsprechend möchte ich in dieser Arbeit jeweils auf solche Parallelen im strikten Sinne wie auch darüber hinaus auf idiomatische Verbindungen und Wendungen, soweit ich sie im Hoseabuch entdecken konnte, hinweisen.

Das in Hos 1,3b.6.8 und auch sonst in der Bibel vorkommende Nebeneinander von *hārâ* [3] und *yālad* ist im Ugaritischen bisher zweimal

[2] Zur Diskussion über die sprachliche Klassifizierung des Ugaritischen und ihre Konsequenzen siehe ferner etwa : M. Dahood, Mélanges Eugène Tisserant I S. 82 ; ders., UHP S. 43 sowie Psalms II S. 54 ; Psalms III S. 445 und neuestens RSP I S. 85f.

[3] Die Transkription des Hebräischen ist die des Catholic Biblical Quarterly.

belegt [4]: in UT 67 : V : 22 *w[th]rn wtldn mṯ* „ und sie empfing und gebar den Mṯ " und in UT 132 : 5 *hry wyld*, in einem leider schwer beschädigten Text.

Auch die Verbindung *yālad* + *bēn*, die in Hos 1,3.8 und auch sonst häufiger in der Bibel begegnet, hat mehrfache Entsprechungen in den ugaritischen mythologischen Texten, z.B. in UT 77 : 7 *hl ǵlmt tld b[n*] „ Siehe, das Mädchen wird einen Sohn gebären ". Des weiteren siehe M. Dahood, RSP I S. 200f.

Hos 1,4.5

w^ehišbattî maml^ekût bêt yiśrā'ēl ...
w^ešābartî 'et qešet yiśrā'ēl ...

Und ich zerschlage das Königtum des Hauses Israel ...
und ich zerbreche den Bogen Israels ...

w^ehišbattî wird bisher fast einhellig übersetzt mit „ ich mache ein Ende " (W. Rudolph), „ I put an end " (NEB) o.ä. H.W. Wolff gebraucht in der 1. Auflage seines Kommentars in der Übersetzung einen etwas stärkeren Ausdruck, der dem Zusammenhang m.E. sicher angemessener ist : „ rott' ich das Königtum aus ". In der Auslegung [5] aber bringt er im Anschluß an M. Buber [6] die recht feierlich klingenden Ausdrücke „ Zurruhesetzung ", „ Verabschiedung ", die er dann allerdings selbst wieder, offensichtlich in feinem Empfinden für die tatsächliche Textaussage (und den blutigen geschichtlichen Ablauf !), mit unzeremonielleren, schärferen Vokabeln erläutert : „ d.h. ... Beendigung, Vernichtung [!] des Königshauses ". In der 2. Auflage hat Wolff in der Übersetzung den starken Ausdruck zugunsten des milderen von M. Buber beseitigt. Es heißt jetzt : „ verabschiede ich das Königtum ". Die dazugehörige Auslegung ist aber unverändert geblieben.

---

[4] Siehe M. Dahood, Psalms III S. 448 und RSP I S. 173f. — Die ugaritischen Texte werden in dieser Arbeit nach Gordons UT zitiert.

[5] 1. Auflage S. 19 ; 2. Auflage S. 20. — Des weiteren ist in der vorliegenden Arbeit, wenn nichts anderes gesagt ist, stets die 2. Auflage gemeint.

[6] Buber, Bücher der Kündung : Hoschea S. 593, übersetzt : „ ich verabschiede die Königsherrschaft ".

H.J. van Dijk[7] hat nun neuerdings mit m.E. überzeugenden Argumenten und Beispielen aufgezeigt, daß einmal *'ābad*, *šābar* (*šibbēr*) und auch *šābat* (*nišbat*, *hišbît*) zum selben Wortfeld gehören[8] und daß zudem die Wurzel *šbt* offenbar die Bedeutung „ zerbrechen, zerschlagen, zerstören " („ to break, to destroy ") haben muß[9]. Als lexikographischen Grund bringt er folgenden : *šbb*[10], *šbr*, *šbt* leiten sich von demselben ursprünglich zweikonsonantigen Stamm *šb* her, der dann auf verschiedene Weise dem dreikonsonantigen Schema angepaßt wurde[11].

---

[7] Tyre S. 33-36 ; die Übersetzung von Hos 1,4.5, die er S. 34 bringt, lautet :

And I shall break the monarchy of the house of Israel,
and I shall shatter the bow of Israel.

[8] Tyre S. 36.

[9] W. Zimmerli, Bib 51 (1970) 148, ist von van Dijks Argumentation nicht überzeugt. Nun wird man natürlich nicht sagen können, alle von van Dijk angeführten Belegstellen seien gleich glücklich. Andererseits allerdings scheint es mir eine verkürzte Sicht zu sein, wenn man, von der Feststellung ausgehend, *šābat* heiße „ zerbrechen ", im Deutschen nun jedes entsprechende *šābat* mit „ zerbrechen " wiedergibt : „ Kriege zerbrechen ", „ die Monarchie zerbrechen " u.ä. Von *šābar* steht diskussionslos fest, daß es „ zerbrechen " heißt, und doch wird man beispielsweise in Ps 104,11 *šābar ṣāmā'* gemäß dem deutschen Sprachgebrauch mit „ den Durst stillen, löschen " wiedergeben. Sollte van Dijk als Niederländer dem englischen Idiom nicht immer vollkommen gerecht geworden sein, was ich selbst nicht beurteilen kann, so wird ihm das wohl niemand verübeln. Wenn schließlich Zimmerli meint, man komme an allen von van Dijk erwähnten Belegstellen für *šābat* bzw. das Nifal *nišbat* mit der Bedeutung „ zu Ende gebracht werden " durch, so ergibt sich stets die Frage, w i e man durchkommt. Man kann ja das jeweils Gemeinte genauer, schärfer oder weniger genau erfassen. An unserm Text Hos 1,4.5 ließ sich das, meine ich, recht deutlich zeigen.

Am Rande sei bemerkt, daß man *milḥāmâ* in Hos 2,20 (auch in 1,7) und in Ps 76,4 im Gegensatz zu van Dijk (Tyre S. 34) doch wohl mit „ Kriegsgerät, weapons of war " wiedergeben muß (siehe etwa Wolff S. 56 ; Rudolph S. 38 ; Dahood, Psalms II S. 218).

[10] Neben M. Dahoods Erörterungen dieser Wurzel, die bei van Dijk, Tyre S. 36 Anm. 86 angegeben sind, siehe jetzt auch A.C.M. Blommerde, Job S. 133 zu Ijob 38,11.

[11] Tyre S. 36.

Hos 1,6

... *kî nāšō' 'uššā'* (MT *nāśō' 'eśśā'*) *lāhem*

... denn regelrecht getäuscht wurde ich von ihnen.

Das masoretische *nāśō' 'eśśā' lāhem* bereitet bis jetzt große Schwierigkeiten. Immerhin suchen die Autoren heute allgemein mit dem Konsonantentext fertig zu werden, wie er dasteht, ohne ihn zu ändern [12]. Die hier nach M. Dahood [13] vorgeschlagene Lösung nimmt das Verbum *nāšā'* II „ täuschen " an, das bisher im Nifal und Hifil belegt ist. Die Form *'uššā'* könnte Qal Passiv [14] sein, wäre aber entsprechend dem vorherrschend belegten Hifil wohl eher Hofal, mit dem ja ein Infinitivus absolutus Qal stehen kann [15]. In *lāhem* hätten wir ein Lamed auctoris beim Passiv. Ein solches Lamed scheint nicht immer als solches erkannt zu werden [16]. — Sachlich paßt diese Lesung in den hoseanischen Rahmen, und zwar sowohl im engeren Sinne, insofern Kapitel 1 von ehelicher Untreue handelt, als auch im weiteren. Man vergleiche etwa 5,7 *b^e^yhwh bāgādû* ; 7,13 *dibb^e^rû 'ālay k^e^zābîm* ; 7,16 *hāyû k^e^qešet r^e^miyyâ* u.ä.

Hos 1,9b

kî 'attem lō' 'ammî
w^e^'ānōkî lō' 'ehyeh lākem

Denn ihr seid nicht mein Volk/mit mir,
und ich bin nicht für euch da.

---

[12] Siehe etwa die Kommentare von Deissler, Wolff, Rudolph z. St. Die NEB allerdings korrigiert und übersetzt : „ for I will never again show love to Israel, never again forgive them ", wozu sie in der Anmerkung „ probable reading " notiert. Sie liest wahrscheinlich *lō' 'eśśā'* statt *nāśō' 'eśśā'* ; vgl. BHS.

[13] Mündliche Mitteilung.

[14] Zum Qal Passiv siehe Blommerde, Job S. 16 ; dort weitere Bibliographie, zu der jetzt Meyer, Grammatik II § 68,3 S. 117 und Dahood, Psalms II und III Index of Subjects s.v. hinzugefügt werden können. — Zu weiteren Qal-Passiv-Punktierungen siehe zu 5,7 S. 68f und 71f und zu 11,6 S. 135.

[15] Vgl. etwa Joüon, Grammaire § 123p S. 353.

[16] Siehe zum Lamed auctoris Zorell, Lexicon S. 380b, und ferner Dahood, Psalms III S. 124 und S. 205.

Hosea scheint sich gern mehrdeutig auszudrücken. Man vergleiche die zusammenfassende Besprechung und Übersicht der beobachteten Beispiele unter Hos 5,1 S. 57f. So liegt es m.E. nahe, auch hier ein solches Wortspiel zwischen *lō' 'ammî* „nicht mein Volk" und *lō' 'immî* „nicht mit mir" herauszuhören. Dafür spricht das parallele *lō' ... lākem.* Der Parallelismus *'im//l^e* ist in der Bibel häufiger belegt [17] und begegnet auch im Ugaritischen [18]. Daher dürfte M. Dahood wohl recht haben, wenn er (RSP I S. 295) Hos 1,9 als ein Beispiel für den Parallelismus *'im//l^e* anführt, obgleich der MT hier *lō' 'ammî* liest und nicht *lō' 'immî.* — Die Annahme dieses Wortspiels ist auch ein Argument gegen die BHS (u.a.), die für *'ehyeh lākem* als probabiliter legendum *'ĕlōhêkem* notiert (vgl. im übrigen die Ablehnung Wolffs und Rudolphs).

Hos 2,2aα

w^eniqb^eṣû b^enê y^ehûdâ	3 Akzente	9 Silben
ûb^enê yiśrā'ēl yēḥādû (MT *yaḥdāw*)	3 "	9 "

Und es werden sich versammeln die Söhne Judas,
und die Söhne Israels werden sich vereinigen.

d i e S ö h n e . . . d i e S ö h n e : Der in der Bibel häufigere Parallelismus *bēn//bēn* begegnet mehrfach auch in den ugaritischen Texten, z.B. in UT 125 : 25-27 :

bn al tbkn
al tdm ly
al tkl bn qr 'nk

Mein Sohn, weine nicht,
klage nicht für mich,
erschöpfe nicht, mein Sohn, den Quell deiner Augen.

---

[17] Einige Stellen gibt M. Dahood in RSP I S. 295 an.

[18] Dahood, RSP I S. 295, bringt nur UT 2115 rev : 8-12 : *'m b'ly mnm šlm rgm [(t)ṯṯb] [l] 'bd[k]* „Wie immer es wohl mit meinem Herrn steht, sende Antwort deinem Diener". Man kann noch UT 95 : 15-18 (siehe in dieser Arbeit Anm. 84) und UT 2009 : 8f hinzufügen, wo die Briefformel ähnlich vorkommt. Zu diesem Parallelpaar in umgekehrter Reihenfolge im Ugaritischen und Hebräischen, nämlich *l//'m*, das in Hos 12,5 vorkommt, siehe Dahood, RSP I S. 243.

Des weiteren siehe M. Dahood, RSP I S. 146.

werden sich vereinigen: W. Rudolph stellt, W.L. Holladay folgend, fest, daß der Chiasmus bei Hosea wenig begegnet [19]. Aber man kann, meine ich, wohl auch damit rechnen, daß der eine oder andere ursprüngliche Chiasmus im Laufe der Überlieferung prosaisiert wurde und verloren ging, weil man den betreffenden Vers nicht mehr genau verstand. Das scheint mir hier der Fall zu sein. Dafür sprechen m.E. folgende Argumente :

Erstens erhalten wir bei der Umpunktierung von *yaḥdāw* in *yēḥādû* einen ganz genau geschnittenen Vers mit chiastischer Anordnung der Glieder, 3+3 Akzenten und 9+9 Silben — genaue Silbenzahl findet sich bei Hosea ja ziemlich häufig [20] —, während nach der masoretischen Vokalisierung diese Zeile eher als Prosa klingt.

Ferner finden sich im Ugaritischen denominative Verben von Zahlwörtern nicht so selten ; und das hat den Verdacht ausgelöst — der sich bisher auch nicht als ganz unbegründet erwies —, daß die masoretische Punktierung (und entsprechend die Lexika) manches Beispiel dieser Art im Hebräischen hat verschwinden lassen, ähnlich wie es auch bei anderen denominativen Verben der Fall ist [21]. Das Verbum *yāḥad* kommt im Bibelhebräischen immerhin schon vor, wenn auch selten. Hier und in Jes 45,20a, wovon gleich die Rede sein wird, hätten wir je einen weiteren Beleg.

---

[19] W.L. Holladay, JBL 81 (1962) 45 Anm. 5a, hatte nur 4,13b genannt. Rudolph (S. 96) fügt 4,9b = 12,3b ; 10,13a und 13,14abα hinzu. Man wird nun m.E. noch 2,2aα notieren müssen und ferner 6,2abα ; 7,14 ; 9,2b.3a ; 9,3b ; 10,14aα und 13,8b (siehe die Behandlung der Stellen). Siehe aber auch zu 2,7b S. 13 und zu 11,6f S. 138.

[20] Siehe etwa zu Hos 2,8 S. 15 ; zu 4,7 S. 43f ; zu 12,1f S. 146 und passim. — Zum Wert der Silbenzählung siehe etwa D.N. Freedman, ZAW 72 (1960) 102 ; M. Dahood, Psalms I ; II und III je im Index of Subjects s.v. Syllable-counting ; A.C.M. Blommerde, Job im vorletzten Index S. 151 s.v. Syllable counting ; W.A. van der Weiden, Proverbes, Index analytique S. 174 s.v. Nombre de syllabes ; L. Sabottka, Zephanja, Register S. 161 s.v. Silbenzählen (beachtenswert ist dort besonders die Anm. 53 S. 13).

In der Zählung halte ich mich an die Vokalisierung des MT und zähle dabei auch Schewa mobile, Schewa compositum und Patach furtivum mit, ohne die ursprüngliche Aussprache der klassischen Zeit zu berücksichtigen. Wer anders zählen möchte, mag es tun. Bei dem gewöhnlich vorhandenen Parallelismus der Stichen kommt es dann sehr oft doch zu entsprechenden Ergebnissen in den Silbenverhältnissen.

[21] Zu denominativen Verben im Ugaritischen und Hebräischen siehe Blommerde, Job S. 16f mit weiterer Literatur. Ferner : Dahood, Psalms II Index of Subjects S. 391a und Psalms III Index of Subjects S. 482a.

Außerdem wäre noch folgendes zu beachten: *śîm* (*šelōšâ*) *rāʼšîm* ist nach 1 Sam 11,11 und Ijob 1,17 ein militärischer Fachausdruck und heißt dort „(drei) Heerhaufen bilden"[22]. Entsprechend übersetzt K. Budde[23] auch Hos 2,2aβ: *weśāmû lāhem rōʼš ʼeḥād* „Sie werden sich einen Heerhaufen bilden"[24]. W. Rudolph lehnt diese Übersetzung ab, weil damit nur der vorhergehende Satz wiederholt werde. Nach unserer obigen Lösung aber berichtet V. 2aα zunächst nur von der Einigung der Söhne Judas und Israels je untereinander, und erst V. 2aβ handelt von der großen Vereinigung beider[25]. In diesem Falle also würde Buddes Übersetzung passen. Ja, angesichts dessen, daß der zweite Teil von V. 2aβ, *weʻālû min hāʼāreṣ*, wohl von der nationalen Auferstehung spricht: „und sie werden aus der Unterwelt aufsteigen" (siehe die nächstfolgende Besprechung), würde sie Ez 37,10 gut entsprechen, wo die zum Leben erweckten Gebeine als *ḥayil gādôl meʼōd meʼōd* „sehr, sehr großes Heer" bezeichnet werden.

Schließlich bestätigt, scheint's, auch ein Vergleich mit der Situation in Jes 45,20a die obige Vokalisierung in Hos 2,2aα. Dort heißt es nach dem MT: *hiqqābeṣû wābōʼû hitnaggešû yaḥdāw pelîṭê haggôyīm.* 1QJes[a] aber hat statt des *yaḥdāw* einen vierten Imperativ: *wʼtyw* „und kommet herzu". Sollte das nicht ein erster Hinweis sein, daß auch in der masoretischen Konsonantengruppe *yḥdw* ein ursprünglicher Imperativ steckt? In der Tat: lesen wir *yeḥādû*, zeigen sich die nunmehr vier Imperative in erstaunlich feiner poetischer Form:

hiqqābeṣû wābōʼû hitnaggešû yeḥādû (MT *yaḥdāw*) 7+7 Silben
Versammelt euch und kommt,
nähert euch, tretet zusammen!

Nicht nur ergibt sich genaue Gleichheit der Silbenzahl und des Rhythmus, sondern die vier Aufrufe sind überdies inhaltlich chiastisch angeordnet. — Aber wir dürfen hier noch nicht stehenbleiben. Was die

---

[22] Siehe G. Fohrer, Hiob S. 88 mit Hinweis auf F. Perles, Analekten II S. 82. Perles allerdings versteht *rōʼš* bzw. *rāʼšîm* in Hos 2,2 und Ijob 1,17 als Anführer.

[23] ThStKr 96/97 (1925) 27. Die obige Wiedergabe der Wendung in Hos 2,2aβ ist aber kein wörtliches Zitat Buddes, sondern Rudolphs (S. 55), der nach Buddes Kommentar so übersetzt.

[24] Ähnlich A.B. Ehrlich, Randglossen V S. 166.

[25] Daß Hosea zuerst die Einigung von Nord- und Südreich je unter sich erwähnt als Voraussetzung für die große Vereinigung beider, dürfte angesichts der damaligen Verhältnisse, zumal im Nordreich, nicht verwundern: vgl. etwa 2 Kön 15,8-28; Jes 9, 20; aber auch schon Gen 48,14ff und Ri 8,1; 12,1-6.

Imperative und ihren Rhythmus im besonderen angeht, so läßt sich neben anderen Stellen[26] z.B. Jes 8,9b vergleichen:

hit'azz^erû wāḥōttû hit'azz^erû wāḥōttû
Umgürtet euch und erschrecket,
umgürtet euch und erschrecket!

Da an dieser Stelle, den anderen in Anm. 26 genannten Stellen und auch in Jes 45,20a*α* die Imperativpaare gewöhnlich durch die Konjunktion *w^e* miteinander verbunden sind[27], liegt das auch für Jes 45,20a*β* nahe[28]. In 1QJes^a weist die Variante *w'tyw* ebenfalls die Konjunktion auf. Daher liest man Jes 45,20a wohl richtiger unter Annahme einer Einmalschreibung des Waw von *hitnagg^eśû*[29]:

hiqqāb^eṣû wābō'û hitnagg^eśû wîḥādû (MT *yaḥdāw*)

Die masoretische Punktierung *yaḥdāw* in Jes 45,20a wie auch in Hos 2,2a*α* läßt sich leicht erklären: Das so oft vorkommende Adverb *yaḥdāw* konnte durch seine Masse die selteneren Verbalformen geradezu erdrücken[30]. Zumal in Jes 45 konnte das gleich in V. 21a in ähnlicher Stellung gebrauchte *yaḥdāw* zur Verkennung der Verbalform in V. 20a verführen.

Hos 2,2a*β*

... *w^{e}ʿālû min hā'āreṣ*

... und sie werden aus der Unterwelt auferstehen.

Dieser Ausdruck verursacht bis jetzt bei den Kommentatoren manches Rätselraten. W. Rudolph (S. 57f) führt noch fünf Deutungen auf und entscheidet sich selbst für eine sechste. Die obige, von W.L.

---

[26] Nämlich Jes 29,9a; Hab 1,5a und — mit nur einem Imperativpaar — Zef 2,1a.

[27] Ausgenommen Hab 1,5a*β* *w^ehittamm^ehû t^emāhû*; doch wäre auch hier eine Einmalschreibung möglich. Allerdings trägt hier schon der erste Imperativ die Konjunktion.

[28] Darauf hat mich E. Vogt freundlicherweise aufmerksam gemacht.

[29] Bezüglich Einmalschreibung siehe zu Hos 5,4a S. 59f und dort den anschließenden Exkurs. — Einen ähnlichen Fall von Haplographie des Waw haben wir übrigens gleich in Jes 45,24b (vgl. BHS).

[30] Ein analoger Fall mit *yaḥdāw* findet sich noch in Jer 31,13a (vgl. BHS und M. Dahood, RSP I S. 85 und 355).

Holladay[31] vorgeschlagene Lösung dürfte die Schwierigkeiten jetzt wohl überzeugend beheben[32]. Zu den von ihm vorgebrachten Texten und Argumenten, nämlich einem Vergleich mit Gen 2,6 und 1 Sam 28,13 und dem Motiv der nationalen Auferstehung in Hos 6,2, kann man, scheint mir, auch noch Ez 37,12f hinzufügen: ... *kōh 'āmar 'ădōnāy yhwh hinnēh 'ănî pōtēaḥ 'et qibrôtêkem wᵉha'ălêtî 'etkem miqqibrôtêkem 'ammî wᵉhēbē'tî 'etkem 'el 'admat yiśrā'ēl ... bᵉpitḥî 'et qibrôtêkem ûbᵉha'ălôtî 'etkem miqqibrôtêkem 'ammî* „... so spricht der Herr Jahwe: ‚Siehe, ich öffne eure Gräber und lasse euch aus euren Gräbern steigen als mein Volk und bringe euch ins Land Israels. (Und ihr werdet erkennen, daß ich Jahwe bin,) wenn ich eure Gräber öffne und euch aus euren Gräbern steigen lasse als mein Volk'." — Daß dieses Aufsteigen aus den Gräbern sachlich dem entspricht, was Hosea in 2,2a*β* sagen will, dafür spricht auch das gleiche Ideenfeld in beiden Texten:

1) Große Volkszahl: Hos 2,1a – Ez 37,10;
2) (*lō' 'ammî*) *'ammî*: Hos 2,1b – Ez 37,12f;
3) Wiedervereinigung von Juda und Israel: Hos 2,2a – Ez 37,15ff.

---

[31] VT 19 (1969) 123f.

[32] K. Rupprecht, ZAW 82 (1970) 442-447, hat die von Holladay behandelten Stellen Ex 1,10 und Hos 2,2 erneut aufgegriffen mit dem Ergebnis (a.a.O. S. 446), es müsse, wenn seine vorher ausgeführten Überlegungen zuträfen, in Ex 1,10 bei der Übersetzung bleiben: „... und es wird aus dem Land heraufziehen". Zu Hos 2,2 meint er, die wörtliche Übersetzung werde bei Hos 2,2 wie bei Ex 1,10 vorzuziehen sein. Damit sei allerdings die Frage der Interpretation von Hos 2,2 nicht gelöst, sondern von neuem gestellt. Wohl erst nach Fertigstellung seines Beitrags ist Rupprecht Holladays oben genannter Vorschlag in die Hände gekommen, den er darum nur mit folgender letzter Fußnote erwähnt: „Soweit ich sehe, nährt sich der jüngste Vorschlag W.L. Holladays, in Ex 1,10 und Hos 2,2 *'rṣ* als Unterwelt zu verstehen, zu einem guten Teil aus der von Lambert gestifteten Verwirrung und trägt zu keinem besseren Verständnis der beiden Stellen bei ..." — Diese Argumentation Rupprechts erscheint mir insofern wenig überzeugend, als ihm der springende Punkt, daß eben *'ereṣ* in der Bibel häufiger den Sinn „Unterwelt" und nicht einfach „Erde" o.ä. hat, noch völlig neu zu sein scheint. So steigt für ihn (a.a.O. S. 444) in 1 Sam 28,13 der (Toten-)Geist Samuels immer noch schlicht aus der Erde auf. Warum sollte denn keine wörtliche Übersetzung mehr vorliegen, wenn man Hos 2,2 *wᵉ'ālû min hā'āreṣ* mit „und sie werden aus der Unterwelt aufsteigen" wiedergibt? — Zur Bedeutung von *'ereṣ* „Unterwelt" siehe neben der von Holladay, VT 19 (1969) 123 Anm. 1, angegebenen Literatur etwa auch HALAT s.v. *'ereṣ* S. 88a; M. Dahood, Psalms II und III Index of Hebrew Words s.v. *'ereṣ* „nether world"; N.J. Tromp, Primitive Conceptions S. 23-46.

Vielleicht hat dieses Ideenfeld von Hos 2,1-3 einen Einfluß auf die „Schule“ Ezechiels ausgeübt, als sie Ez 37,1-14 und 37,15ff in der heutigen Gestalt zusammenfügte [33].

Hos 2,5b

w^e śamtîhā kammidbār
w^e šattīhā k^e'ereṣ ṣiyyâ ...

Und ich mache sie der Wüste gleich
und wandle sie zu dürrem Land ...

Der in der Bibel häufiger begegnende Parallelismus *midbār//'ereṣ* bzw. *'ereṣ//midbār* wie auch der Doppelausdruck *'ereṣ midbār* von Dtn 32,10 und Spr 21,19 sind in dieser Weise in den ugaritischen Texten bisher nicht zu finden, obgleich beide Wörter zum im Ugaritischen belegten Vokabular gehören. Doch ist mit M. Dahood [34] hier schon ein Text wie UT 49 : II : 19f zu nennen : *mǵt ln'my arṣ dbr* (ähnlich UT 67 : VI : 6.29), den man entsprechend übersetzt : „Ich kam zur Lieblichkeit des Weidelandes.“ *dbr* ist in seiner Bedeutung noch umstritten, aber der obengenannte biblische Befund spricht für *dbr* „Weide, Trift“ (vgl. das hebräische *dōber* „Trift“). Der ugaritische Ausdruck *n'my arṣ dbr* ist demnach zu verstehen als eine euphemistische Bezeichnung der Unterwelt mit dem Tod als Schafhirten [35].

Hos 2,7b

kî 'ām^e râ 'ēl^e kâ 'aḥărê m^e'ahăbay
nōt^e nê laḥmî ûmêmay ṣamrî ûpištay (MT *ûpištî*) [36]
šamnî w^e šiqqûyāy

Denn sie sprach : „Ich will meinen Liebhabern nachgehen,
die mir Brot und Wasser, Wolle und Flachs,
Öl und Getränke geben.“

---

[33] Siehe im übrigen W. Zimmerli, Ezechiel S. 113* und S. 887 Anm. c zu 37,12 und S. 908.

[34] RSP I S. 122 ; dort weitere Angaben.

[35] Zu diesem Motiv siehe zu Hos 4,16 S. 50-53.

[36] Zu dieser Vokalisierung siehe Rudolph S. 63 mit weiterer dort angegebener Literatur.

Wie H.J. van Dijk [37] bemerkt, haben die Suffixe bei *lahmî*, *mêmay* und den folgenden Substantiven wohl keinen anderen Sinn als in V. 10 : *'ānōkî nātattî lāh haddāgān ... wᵉkesep hirbêtî lāh*, also dativischen ; und man gibt sie am besten nur einmal wieder, eben als Dativobjekt „ mir ". So übersetzt die deutsche Jerusalemer Bibel : „ die mir Brot und Wasser gaben, Wolle und Flachs, Öl und Getränke ". Dagegen H.W. Wolff : „ Die spenden mein Brot und mein Wasser, meine Wolle usw.". Häufiger werden die Suffixe auch sowohl genitivisch wie dativisch wiedergegeben, z.B. von der NEB : „ they give me my food and drink, my wool and flax, my oil and my perfumes " [38].

Den gleichen Fall haben wir sofort in V. 8 *wᵉgādartî 'et gᵉdērāh*, wo Wolff und Rudolph auch gut übersetzen : „ Ich werfe ihr einen Steinwall auf " und „ ich ... mauere ihr eine Mauer ". Dagegen M.J. Buss [39] : „ I will build up her wall ".

Die Wendung *nōtᵉnê laḥmî* in V. 7b erinnert an eine ähnliche Stelle in der aus der Mitte des achten Jahrhunderts v. Chr. stammenden Inschrift von Sefîre I Seite B Zeile 38 (KAI 222 : B : 38) : *whn lthb lḥmy*, an der man das Suffix auch richtiger dativisch versteht und also übersetzt : „ Und wenn du mir keine Lebensmittel gibst ". Die Wiedergabe in KAI dagegen lautet : „ Und wenn du meine Nahrung nicht bringst ", und die von J.A. Fitzmyer (Sefîre S. 19) : „ And if you do not give (me) my provisions ". In Sefîre III Zeile 7 (ähnlich Zeile 5 ; KAI 224 : 5.7) begegnet mit einem synonymen Verb die uns geläufige Konstruktion : *wtsk lhm lḥm* „ und (wenn) du ihnen Lebensmittel zukommen läßt " [40].

Zu beachten sind ferner die Wortparallelen, die Hos 2,7b mit ugaritischen Texten gemeinsam hat. — In UT 126 : III : 13-16 heißt

[37] Tyre S. 108f. Weitere Bibliographie zum als Dativ fungierenden Genitivsuffix siehe bei Blommerde, Job S. 9 ; siehe auch neuerdings Dahood, Psalms III S. 376f.

[38] Die NEB hat offensichtlich *šiqqûyāy* in *nišqî* korrigiert, wenn auch keine Anmerkung darauf hinweist. Dazu m.E. richtig W. Rudolph (S. 63) : „ Die Textänderung *nišqî* ‚ mein Parfüm ' ... ist keine Verbesserung." Im übrigen siehe im Text, was im folgenden zu den hebr.-ugaritischen Wortparallelen gesagt wird.

[39] S. 8. — Die NEB übersetzt frei : „ and [I will] obstruct her path with a wall " ; vgl. dagegen RSV : „ I will build a wall against her ".

[40] Vgl. auch die nach Analogie von KAI 10 : 9-11 ergänzte Schlußformel in der aramäischen Inschrift des Königs Barrākib von Sam'al aus der zweiten Hälfte des achten Jahrhunderts v. Chr. (KAI 217 : 7-9) : [*wytn r*]*kb'l ḥny qd*[*m mr'y mlk*] *'šwr* „ Und es verschaffe Rakib-el mir Gunst vor meinem

es : *kly lḥm [b]dnhm kly yn bḥmthm k[l]y šmn bq[bthm]* [41] „ Ausgegangen war das Korn aus ihren Krügen, ausgegangen der Wein aus ihren Flaschen, ausgegangen das Öl aus ihren Fässern “. Immerhin findet sich *lḥm* und *šmn* in *laḥmî* und *šamnî* des Hosea wieder [42].

Bedeutungsvoller für unsern Hoseatext scheint mir die Tatsache zu sein, daß sich die Wurzeln *lḥm* und *šqy* einerseits und *my* (hebr. *mayim*) und *šmn* andererseits als Wortparallelen (im engeren und weiteren Sinne) im Ugaritischen finden. So heißt es beispielsweise in 2 Aqht : I : 22-23 :

uzrm ilm ylḥm
uzrm yšqy bn qdš

Die Götter essen die Opfer,
die Gottheiten trinken die Opfer [43] ;

und in ʿnt : II : 38-39 (//ʿnt : IV : 86-87) :

[t]ḥspn mh wtrḥṣ
[ṭ]l šmm šmn arṣ

Sie schöpft sich [44] Wasser und wäscht sich,
mit dem Tau des Himmels, dem Fett der Erde [45].

Herrn, dem König von Assyrien “. Siehe im übrigen KAI II S. 236, wo auch Gen 39,21 und andere Stellen genannt sind.

[41] Zur Ergänzung dieses letzten Wortes siehe M. Dahood, UHP S. 47 ; dort weitere Literatur.

[42] Bibelstellen mit allen drei Substantiven, *leḥem*, *yayin*, *šemen*, bringt M. Dahood in RSP I S. 250.

[43] Ähnlich 2 Aqht : I : 3f.8f.11.13f. — Weitere Stellen in den ugaritischen Texten und in der Bibel siehe bei Dahood, Psalms III S. 15 und 451 ; und RSP I S. 251 — *bn qdš* habe ich mit „ Gottheiten “ wiedergegeben. Wörtlich heißt der Ausdruck „ Söhne der Heiligkeit “. Nach M. Dahood, Psalms I S. 176, ist in diesem Ausdruck mit *qdš* „ Holiness, Heiligkeit “ wahrscheinlich Aschera, Els Frau, die Mutter der Götter gemeint wie in UT 125 : 10f : *[k]rt bnm il špḥ lṭpn wqdš* „ Keret, Sohn Els, Sproß des Ltpn und der ‚ Heiligkeit ‘ “ (vgl. hierzu auch C.H. Gordon, Ugarit and Minoan Crete S. 113 Anm. 69).

[44] Das Suffix von *mh* wird man, scheint mir, am besten dativisch auffassen (siehe Anm. 37). Anders M. Dahood, Psalms III S. 106. C.H. Gordon, Ugarit and Minoan Crete S. 52, läßt hier das Suffix unübersetzt, in ʿnt : IV : 86 (S. 55) dagegen gibt er es genitivisch wieder : „ her water “. In UT Glossary Nr. 884 zitiert er wiederum ʿnt : IV : 86 und läßt in der Übersetzung das Suffix unausgedrückt.

[45] Zum Akkusativ des Materials *ṭl* und *šmn* siehe zu Hos 4,4a S. 30. — An Bibelstellen mit *mayim* und *šemen* führt M. Dahood in RSP I S. 261 neben

Ein Blick auf die Aufzählung der Gaben in Hos 2,7b zeigt uns nun, daß *laḥmî* und *šiqqûyāy* in chiastischer Anordnung zueinander stehen und ebenso *mêmay* und *šamnî*. Das mittlere Paar schließlich, *ṣamrî ûpištay* (MT *ûpištî*), weist seine Zusammengehörigkeit dadurch auf, daß es in 2,11 noch einmal wiederkehrt. Das zweite Hosea-Kapitel ist gerade in letzter Zeit ganz bzw. teilweise zweimal auf seine literarische Struktur hin untersucht worden, von E. Galbiati [46] und, unabhängig davon, von H. Krszyna [47]. Bei aller Verschiedenheit ihrer Arbeitsmethoden und Ergebnisse [48], über die einen Schiedsspruch zu fällen ich mich nicht für kompetent halte, haben sie doch, soweit ich sehe, wenigstens eines gemeinsam: Beide Autoren finden, jeder in seiner Weise, chiastische Strukturen. Galbiati (S. 321) weist u.a. in dem Abschnitt 2,4c-12 die Struktur C-D-X-D′-C′ auf, Krszyna bekommt als Hauptstruktur seiner Sektion 2,7b-15 „ einen dreifachen, vollkommen regelmäßigen Chiasmus: A-B-C-B-C-B-A " (S. 46 und 49), und auch seine kleinere Komposition 2,7c-11b „ bildet ... einen schönen Chiasmus " [49]. Angesichts dieser Beobachtungen scheint mir die Gabenanordnung in 2,7bβ auch nicht zufällig so zu sein, sondern eine weitere „ kleinere Komposition " zu bilden.

Hos 2,7 noch Ps 109,18 an, wo diese Substantive in striktem Parallelismus gebraucht sind, und Ez 32,14.

46 Festschrift G. Rinaldi S. 317-328.

47 BZ 13 (1969) 41-59.

48 Siehe die Anm. von Krszyna, a.a.O. S. 41.

49 a.a.O. S. 51. Gerade diese kleinere Komposition ist für uns hier interessant. Sie wird von Krszyna so wiedergegeben:

die Liebhaber geben	meine Wolle	und meinen Flachs (7c)
sie weiß nicht, daß ich gab ...	mein Korn	und meinen Most (10a)
ich werde nehmen	mein Korn	und meinen Most (11a)
ich werde entziehen	meine Wolle	und meinen Flachs (11b)

Hos 2,8

lāken hinenî śāk	6 Silben
'et darke-kī (MT *darkēk*) *bassîrîm*	7
wegādartî 'et gedērāh	8
ûnetîbôtèhā lō' timṣā'	9

Deshalb versperre ich nun
ihren Weg mit Dornen
und errichte ihr eine Mauer,
daß sie ihre Pfade nicht erreichen kann.

i h r e n Weg: Wir haben hier aller Wahrscheinlichkeit nach ein emphatisches *kī* in einer Konstruktuskette im weiteren Sinne [50]. Es scheint ein Suffix zu ersetzen, das sich dafür in *g*e*dērāh* findet. Insofern haben die Autoren ganz recht, wenn sie, der LXX und dem Syrer folgend, „ihren Weg" übersetzen. Nur braucht man dafür wohl nicht die Konsonanten zu ändern. Das emphatische *kī* dürfte hier also eine ähnliche Aufgabe erfüllen wie das enklitische Mem, das zuweilen ebenfalls einem sich im parallelen Stichus findenden Suffix entspricht [51]. Andere Beispiele eines emphatischen *kī* in einer Konstruktuskette finden sich bei Hosea wahrscheinlich in 5,8b und in 8,5 [52].

H.J. van Dijk spricht in seiner Arbeit „Ezekiel's Prophecy on Tyre" jedoch eine Feststellung aus, die meine Lösung in Hos 2,8 zunächst recht unsicher erscheinen läßt. Er bringt SS. 69-71 zuerst im ganzen vierzehn Beispiele (einschließlich der von M. Dahood angegebenen) für ein enklitisches *kī* in einer Konstruktus-Kette und muß dann sagen: „What is most remarkable about the question and which is in need of adequate explanation, is that in all these instances *kī* in the construct chain appears before personal or place name." Das stimmt jedoch nicht genau, denn im von ihm aufgeführten Ps 68,25 (und in Ps 69,30) steht es vor *'ĕlōhîm* [53]. Ferner erwägt van

---

[50] Zum emphatischen *kî* siehe Blommerde, Job S. 30 mit dort angegebener Bibliographie, auch zum *kî* in der Konstruktuskette. Siehe ferner van Dijk, Tyre S. 69-71 und S. 82; Dahood, Psalms II S. XX und 147 und Psalms III S. 151; F.I. Andersen, Bib 50 (1969) 68f. — Zur Konstruktusverbindung im weiteren Sinne siehe GK § 130 S. 440-442 und Joüon, Grammaire § 129 l-s S. 390-393.

[51] Siehe etwa van Dijk, Tyre S. 25f; Dahood, Psalms III S. 408.

[52] Siehe die Besprechung der Stellen S. 72f und S. 106.

[53] Zu lesen: in Ps 68,25 *hălîkôt-kī 'ĕlōhîm* statt MT *hălîkôtèkā 'ĕlōhîm*;

Dijk selbst als zweite Möglichkeit, die Schwierigkeit in Ez 27,25 *'ŏniy-yôt taršîš šārôtayik maʿărābēk* zu lösen, daß man *šārôt-kī* liest, *kī* in der Konstruktuskette [54]. Man wird also aufgrund der bisherigen Beispiele sagen dürfen : Emphatisches *kī* in einer Konstruktuskette findet sich besonders vor Personen- und Ortsnamen, kommt aber auch vor anderen Substantiven vor [55].

Das Ergebnis dieses *kī* statt eines Suffixes in Hos 2,8 ist ein regelmäßiges Ansteigen der Silbenzahl : 6+7+8+9. Das kann nicht reiner Zufall sein, wie andere Beispiele im Hoseabuch beweisen. Zunächst weisen schon H.W. Wolff und W. Rudolph u.a. in ihren Kommentaren gelegentlich auf ähnliche stufenartige Erscheinungen hin. So schreibt Rudolph, C. van Gelderen folgend, gleich zu V. 9 : „Das Fehlen des Suffixes bei *timṣā'* (das LXX, Syr hinzufügen) ist Absicht : das Objekt wird in V. 9a immer kürzer : zuerst *'et meʾahăbèhā*, dann *'ōtām*, dann nur noch *m* und zuletzt gar nichts mehr" [56]. — Ein ähnliches Knapperwerden in Kapitel 1 beobachtet Wolff (S. 9). Zu 9,2-9 aber schreibt er (S. 196) : „Während die einzelnen Reihen zumeist dreitaktig sind, fallen am Schluß der beiden größeren rhetorischen Einheiten (2-6 und 7-9), also in 6 und 9, klare zweitaktige Reihen auf." Gerade hier aber kann die Silbenzählung diese Zweitaktigkeit noch präzisieren : 9,6a weist 8+7+5 Silben auf, 9,7a 8+7+6. — Das waren Beispiele stufenmäßigen Abnehmens. Ein Zunehmen, ähnlich dem hier in 2,8, kennzeichnet den dreigliedrigen Lehreröffnungsruf in 5,1 : 7+8+9 Silben. (Siehe unten die Besprechung der Stelle S. 57.) — Im übrigen vergleiche man die nicht wenigen noch zu behandelnden Texte, in denen die Silbenzählung sonst noch irgendwie bemerkenswert ist. Es ist also offensichtlich nicht richtig, wenn M.J. Buss (S. 46) schreibt : „In the book of Hosea, no regular numerical pattern appears, whether based on accent, syllables or morae" [57].

---

in Ps 69,30 *yešûʿat-kī 'ĕlōhîm* statt *yešûʿātekā 'ĕlōhîm* ; vgl. Dahood, Psalms II S. 147 und 164. — H.J. Kraus, Psalmen S. 467 und 480, meint allerdings, *'ĕlōhîm* rühre an diesen Stellen erst von der elohistischen Redaktion her ; es sei also *yhwh* zu lesen. Doch siehe zur Frage der angenommenen späteren Redaktion Dahood, Psalms I S. 256 mit weiteren bibliographischen Hinweisen.

[54] Tyre S. 82 ; er gibt den Satz dann wieder : „Ships of Tarshish were your merchant ships." — Siehe auch M. Dahood, Psalms II S. XX und 147.

[55] Vgl. auch die von F.I. Andersen, Bib 50 (1969) 68f, vorgetragenen Beispiele.

[56] Rudolph S. 63 ; van Gelderen S. 48.

[57] Zu regelmäßig zu- bzw. abnehmender Silbenzahl in den Psalmen siehe

e r r i c h t e i h r e i n e M a u e r : Zu dieser Übersetzung, die das Suffix dativisch auffaßt, siehe oben zu 2,7b S. 11.

e r r e i c h e n k a n n : *timṣā'* läßt sich hier nicht so gut mit „ finden “ übersetzen. Eine Verbarrikadierung, Versperrung bewirkt vielmehr, daß einer auf seinen Weg nicht mehr gelangen kann, so leicht er ihn auch finden könnte. *māṣā'* entspricht hier also eher dem ugaritischen *mṣ'/mẓ'* „ finden, erreichen “, das in UT 75 : I : 36f in Parallele mit *mǵy* „ erreichen, (an)kommen “ erscheint [58]. In V. 9a dagegen heißt *māṣā'* direkt „ finden “, wie das vorhergehende *biqqēš* „ suchen “ beweist.

Im übrigen scheint gerade dieser V. 8 durch seine Wortwahl etwas Tieferes und Dunkleres anzudeuten als der moderne Leser anzunehmen geneigt ist. N.J. Tromp bespricht in seiner Arbeit „ Primitive Conceptions of Death and the Nether World in the Old Testament “ auch die Vorstellung des Todes als Gefangenschaft, Gefängnis [59]. Dazu bringt er u.a. zwei bzw. drei Texte, die wohl auch für unseren Vers von Bedeutung sind :

Klgl 3,7 *gādar ba‘ădî w^{e}lō' 'ēṣē' hikbîd n^{e}ḥoštî*
Mit einer Mauer umgab er mich, so daß ich nicht hinaus kann,
schwere Ketten hat er mir angelegt.

Klgl 3,9 *gādar d^{e}rākay b^{e}gāzît n^{e}tîbōtay ‘iwwâ*
Er hat versperrt meine Wege mit Quadern,
meine Pfade krumm gemacht.

Ijob 19,8 *'orḥî gādar w^{e}lō' 'e‘ĕbôr w^{e}‘al n^{e}tîbôtay ḥōšek yāśîm*
Meinen Weg hat er versperrt, so daß ich nicht weiter kann,
und auf meine Pfade legte er Finsternis [60].

Nach Tromp stellen diese Texte Anspielungen auf die Scheol dar. Die sachliche Nähe dieser Stellen zu Hos 2,8 ist nicht zu übersehen. Bereits P. Schegg zitiert in seinem Hosea-Kommentar zur Stelle Klgl

---

Dahood, Psalms III Index of Subjects S. 488 s. vv. Syllable count, ascending bzw. descending.

[58] Siehe Gordon, UT Glossary Nr 1524 S. 436 ; ferner Dahood, Gruenthaner Memorial Volume S. 57 zu Ijob 11,7, wo *māṣā'* in den beiden Bedeutungen „ finden “ und „ erreichen “ in striktem Parallelismus vorkommt ; ferner ders., Bib 47 (1966) 277 ; Psalms I S. 195 ; Psalms III S. 146.

[59] a.a.O. S. 154-156.

[60] Zur *qātal-yiqtōl*-Folge in diesem Vers, die sich als ganze auf die Vergangenheit bezieht, siehe Dahood, Psalms III S. 487 s.v. *qtl-yqtl* sequence.

3,7.9. Tatsächlich finden wir auch z.T. ein gemeinsames Wortfeld: *gādar, derek, n*^{e}*tîbôt.*

Auch daß Hosea hier *sîrîm*, Dornen, als Versperrungsmittel erwähnt, könnte in dieselbe Richtung gehen. Denn in Hos 9,6, das sicher vom Tode spricht, begegnet uns zwar nicht das gleiche Wort, aber entsprechende andere: *kî hinnēh hāl*^{e}*kû miššōd miṣrayim t*^{e}*qabb*^{e}*ṣēm mōp t*^{e}*qabb*^{e}*rēm maḥmad l*^{e}*kaspām qimmôś yîrāšēm ḥôaḥ b*^{e}*'ohŏlêhem* „Denn seht, wenn sie fortziehen aus der Verwüstung, wird Ägypten sie aufnehmen, Memphis (mit seiner großen Gräberstadt) sie begraben. Was ihre silbernen Kostbarkeiten angeht: Nesseln werden sie beerben, Dornen werden in ihren Zelten wachsen". — Im apokalyptischen Gedicht Jes 34, das den Untergang der eschatologischen Bosheitsmacht unter dem Bilde Edoms beschreibt, finden sich in V. 13a alle drei Unkraut-Termini: *w*^{e}*'ᶜāl*^{e}*tâ 'arm*^{e}*nōtèhā sîrîm qimmôś wāḥôaḥ b*^{e}*mibṣārèhā* „Aufschießen werden in ihren Palästen Dornen, Nesseln und Disteln in ihren Burgen".

Daß Hosea in 2,8 das Motiv des Todes anklingen läßt, braucht nicht zu überraschen. In V. 5 hatte er ganz offen gedroht: „... damit ich sie nicht nackt ausziehe ... und sie durch Durst umbringe" (*wahămittîhā baṣṣāmā'*).

Scholion: Die Verbindung des Gedankens von Tod und Untergang mit Dornen in diesen Texten könnte m.E. auch beitragen zur Klärung der tatsächlichen Bedeutung von *ḫḫ* in UT 51: VIII: 13. C.H. Gordon (UT Glossary Nr. 949) schwankt zwischen der Annahme eines Ortsnamens und einer Bedeutung, die dem äthiopischen *ḫōḫt* „Tür, door" und dem hebräischen *ḥăwāḥîm* „(Fels-)Spalten, crevices" von 1 Sam 13,6 nahekommt. In Ugaritic Literature S. 37 übersetzt er noch „heart", allerdings in Kursivdruck, in Ugarit and Minoan Crete S. 74 verzichtet er auf eine Wiedergabe. H.L. Ginsberg (ANET^{2} S. 135a) übersetzt „Schmutz, filth", in Kursivdruck, ebenso N.J. Tromp (Primitive Conceptions S. 7). In einer Anmerkung verweist dieser aber auf J. Aistleitner, der in seinem Wörterbuch (Nr. 1015) „Dorngestrüpp" vorschlägt, nach hebräisch *ḥôaḥ* „Dorn" und akkadisch *ḫaḫīnu* „dornige Pflanze". Ich meine, die soeben besprochenen biblischen Texte bilden ein Argument für Aistleitners Deutung. — UT 51: VIII: 13 lautet im Zusammenhang (Zeile 10-14), der von der Sendung von Baals zwei Boten zu Mot in die Unterwelt handelt, folgendermaßen:

idk al ttn pnm
tk qrth hmry
mk ksu ṯbth
ḫḫ arṣ nḫlth

Dann sollt ihr euch geradewegs begeben [61]
in seine (Mots) Stadt, „die Schlammige" [62].
Der Pfuhl [63] ist der Thron, wo er sitzt,
Dorngestrüpp die Stadt [64] seines Eigentums.

Vielleicht kann man in diesem Zusammenhang auch an das bekannte Volksmärchen der Brüder Grimm „Dornröschen" erinnern. Auch hier geht es ja um eine Art Todesschlaf, in den Dornröschen fällt, nachdem es sich an einer Spindel gestochen hat. Nach dem Willen der rachsüchtigen dreizehnten weisen Frau sollte das Mädchen überhaupt tot hinfallen. Erst nachträglich wird dieses Todesgeschick in einen hundertjährigen tiefen Schlaf umgewandelt. In diesen fällt nun außer dem Mädchen alles Lebende im ganzen Schloß, und es wächst eine Dornenhecke, die es schließlich völlig einhüllt und jedem, der eindringen will, nicht nur den Zugang verwehrt, sondern auch den Tod in dem Gestrüpp bereitet.

Schließlich gehören die Dornsträucher auch zum Inventar des Inferno in Dantes Göttlicher Komödie. Sie bilden im dreizehnten Gesang den Wald, in den die Selbstmörder verwandelt werden (vgl. dessen Beschreibung: Inferno 13,1-9).

Hos 2,9b*α*

... *'ēlᵉkâ wᵉ'āšûbâ 'el 'îšî hārī'šôn*

... Ich will mich aufmachen und zurückkehren zu meinem ersten Mann.

Die beiden Verben *hālak* und *šûb* kommen in der Bibel verschiedentlich zusammen vor, sei es im Nebeneinander wie hier und in Hos

[61] Wörtlich: „das Angesicht setzen, richten".

[62] Zu diesem Namen siehe N.J. Tromp, Primitive Conceptions S. 7f und S. 54-56.

[63] Zu dieser Bedeutung von *mk* siehe zuletzt L. Sabottka, Zephanja S. 136 zu Zef 3,18; dort Hinweis auf M. Dahood, Bib 48 (1967) 425f („Sinkhole") und N.J. Tromp, Primitive Conceptions S. 7 Anm. 6.

[64] Diesen Sinn, „Stadt, Stadtstaat", dürfte *arṣ* hier wohl haben. Tromp, Primitive Conceptions S. 7 (vgl. auch S. 24), faßt es hier als „Unterwelt" auf, wenn er *ḫḫ arṣ* wiedergibt mit „infernal filth". Diese Übersetzung „infernal filth" sieht *arṣ* hier offensichtlich als Genitiv an: = filth of the nether world. Aber das scheint mir gegen den Parallelismus mit dem vorhergehenden Stichus zu sein, wo *ksu* Nominativ ist und *ṯbth* davon abhängiger Genitiv: wörtlich „Thron seines Sitzens". Entsprechend fasse ich hier *arṣ* als die unterweltliche Stadt (vgl. Zeile 11 *qrth*), von der Tromp an anderen Stellen seines Buches verschiedentlich spricht (siehe dort Index of Subjects S. 218a).

5,15a, sei es im strikten Parallelismus. Zu den acht von M. Dahood in RSP I S. 376f zusammengetragenen Stellen läßt sich noch 2 Sam 12,23 hinzufügen: ... *ha'ûkal lahăšîbô 'ôd 'ănî hōlēk 'ēlāyw wᵉhû' lō' yāšûb 'ēlāy* „... Kann ich es (scil. das Kind aus dem Tode) etwa noch wieder zurückbringen? Ich gehe zu ihm, aber es selbst kehrt nicht zu mir zurück". Siehe ferner 1 Kön 19,20b. — Angesichts dieses Befundes in der Bibel und der zahlreichen bisher entdeckten ugaritisch-hebräischen Parallelpaare — über sechshundert bringt Dahood in RSP I — sieht sich Dahood (a.a.O.) zu einem neuen Übersetzungsversuch von 2 Aqht : VI : 42 und der ähnlichen Stelle 3 Aqht : obv : 16f veranlaßt. 2 Aqht : VI : 42 lautet: *ṯ]b ly laqht ǵzr ṯb ly wlk.* Bisher übersetzt man gewöhnlich etwa: „Besinne dich, Held Aqhat, besinne dich in meinem und deinem Interesse" [65]. Dahood aber faßt *lk* jetzt als Imperativ von *hlk* auf und übersetzt: „Turn from me, O Aqhat the Hero, turn from me and be gone."

Hos 2,10

wᵉhî' lō' yādᵉ'â kî 'ānōkî nātattî lāh
haddāgān wᵉhattîrôš wᵉhayyiṣhār
wᵉkesep hirbêtî lāh wᵉzāhāb 'āśû lōbā'al (MT *labbā'al*)

Sie aber wußte nicht, daß ich es war, der ihr gegeben hatte
das Korn, den Wein und das Öl
und der ihr reichlich Silber geschenkt hatte
und Gold beschafft, nicht Baal.

Diese Übersetzung hat H.J. van Dijk [66] vorgeschlagen, auf dessen Arbeit hinsichtlich der Einzelheiten in seinen Argumenten hier ver-

[65] So nach J. Aistleitner, Wörterbuch S. 330; entsprechend übersetzt C.H. Gordon, Ugarit and Minoan Crete; ähnlich H.L. Ginsberg, ANET² S. 152a.

[66] Tyre S. 105f. Der englische Wortlaut der Übersetzung ist:
But she did not know that it was I who had given her
the grain and the wine and the oil,
and who had lavished upon her the silver and bestowed on her the gold, not Baal.

W. Zimmerli, Bib 51 (1970) 149, hat van Dijks Übersetzung offensichtlich mißverstanden, wenn er schreibt: „Hos 2,10 ist ... nicht als *lō ba'al* zu lesen. Die Vergehung Israels besteht nach Hosea darin, daß man dem Baal, und nicht Jahwe — nicht aber einem ‚Nichtbaal' seine Gaben darbringt." Um einen ‚Nichtbaal' geht es hier gar nicht, sondern um den Gegensatz: Ich, Jahwe, habe gegeben — und nicht Baal.

wiesen wird. *ʿāśâ*, in Parallele zu *hirbâ*, habe hier wie öfter die Bedeutung „ erwerben, beschaffen ". Das *lō* vor *baʿal* (statt *labbāʿal*) entspricht dem ugaritischen *lā* „ nicht " und ist auch im Aramäischen und im Hebräischen von Qumran bezeugt. *lōbaʿal* steht so im Gegensatz zum betonten *'ānōkî* (vgl. auch V. 18 *'îšî – lō' ... baʿlî*). *ʿāśû* faßt van Dijk als Infinitivus absolutus und liest dafür *ʿāśô*.

Daß *ʿāśû* wohl als Infinitivus absolutus, der eine finite Verbform vertritt, zu deuten ist, hat schon J. Huesman erkannt. Auch W. Rudolph und H. Krszyna bejahen diese Möglichkeit [67]. Daß dabei aber die Umvokalisierung von *ʿāśû* in *ʿāśô* wahrscheinlich gar nicht erforderlich ist, darauf hat M. Dahood [68] aufmerksam gemacht. Er weist im Anschluß an J. Friedrich auf die Tatsache hin, daß protosemitisches *ā*, das im Hebräischen zu *ô* wird, im Phönizischen als *û* erscheint. So hätten wir in der Bibel mit der Dialektform des Infinitivus absolutus *qātûl* zu rechnen.

Es ist eindrucksvoll, wie oft Huesman in den Beispielen seiner beiden Artikel über den Infinitivus absolutus in Biblica 1956 eine Form *qātûl* in *qātôl* ändern mußte. Die Stellen seien hier kurz genannt, jeweils mit der Seitenzahl des Artikels in Klammern, auf der die jeweilige Stelle besprochen ist: Jes 26,3 *sāmûk*; *bāṭûaḥ* (287; zu *bāṭûaḥ* siehe auch M. Dahood, Psalms III S. 128f); Jer 22,14 *wᵉsāpûn* (289); Ps 49,4 *hāgût* (290; Dahood, Bib 1966, 281 und Psalms III S. 28); Jer 49,19; 50,44 *bāḥûr* (290); Ps 103,14 *zākûr* (291; Dahood, Psalms III S. 28); Ijob 15,22 *wᵉṣāpû* (292); 2 Chr 1,12 *nātûn* (293); Hos 2,10 *ʿāśû* (294; unsere Stelle hier); Ri 16,18 *wᵉʿālû* (418); 2 Sam 15,30 *wᵉʿālû* (424). — Zu dieser Reihe kann noch Ez 28,16 hinzugefügt werden, wo H.J. van Dijk (Tyre S. 121) *mallô* statt *mālû* liest, sowie Ps 41,9, wo Dahood selbst in Psalms I noch *yāṣôq* oder *yᵉṣôq* statt *yāṣûq* vokalisieren wollte, und schließlich die von ihm selbst noch genannten Stellen Ps 112,7 (*bāṭûaḥ*); Ps 139,20 (*nāśû'*); und Koh 12,10 (*wᵉkātûb*) [69].

Mögen nun auch einige dieser Formen erst von den Masoreten *qāṭûl* vokalisiert worden sein, weil sie von ihnen eben als Participia passiva

---

[67] Huesman, Bib 37 (1956) 294; Rudolph S. 63; Krszyna, BZ 13 (1969) 41.

[68] Bib 47 (1966) 281. Dort in Anm. 4 ist verwiesen auf J. Friedrich, Phönizisch–Punische Grammatik § 79b und 138 (vgl. die gleichen §§ in der 2. Auflage: J. Friedrich – W. Röllig, Phönizisch–Punische Grammatik). Siehe ferner Dahood, Psalms III S. 373.

[69] Von den letzten drei genannten Stellen sind die ersten beiden in Psalms III S. 128f und S. 297 besprochen, Koh 12,10 in Bib 47 (1966) 281 und in Psalms III S. 28.

bzw. als 3. Person Perfekt Plural gedeutet wurden, und mag auch für uns heute wirklich nicht immer sicher sein, ob man ein Participium passivum oder einen Infinitiv vor sich hat [70], so wird man das wohl nicht gut für alle Fälle annehmen können.

Hos 2,11b

wᵉhiṣṣaltî ṣamrî ûpištay (MT *ûpištî*) [71]
lᵉkassôt 'et 'erwātāh

Und ich nehme weg meine Wolle und meinen Flachs,
um ihre Blöße aufzudecken.

M. Dahood [72] bringt diesen Vers als eines der Beispiele, in denen *kissâ* als Piel privativum [73] vorkommt. W. Rudolph (S. 63f) hält das wegen *gillâ* in V. 12 für wenig einleuchtend. M. E. ist aber das folgende *gillâ* eher ein Argument für den privativen Sinn von *kissâ*. Denn in Ijob 33,16f und in Spr 26,26 kommen beide Verben im Parallelismus bzw. nebeneinander vor, und in beiden Fällen wird *kissâ* privativ verstanden. — Zunächst Ijob 33,16f [74] :

'āz yigleh 'ōzen 'ănāšîm 8 Silben
ûbᵉmūsārām (MT *ûbᵉmōsārām*) *yēḥātēm* (MT *yaḥtōm*) 8
lᵉhōsîr (MT *lᵉhāsîr*) *'ādām maʿăśeh* 8
wᵉgôhū-m geber (MT *wᵉgēwâ miggeber*) *yᵉkasseh* 8

Dann öffnet er das Ohr der Menschen,
und zu ihrer Belehrung steigt er zu ihnen herab ;
um den Menschen über sein Werk zu belehren,
und sein Wort vor dem Manne zu offenbaren.

[70] Siehe z.B. Dahood, Psalms III S. 28 zu Ps 103,14 und S. 128f zu Ps 112,7.

[71] Zur Pluralvokalisierung siehe W. Rudolph S. 63.

[72] Bib 46 (1965) 330.

[73] Zum Piel privativum (das nicht notwendig denominativ sein muß) siehe A.C.M. Blommerde, Job S. 17 mit weiterer Bibliographie ; ferner M. Dahood, Psalms II und III Index of Subjects s.v. Piel privative und GP S. 390 ; ferner W.A. van der Weiden, Proverbes, Index analytique S. 174 s.v. Piel privatif.

[74] Die hier folgende Lesung und Übersetzung der Stelle hat M. Dahood mündlich vorgetragen ; Ijob 33,17 siehe jetzt in Psalms III S. 58. Einen anderen Lösungsvorschlag siehe unter Anm. 78.

Die Vokalisierung *ûbᵉmūsārām* wurde auch sonst schon vorgeschlagen[75]. *yeḥātēm* ist Qal von *nāḥat* mit Dativsuffix[76]. *maʿăśeh* habe ich mit „ sein Werk " übersetzt, ohne die Vokalisierung zu ändern: das Suffix von *gôhū* gilt auch für *maʿăśeh* nach der Stilregel des double duty suffix[77]. *gôhū-m* ist das im Ugaritischen vorkommende einradikalige Substantiv *g* „ Stimme " mit Suffix und enklitischem Mem[78].

Spr 26,26 wird von W.A. van der Weiden[79] vorschlagsweise so gelesen und übersetzt:

---

[75] Siehe BHK³ und Zorell, Lexicon S. 454a.

[76] Siehe dazu Blommerde, Job S. 8; dort weitere Bibliographie. Ferner Dahood, Psalms III Index of Subjects S. 481.

[77] Siehe zu den verschiedenen „ Double-duty "-Erscheinungen im Ugaritischen und Hebräischen: Blommerde, Job S. 10; 25f; 27f, je mit weiterer Bibliographie und Beispielen; und Dahood, Psalms III Index of Subjects S. 482a sowie GP S. 429-439.

[78] Zu Ijob 33,17 weist mich M. Dahood jetzt noch auf folgende Möglichkeit der Lesung und Übersetzung hin:

> *lᵉhōsîr* (MT *lᵉhāsîr*) *'ādām maʿăśeh*
> *wᵉgēwēhem geber* (MT *wᵉgēwâ miggeber*) *yᵉkasseh*
>
> um die Menschen wegen ihrer (Misse-)Tat zu mahnen
> und den Leuten ihren Hochmut zu offenbaren.

gēwēhem wäre dabei wohl als Adjektiv *gēweh* „ hochmütig " zu verstehen, Nebenform zu *gē'eh* wie das Femininum *gēwâ* zu *gē'â* (vgl. etwa HALAT S. 161a s.v. *gē'â*). *gēwâ* und *gē'â* haben die abstrakte Bedeutung „ Hochmut ". Hier in Ijob 33,17 hätte das Maskulinum *gēweh* diesen Sinn, in Parallele zum Abstraktum *maʿăśeh*, ähnlich wie in Ps 111,8 *yāšār* neben *'ĕmet* „ Treue " als „ Rechtschaffenheit " zu verstehen ist (siehe dazu Dahood, Psalms III S. 124).

Zu vergleichen ist zu dieser Lösung Ijob 36,9f:

> *wayyaggēd lāhem poʿŏlām*
> *ûpišʿêhem kî yitgabbārû*
> *wayyigel 'oznēm* (MT *'oznām*) *lammûsār*
> *wayyō'mer kî yᵉšūbûn mē'āwen*
>
> Dann hält er ihnen ihr Handeln vor
> und ihre Sünden, wie abscheulich/zahlreich sie sind;
> und er öffnet ihnen die Ohren zur Belehrung
> und verlangt, daß sie vom Bösen umkehren.

Zur Übersetzung von Ijob 36,9f siehe Blommerde, Job S. 126f. Bei einem Vergleich mit der zuletzt gebrachten Wiedergabe von Ijob 33,17 ergibt sich erstens: *maʿăśeh* hier und *poʿŏlām* in Ijob 36,9 entsprechen sich sachlich im negativen Sinne. Zweitens ist das Ijob 33,16f und 36,9f gemeinsame Wortfeld auffällig: *gālâ 'ōzen*; *mûsār*; *geber*/*yitgabbārû*.

[79] Proverbes S. 144f.

t^e^kusseh (MT *tikkasseh*) *śin'â b^e^maššā'ôn*
tiggāleh rā'ātô b^e^qāhāl

Sa haine sera exposée dans la Destruction,
Sa méchanceté sera révélée dans l'Assemblée.

t^e^kusseh wäre Pual privativum, *śin'â* partizipiert am Suffix von *rā'ātô*, das Hapaxlegomenon *b^e^maššā'ôn* ließe sich auch teilen in *b^e^mō šā'ôn*. *sā'ôn* und *qāhāl* werden gedeutet als Ausdrücke für die Unterwelt.

Wird nun *l^e^kassôt* in Hos 2,11b im privativen Sinne genommen, so hat das *w^e'^attâ* zu Beginn von V. 12 natürlich einen etwas anderen Sinn als nach dem bisherigen Verständnis. Es ist wohl am besten resumptiv-weiterführend wiederzugeben, etwa mit „so – also": „Und ich werde wegnehmen meine Wolle und meinen Flachs, um ihre Blöße aufzudecken. So werde ich also enthüllen ihre Scham vor den Augen ihrer Liebhaber, und niemand wird sie meiner Hand entreißen." — Zu vergleichen ist hier etwa Gen 45,7f: „So hat mich Gott vor euch hergesandt, um euch ein Übrigbleiben zu sichern und euch am Leben zu erhalten in einer großen Rettung. So (*w^e'^attâ*) habt also nicht ihr mich hierhergesandt, sondern Gott ..." [80].

Hos 2,19

wahăsīrōtî 'et š^e^môt habb^e'^ālîm mippîhā
w^e^lō' yizzāk^e^rû 'ôd bišmām

Und ich entferne die Namen der Baale aus ihrem Mund,
daß sie nicht mehr mit ihrem Namen erwähnt werden.

Der in der Bibel mehrfach begegnende Parallelismus *šēm//šēm* hat sich im Ugaritischen bisher zweimal gefunden, in UT 68: 11 und, an einer ähnlichen Stelle, in 'nt: pl. X: IV: 14f. In UT 68: 11f heißt es:

[80] Siehe H.A. Brongers, VT 15 (1965) 289-299, der die verschiedenen Bedeutungsnuancen des adverbialen *w^e'^attâ* im AT herausgearbeitet hat. Allerdings dürfte Gen 45,8 wohl nicht genau zur Reihe der unter V (S. 293f) genannten Beispiele gehören. Denn diese Gruppe definiert Brongers ja folgendermaßen: „... Stellen, die ebenfalls auf ein Ereignis in der Vergangenheit zurückgreifen und daraus schlußfolgernd die Konsequenz für das Handeln im Heute oder in der Zukunft ziehen möchten". In Gen 45,8 geht es aber nicht um ein „Handeln im Heute oder in der Zukunft", sondern um eine resumptive Feststellung.

kṯr ṣmdm ynḥt
wypʿr šmthm
šmk at ygrš ...

Kothar bringt die beiden Keulen herab
und nennt ihre Namen.
Dein Name ist Vertreiber ...

Des weiteren siehe M. Dahood, RSP I S. 353.

Hos 2,20a

wᵉkārattî lāhem bᵉrît bayyôm hahûʾ
ʿim ḥayyat haśśādeh wᵉʿim ʿôp haššāmayim wᵉremeś hāʾădāmâ

Und ich werde für sie einen Bund schließen an jenem Tage
mit den Tieren des Feldes und mit den Vögeln des Himmels
und dem Gewürm des Erdbodens.

Der Ausdruck *ʿôp haššāmayim*, der im Hoseabuch auch noch in 4,3 und 7,12 vorkommt, erinnert an das ugaritische *ʿpt šmm* in UT 124 : 11, einem sonst aber nicht ganz klaren Text [81].

Die hier wie auch in 4,14 und 12,1 je doppelt bzw, in 4,14 und 12,1, auch im strikten Parallelismus gebrauchte Präposition *ʿim* läßt 2 Aqht : VI : 28f zum Vergleich heranziehen :

ašsprk ʿm bʿl šnt
ʿm bn il tspr yrḫm

Ich lasse dich mit [82] Baal die Jahre zählen,
mit den Söhnen Els [83] sollst du die Monate zählen [84].

[81] *ʿpt šmm* wird auch von M. Dahood, Psalms III S. 38, zitiert zu *ʿôp haššāmayim* in Ps 104,12. J. Aistleitner, Wörterbuch Nr. 2068, übersetzt *tštr ʿpt šmm* mit „ sie fing mit dem Netz die Vögel des Himmels " (vgl. dazu auch Wörterbuch Nr. 2708). Anders C.H. Gordon, Ugarit and Minoan Crete S. 141 : „ She takes off in flight heavenward ", aber mit „ takes off " in Kursive.

[82] Das ugaritische *ʿm* hat hier, wie auch zuweilen hebräisch *ʿim*, die Bedeutung „ wie " (siehe etwa M. Held, JBL 84 [1965] 273 und Anm. 36 dort). Aber im Deutschen hat das „ mit " hier auch genau diesen Sinn. So wie wir etwa sagen können : „ Er steht mit ihm auf gleicher Stufe " = „ Er steht auf der gleichen Stufe wie er ", d.h. er hat den gleichen Rang inne.

[83] Gordon, Ugarit and Minoan Crete S. 127, übersetzt *bn il* mit „ son of El ", womit nach dem Parallelismus offenbar Baal gemeint ist. Die erstere Wiedergabe haben H.L. Ginsberg in ANET² S. 151 („ sons of El ") ; M. Held,

Hos 2,23(f)

... *'eʿĕneh 'et haššāmāyim wᵉhēm yaʿănû 'et hā'āreṣ*

... ich werde den Himmel erhören, und er wird die Erde erhören.

Zum Parallelismus bzw. Nebeneinander von *šāmayim* und *'ereṣ* in den ugaritischen Texten und in der Bibel siehe M. Dahood, RSP I S. 126f und 356 ; dort weitere Literatur. — Mit unserer Stelle läßt sich besonders ʿnt : III : 17-22 (//ʿnt : pl. IX : III : 12-14) vergleichen :

rgm iṯ ly w argmk
hwt w aṯnyk
rgm ʿṣ wlḫšt abn
tant šmm ʿm arṣ
thmt ʿmn kbkbm

Ein Wort habe ich, das ich dir sagen will,
einen Spruch, den ich dir künden will,
das Wort des Baumes und das Flüstern des Steines,
das Raunen des Himmels zur Erde,
der Tiefen zu den Sternen.

Hos 3,4

Zum Parallelismus *'ên//'ên* im Ugaritischen und in der Bibel siehe zu Hos 4,1b*β*.

Hos 4,1b*β*

kî 'ên 'ĕmet wᵉ'ên ḥesed
wᵉ'ên daʿat 'ĕlōhîm bā'āreṣ

Denn es gibt keine Treue und keine Liebe
und keine Gotteserkenntnis im Lande.

JBL 84 (1965) 273 („ sons of El") und Dahood in Psalms I S. 91 zu Ps 16, 11 („ gods"). — Zur Frage nach Baals Abstammung siehe etwa M.H. Pope in : Wörterbuch der Mythologie (hg. von H.W. Haussig) I/1 S. 255f.

[84] Vgl. ferner eine häufiger wiederkehrende Briefformel ; z.B. UT 95 : 10-18 : *hnny ʿmny kll mid šlm w ap ank nḫt ṯmny ʿm adtny mnm šlm rgm ṯṯb l ʿbdk* „ Hier mit uns beiden steht es völlig wohl, und ich hatte auch Ruhe ; wie immer es dort wohl mit unserer Herrin steht, sende Antwort deinem Diener". Siehe ferner auch UT 1015 : 14-20 ; 2009 : 6-9 u.a. — Des weiteren siehe M. Dahood, RSP I S. 295f.

Der außer hier und in 3,4 auch sonst verschiedentlich (vgl. RSP I S. 117) in der Bibel vorkommende Parallelismus *'ên//'ên* hat seine Entsprechung in 1 Aqht : 117 (//131) :

in šmt in ʿẓm

Da ist kein Fett, da ist kein Knochen.

Hos 4,2

... *wĕdāmîm bedāmîm nāgāʿû*

... und Götzenbilder stoßen an Götzenbilder.

Schon M. Dahood hat eine Unterscheidung zwischen *dāmîm* „ Blut (-taten) " und *dāmîm* (Volkalisierung unsicher) „ Götzenbilder ", von der Wurzel *dmh* „ gleich sein " vorgeschlagen [85] und dabei Hos 4,2 als einen Beispieltext angeführt (Psalms I S. 32). Sein Argument bezüglich dieser Stelle war, daß man eigentlich nicht gut *nāgaʿ* von Blut aussagen kann [86]. Ein weiteres Argument ergibt sich, wenn wir Hos 4,2 mit Jer 7,9 vergleichen :

Hosea :

'ālōh wekaḥēš werāṣōaḥ wegānōb wenā'ōp pārāṣû [87]
wedāmîm bedāmîm nāgāʿû

Verfluchen und Täuschen und Morden und Rauben und Ehebrechen haben überhandgenommen,
und Götzenbilder stoßen an Götzenbilder.

Jeremia :

hăgānōb rāṣōaḥ wenā'ōp wehiššābēaʿ laššeqer

---

[85] Psalms I S. 31f und S. 163 ; Psalms II S. 39 ; Psalms III S. 297. Siehe auch J. Holman, BZ 14 (1970) 217. Allerdings halte ich es für wenig wahrscheinlich, daß der Singular von *dāmîm* II *dām* heißt, wie Holman notiert, da die Ableitung von einer Wurzel Lamed-Yod wohl eher eine andere Gestalt erwarten läßt.

[86] Private Mitteilung.

[87] Dahood, Proverbs and Northwest Semitic Philology S. 53f Anm. 7, schlägt vor, *perāṣô* „ and pleasure " statt *pārāṣû* zu lesen, hier also die Konjunktion *pa* „ und " zu sehen. In RSP I S. 174 bringt er dazu mehrere ugaritische Stellen mit dem Parallelismus *w//p*. Doch der hier von mir vorgenommene Vergleich von Hos 4,2 mit Jer 7,9 und dem entsprechenden Dekalogabschnitt scheint mir nicht für jenen Vorschlag zu sprechen.

w^eqaṭṭēr labbāʿal w^ehālōk ʾaḥărê ʾĕlōhîm ʾăḥērîm
ʾăšer lōʾ y^edaʿtem

Nicht wahr: Rauben, morden und die Ehe brechen und falsch schwören und dem Baal räuchern und andern Göttern folgen, die ihr nicht kennengelernt habt.

Nach dem bisherigen Verständnis waren folgende Sünden beiden Texten gemeinsam: Rauben, Morden, Ehebruch, Täuschen/Meineid. Nach der obigen Deutung von *dāmîm* aber stimmt Hosea jetzt nicht nur in vier, sondern in fünf Sünden mit Jeremia überein, und beide nennen den Götzendienst bei sonst verschiedener Reihenfolge der Aufzählung am Ende, geradezu besonders betont.

Beide Texte erinnern an den entsprechenden Abschnitt im Dekalog: *lōʾ tirṣaḥ lōʾ tinʾap lōʾ tignōb lōʾ taʿăneh b^erēʿăkā ʿēd šāqer* (Ex 20,13-16; vgl. //Dtn 5,17-20). Hier fehlt natürlich der Götzendienst, da von ihm bereits im ersten Teil des Dekalogs die Rede war[88].

Bei Annahme obiger Übersetzung von Hos 4,2 fehlt einerseits auch der Götzendienst nicht in der Aufzählung der Kapitalverbrechen, von dem sonst bei Hosea ja so viel die Rede ist, andererseits wird eine sachliche Wiederholung in der Reihe, nämlich Mord und dann noch Bluttaten, vermieden.

Scholion: N.A. van Uchelen [89] hält den genannten Vorschlag M. Dahoods, hinter *dāmîm* zwei verschiedene Wörter anzunehmen, aus zwei Gründen für unannehmbar. Erstens wisse das alttestamentliche Hebräisch von keinem Substantiv, das von der Wurzel *dmh* „gleich sein" abgeleitet sei und die Pluralform *dmym* aufweise; zweitens lasse an keiner Stelle, wo *ʾanšê dāmîm* vorkommt, der Kontext eine Übersetzung im Sinne Dahoods zu.

Zum ersten Argument scheint mir folgendes zu sagen zu sein: Unsere Kenntnis des wirklichen alttestamentlichen Hebräisch ist trotz aller Forschungen immer noch verhältnismäßig gering, sei es in grammatikalischer, sei es in lexikographischer Hinsicht. HALAT gibt drei Derivate an: *d^emût, d^emî, dimyôn.* GB und Zorell rechnen *d^emî* nicht dazu [90]. Nur *dimyôn* (oder *dimmāyôn*?) weist Pluralformen auf, und zwar einmal *dmywnwt* in Sir 3,24 und einmal *dmywnym* in 1QM 6,13 [91]. Bei der

---

[88] Zur Beziehung zwischen Hos 4,2 und dem Dekalog siehe etwa M.J. Buss S. 101.

[89] OTS 15 (1969) 205 Anm. 3.

[90] HALAT s.v. *dmh* I S. 216; GB S. 164; Zorell, Lexicon S. 175. *d^emî* bringen GB und Zorell unter *dŏmî*, Derivat von *dmh* II „aufhören".

[91] So ist im HALAT S. 217a die falsche Angabe 1QM 6,8 zu korrigieren.

Spärlichkeit der bisher bekannten Derivate der Wurzel *dmh* I beweist es also wohl nicht viel, wenn sich nicht viele Pluralformen finden. — Daß es aber der Form *dāmîm* entsprechende Plurale von Wurzeln Lamed-Yod gibt, ist außer Zweifel : z.B. *qānîm* von *qāneh* „ Rohr “ ; *śādîm* von *śādeh* „ Feld “. Die letztgenannte Pluralform findet sich so zwar nicht in der Bibel, ist aber aus Konstruktus- und suffigierten Formen, nicht zuletzt auch vom ugaritischen *šdm* her zu postulieren [92]. Im übrigen findet sich als Derivat von *dāmâ* I im Mischnahebräisch ein Pluraletantum *dāmîm*, *dāmîn* „ equivalent, compensation, price “ [93]. Ist die Bedeutung auch verschieden von der in unserem Text angenommenen — es handelt sich eben um das spätere Hebräisch —, so ist die Tatsache, daß ein solches Derivat existiert, doch in etwa aufschlußreich für unseren Fall.

Was nun das zweite Argument angeht, so möchte ich etwa auf Ps 59 hinweisen. Wenn van Uchelen [94] die *pōʿălê ʾāwen*, die in V. 3 parallel zu den *ʾanšê dāmîm* stehen, von V. 8 und V. 13 her erklärt, so steht m.E. doch V. 6 näher, in dem gerade auf die *gôyīm*, auf die heidnischen Völker — im parallelen Stichus lesen wir *bōgᵉdê ʾāwen* — die Strafe herabgerufen wird [95].

Hos 4,3

ʿal kēn teʾĕbal hāʾāreṣ wᵉʾumlal kol yôšēb bāh
bᵉḥayyat haśśādeh ûbᵉʿôp haššāmāyim
wᵉgam dᵉgê hayyām yēʾāsēpû

Deshalb verdorrt das Land und verschmachtet alles, was darin wohnt,
mitsamt dem Getier des Feldes und den Vögeln des Himmels ;
und selbst die Fische des Meeres werden dahingerafft.

Zu diesem Text kann man bezüglich der Wortwahl zunächst UT 52 : 61-63 zum Vergleich anführen :

št špt larṣ špt lšmm
wlʿrb bphm ʿṣr šmm wdg bym

[92] Siehe Zorell, Lexicon S. 794 (von der Pluralform *śādôt* ist dort doch wohl der Asteriskus zu entfernen, da sie ja in der Bibel belegt ist, z.B. in 1 Sam 22,7), und Meyer, Grammatik II § 53,2 S. 73.

[93] Siehe Jastrow, Dictionary S. 313.

[94] OTS 15 (1969) 209.

[95] Siehe auch M. Dahood, Psalms II S. 67 zu V. 3.

Sie [96] setzten [97] eine Lippe zur (Unter)Welt, eine Lippe zum Himmel,
und in der Tat [98], es traten in ihren Mund die Vögel des Himmels und die Fische im Meer.

Die Gemeinsamkeit des Wortfeldes erstreckt sich auf zwei Wortverbindungen : die Nennung von *'ereṣ*, *šāmayim*, *yām* in beiden Texten einerseits [99] und das Vorkommen des in der Bibel nicht seltenen Ausdrucks *d^e^gê hayyām*, dem im ugaritischen Text *dg bym* [100] entspricht, andererseits.

Zum Vergleich von *ʿôp haššāmayim* mit *ʿpt šmm* in UT 124 : 11 siehe zu Hos 2,20 S. 24.

Hos 4,4a

'ak 'êš 'ēl yārīb *w^e^'ēl yôkīaḥ 'êš*
(MT *'ak 'îš 'al yārēb* *w^e^'al yôkaḥ 'îš*)

In der Tat : mit Feuer straft El, ja, El züchtigt mit Feuer.

Der ganze V. 4 bereitet Schwierigkeiten, denen die Autoren mit verschiedenen Lösungen zu begegnen suchen, ohne daß bisher Einigkeit erzielt werden konnte [101]. So möchte auch ich im Rahmen meiner Untersuchungen einen Versuch wagen ; zunächst für V. 4a, den ich nämlich nach meiner Lösung vom Folgenden trennen muß, dann für den weiteren Abschnitt.

---

[96] D.h. die Götterzwillinge Šaḥr und Šalim, Morgen- und Abenddämmerung.

[97] So nach M. Dahood, Psalms III S. 28 und 341. — C.H. Gordon, Ugarit and Minoan Crete S. 97, und J. Aistleitner, Wörterbuch Nr. 2704 übersetzen *št* mit „ Lady " bzw. „ Herrin " (*št* gehörte dann zum Vorhergehenden). Für Dahoods Auffassung spricht Ps 73,9 : *šattû baššāmayim pîhem ûl^e^šônām tihălak bā'āreṣ*, ein Vers, den er übersetzt : „ They set their mouth against heaven, and their tongue swished through the nether world " (siehe Psalms II S. 186 und 190 ; und Psalms III S. 28).

[98] Gordon, Ugarit and Minoan Crete S. 97 (vgl. dort auch Anm. 48), faßt das Lamed vor dem Verb als Negation auf. Zur Schwierigkeit der Unterscheidung zwischen emphatischem Lamed und Negation siehe UT § 9.16 S. 76.

[99] Siehe dazu auch M. Dahood, Psalms III S. 456 sowie RSP I S. 356f.

[100] Wie Dahood, Psalms I S. 52 zu Ps 8,9 bemerkt, könnte *dg bym*, parallel zu *ʿṣr šmm*, auch eine Konstruktuskette sein von der Art von *śimḥat baqqāṣîr* in Jes 9,2 u.ä.

[101] Eine gute Diskussion bieten die Kommentare von Rudolph, Wolff und Deissler, so daß ich sie mir hier sparen kann.

Bei diesem Versuch in V. 4a werden nur die Vokale geändert und zweimal eine falsche Pleneschreibung angenommen. *'êš* wäre hier beidemal im Akkusativ des Materials, der im Ugaritischen und auch im Hebräischen nicht selten belegt ist [102]. Für diese Lösung spricht zunächst Jes 66,16a: *kî bā'ēš yhwh nišpāṭ* „ denn mit Feuer wird Jahwe Gericht halten “. Der Gottestitel und -name El ist auch sonst häufiger von den Masoreten nicht erkannt und so entweder als Präposition *'el* oder als Negation *'al* gelesen worden [103]. *'ēl* kommt bei Hosea bisher schon dreimal vor, in 2,1; 11,9 und 12,1 [104].

Schließlich ist m.E. zu beachten, daß das Motiv vom Gerichtsfeuer Jahwes, das die Erde und ihren Ertrag verzehrt, auch im Moselied, in Dtn 32,22 vorkommt: *kî 'ēš qād*^{e}*ḥâ b*^{e}*'appî wattîqad ʿad š*^{e}*'ôl taḥtît wattō'kal 'ereṣ wîbūlāh watt*^{e}*lahēṭ môs*^{e}*dê hārîm* „ Denn ein Feuer ist entbrannt in meinem Zorne, und es lodert bis in die tiefste Unterwelt. Es verzehrt die Erde und ihren Ertrag und verbrennt die Grundfesten der Berge “. Dieser Vers berührt sich nach obiger Lösung in etwa mit Hos 4,3-4a. Daß dieses Argument nicht so leicht von der Hand zu weisen ist, wird im Exkurs „ Hosea und Dtn 32,1-43 “ gezeigt werden (S. 35-39, besonders S. 39).

Hos 4,4b-6

			Akzente	Silben
V. 4b		*w*^{e}*ʿimm*^{e}*kā kīma rîbî kōhēn*	4	10
	(MT	*w*^{e}*ʿamm*^{e}*kā kimrîbê kōhēn*)		
5		*w*^{e}*kāšaltâ yômām*	2	6
	(MT	*w*^{e}*kāšaltā hayyôm*)		
		w^{e}*kāšal gam nābî' ʿimm*^{e}*kā lāylâ*	5	11
		w^{e}*dāmîtā 'ēmā*	2	6
	(MT	*w*^{e}*dāmîtî 'immekā*)		
6		*kī nidmû ʿammî mibb*^{e}*lî haddāʿat*	5	11

[102] Siehe Gordon, UT § 13.11 S. 112; und Dahood, UHP S. 37; ders., Psalms I und II Index of Subjects s.v. Accusative of means; vgl. auch Psalms III S. 427f.

[103] Siehe etwa Dahood, Psalms I S. 242 (dort auch weitere Literatur) und Psalms III S. XXVIII zur Verwechslung von *'ēl* mit *'el*; zur Vokalisierung von *'ēl* in *'al* siehe Psalms II S. 71 und 93 und Psalms III S. 314 und 325.

[104] Siehe aber auch die Besprechung von Hos 11,7 S. 137f.

kî 'attâ hadda'at mā'astā	4	9
w^{e}'em'ās^{e}kā (q) mikkahēn lî	4	9
wattiškaḥ tôrat 'ĕlōhèkā	3	9
'eškaḥ bānèkā gam 'ānî	3	8/9

V. 4b Aber mit dir ist nunmehr mein Rechtsstreit, Priester!
5 Du wirst stürzen bei Tage,
und stürzen wird auch der Prophet mit dir bei Nacht.
Und du wirst furchtbar zugrunde gehen;
6 denn zugrunde ging mein Volk aus Mangel an Erkenntnis.
Denn du selbst hast die Erkenntnis verachtet;
so verachte auch ich dich, daß du mir nicht mehr Priester seist.
Du hast vergessen das Gesetz deines Gottes;
so vergesse deine Söhne auch ich.

Aber mit dir ist nunmehr mein Rechtsstreit: N. Lohfink behält in seinem Artikel „Zu Text und Form von Os 4, 4-6" bei der abschließenden Übersetzung der Verse „von den vielen und großen oft vorgeschlagenen Emendationen" nur zwei bei. Die erste haben wir hier in V. 4b, wo er liest: *w^{e}'imm^{e}kā m^{e}rîbî* (oder *rîbî*) *kōhēn*[105]. Danach wären die beiden ersten Konsonanten des masoretischen *kimrîbê*, also Kaf und Mem, unsicher. Das Kaf wäre dabei etwa Dittographie. H.W. Wolff hatte es klar ausgesprochen: „Dunkel bleibt, wie der Text um *km* vermehrt wurde"[106]. — Ich schlage vor, diese beiden Konsonanten als *kīma* zu lesen, nämlich *kī* emphaticum mit angehängtem Mem encliticum. Ist mein Übersetzungsversuch von V. 4a haltbar, dann beginnt ja mit V. 4b ein neuer Abschnitt (der aber durchaus nicht völlig im Gegensatz zum Vorhergehenden steht). Die Partikel *kīma* würde dann wohl den Neueinsatz ausdrücken. V. 4b wäre zu V. 5f gleichsam Titel, Anrede. Das kommt übrigens auch durch die Struktur bzw. die Akzent- und Silbenzahl dieser Verse zum Ausdruck: Siehe oben die Transkription und im folgenden die Besprechung.

Ein anderes Beispiel der Partikel *kīma* findet sich wahrscheinlich in Jes 61,7a:

taḥat bōšet kīma (MT *bošt^{e}kem*) *mišneh*	8 Silben
ûk^{e}limmâ yārōnnû ḥelqām	9

Anstelle von Schande fürwahr Wiedergutmachung;
und anstelle von Schmach werden sie sich ihres Anteils rühmen.

[105] Bib 42 (1961) 332; vgl. auch S. 304 Anm. 3.
[106] S. 88 in beiden Auflagen.

Das Suffix der 2. Person Plural paßt nicht in den Text und wird deshalb entweder ganz gestrichen oder in *-ām* geändert [107]. Die Partikel *kīma* aber würde die masoretische Lesung gut erklären. Das sich in diesem Falle ergebende Silbenverhältnis 8+9 läßt m.E. Schlußfolgerungen zum Bau dieser Zeilen zu : Damit das Verhältnis nicht zu ungleichmäßig sei, hat der Dichter den ersten Stichus um *kīma* bereichert und sich im zweiten *taḥat* gespart [108]. *taḥat* „ anstelle " gilt also nach dieser Übersetzung auch für den zweiten Stichus : „ anstelle von Schmach ...". — Zu *mišneh* „ Wiedergutmachung " siehe Zorell, Lexicon S. 484a : „ pro ignominia vestra (datur) *mišneh* aequa compensatio " [109].

Aus Ugarit kann man hier etwa UT 127 : 34f (//46f.50f) vergleichen, wenn hier auch das *km* in kausaler Funktion steht :

lṯpṭ ṯpṭ qṣr npš
km aḫt ʿrš mdw

Du bist nicht Richter für die Gerichtssache des Elenden,
weil du ein Bruder des Krankenlagers geworden bist [110].

D u w i r s t s t ü r z e n b e i T a g e : Lies mit W. Rudolph u.a. *wᵉkāšaltâ yômām* statt *wᵉkāšaltā hayyôm*. Grundsätzlich wäre es vielleicht auch möglich, keine Haplographie des Mem anzunehmen, sondern einfach *yôm* zu lesen angesichts des zweimal in der hebräischen Bibel vorkommenden Ausdrucks *laylâ wāyôm* „ bei Nacht und bei Tag " (1 Kön 8,29 ; Jes 27,3). Hier wären *yôm* und *lāylâ* entsprechend auf zwei Stichen verteilt [111]. Aber die Silbenzählung spricht eher für *yômām*. Eine ähnliche Haplographie werden wir in Hos 5,8 und 7,16 naheliegend finden (Siehe S. 73 und S. 100).

d u w i r s t f u r c h t b a r z u g r u n d e g e h e n : Das Wort „ Mutter " in V. 5b ist auch nach Wolff, Junker, Deissler und Lohfink [112] noch fraglich, wie etwa die Ausführungen von Rudolph und

[107] Siehe etwa C. Westermann, Jesaja 40-66 S. 293, und BHS.

[108] Zu dieser Praxis hebräischer Poetik siehe zuletzt W.G.E. Watson, Bib 52 (1971) 50.

[109] Siehe auch M. Tsevat, HUCA 29 (1958) 125f, der in Dtn 15,18 und Jer 16,18 *mišneh* wiedergibt mit „ equivalent, double, quid pro quo ".

[110] So nach Gordon, Ugarit and Minoan Crete S. 119 ; vgl. auch H.L. Ginsberg in ANET² S. 149a. Anders Aistleitner, Wörterbuch Nr. 133 S. 12 s.v. *aḫt* „ Schwester ". — Zu *kī* + Mem im Ugaritischen siehe auch UT § 12.3 S. 107 zu 3 Aqht : obv : 29.

[111] Zur stilistischen Praxis des breakup siehe zu Hos 8,2 S. 102-104.

[112] Wolff (S. 87f) übersetzt : „ daß auch deine Mutter umkommt " (korr. *wᵉnidmᵉtâ ʾimmekā*) ; vgl. auch dort S. 95f. — Junker, BZ 4 (1960) 165-167 :

die Übersetzung von Buss sowie die der NEB [113] beweisen. Darum möchte ich eine neue Möglichkeit aufzeigen, die wie Rudolphs Vorschlag den strikten Konsonantentext unangetastet läßt, aber mit ursprünglicher Defektivschreibung rechnet [114]. Ich lese *w^{e}dāmîtā* [115] *'ēmā kī* statt *w^{e}dāmîtî 'immekā*. Das zweite Yod an der masoretischen Form *w^{e}dāmîtî* wäre falsche Pleneschreibung; *'ēmā* adverbieller Akkusativ [116], doppelt defektiv geschrieben; daher wohl auch die falsche Wortabtrennung im MT. *kī* gehörte zur folgenden Zeile [117]. Zu bemerken ist, daß *'êmâ* als Gerichtsvokabel auch in Dtn 32,25 vorkommt. Siehe dazu den Exkurs „Hosea und Dtn 32,1-43", besonders S. 36.

Die gleiche Lösung legt sich, wie mir scheint, auch für die Schwierigkeit in Spr 3,34 nahe:

'ēmā (MT *'im*) *lallēsîm hû' yālîṣ* 8 Silben
w^{e}la'ăniyyîm (*k*) *yitten ḥēn* 8

Furchtbar treibt mit den Spöttern er selbst Spott,
aber den Demütigen gibt er Gnade [118].

„dem Untergang weihe ich deine Mutter" (*dāmîtî* transitiv verstanden). — Deissler (S. 59): „et je ferai périr ta mère" (korr. *w^{e}dimmêtî 'immekā*). — Lohfink, Bib 42 (1961) 332: „Ich lasse deine Mutter umkommen", und vgl. dort S. 303f: „In Wolffs Kommentar sind vor allem 4 Punkte wichtig: ... 4. das Wort ‚Mutter' (5b) ist weder durch Emendation noch durch metaphorische Deutung seines präzisen Sinns zu berauben".

113 Rudolph S. 97; er liest *w^{e}dāmîtî 'ummèkā* und übersetzt: „und ich lasse deine Sippen verkommen". — Buss (S. 11): „I destroy the people? (or: You destroy the people.)" (korr. *'umm^{e}kā*). — Die NEB hat im Text: „your own countrymen are brought to ruin"; im Apparat erscheint auch noch die Übersetzung: „Your mother (Israel) is destroyed ...".

114 Siehe A.C.M. Blommerde, Job S. 3; dort weitere Bibliographie.

115 *damîtā* übersetze ich hier intransitiv. Über die Wurzeln *dmh* II und III bestehen noch manche Unklarheiten (vgl. etwa Rudolph S. 97 und HALAT S. 216b). Sollte der intransitive Gebrauch sich doch nicht als haltbar erweisen, so wäre hier wohl immerhin noch eine Qal-Passiv-Punktierung zu erwägen.

116 Zum adverbiellen Akkusativ siehe Blommerde, Job S. 150 vorletzter Index.

117 K. Budde, JBL 45 (1926) 286, und T.H. Robinson (S. 18) haben hier bereits ein *kî* eingefügt, das sie aus Haplographie erklärten; siehe auch Rudolph S. 97.

118 Als ich mir die obige Lösung zu Spr 3,34 bereits zurechtgelegt hatte, kam mir die Arbeit von W.A. van der Weiden, Proverbes, in die Hände, der zu dieser Stelle eine ähnliche Lösung vorschlägt (S. 39f):

Als sachliche Parallele zu Spr 3,34 läßt sich vielleicht Ps 31,24 anführen:

'ehĕbû 'et yhwh kol ḥăsîdāyw
'ĕmûnîm nōṣēr yhwh
ûm^e šallēm ʿal yeter ʿōśēh ga'ăwâ

Liebet Jahwe, all ihr seine Frommen!
Seine Treuen behütet Jahwe,
aber er zahlt reichlich heim dem, der hochmütig handelt.

Auch hier ist dem Verbum, das dem Bösen gilt, noch ein adverbialer Ausdruck, *ʿal yeter*, hinzugefügt, dem *'ēmā* in Spr 3,34 entsprechend.

du selbst ... (Söhne auch) ich: Der Parallelismus *'attâ*//*'ănî*, der in der Bibel auch sonst häufiger vorkommt, hat seine Entsprechung in 3 Aqht : rev : 24 : *at aḫ wan* [*aḫtk*] „Du bist mein Bruder, und ich bin deine Schwester." Des weiteren siehe M. Dahood, RSP I S. 130.

Zu beachten ist bei dieser Übersetzung der VV. 4,4b-6 die ziemliche Regelmäßigkeit in der Verteilung der Akzente und der Silben: V. 4b als Einleitung hat besondere Zahlen, 4 Akzente und 10 Silben. Dann folgen in großer Regelmäßigkeit 2+5+2+5+4+4+3+3 Akzente bei 6+11+6+11+9+9+9+8 Silben. Die beiden Zahlenreihen

---

'ēm (MT *'im*) *lallēṣîm hû' yālîṣ*
w^e laʿănāwîm (*q*) *yitten ḥēn*

Lui, le Terrible, se moque des moqueurs
Mais Il donne sa faveur aux humbles.

Auch hier ist die Wurzel *'ym* als Schlüssel zum Verständnis des Verses verwandt. Allerdings ist in diesem Falle das Silbenverhältnis 7+8, während sowohl der vorhergehende V. 33 als auch der folgende V. 35 Silbengleichheit aufweisen wie bei meiner Lösung in V. 34, nämlich 9+9 und 8+8. Die Silbengleichheit in V. 35 (8+8) bleibt auch erhalten bei van der Weidens Umpunktierung des masoretischen *mērîm* in *miryām* (Proverbes S. 40). — Zur Silbenzählung als textkritischem Kriterium im Sprüchebuch siehe van der Weiden, Proverbes S. 174 Index analytique s.v. Nombre de syllabes, und füge den dort angegebenen Seitenzahlen noch S. 64 hinzu (double-duty modifier in Spr 5,22 : 9+4+9 Silben). — Zur scriptio defectiva im Sprüchebuch siehe a.a.O. S. 42, 78, 128. In Spr 8,17a (a.a.O. S. 78) ist van der Weidens Annahme einer Defektivschreibung der von mir in Spr 3,34 angenommenen ähnlich: *'ănî 'ōhăbay hā'ōh^e bā* (MT *'ōhăbèhā* [*k*] *'ēhāb*) „Je suis celle qui aime ceux qui l'aiment". Allerdings wird man nach dem masoretischen System wohl besser *hā'ōhēbā* lesen (Pausa beim Atnach; siehe etwa Joüon, Grammaire § 97 Ca S. 253).

weisen eine Zweiteilung im System auf: Gerade wo die Umschaltung der Reihenfolge von Strafe-Sünde auf Sünde-Strafe erfolgt, beginnt auch das neue System (Siehe oben S. 30f die Transkription).

Eine Unstimmigkeit hinsichtlich der Silbenzahl findet sich nur in der neunten Zeile, wo man 9 erwartet. Ob man in dieser Zeile noch eine Silbe mehr gesprochen hat, etwa *'eškaḥū* mit der alten *yaqtulu*-Endung des Singulars?[119].

Exkurs: Hosea und Dtn 32,1-43.

Da in dieser Studie bei der Auffindung einer ganzen Reihe von Lösungen schwieriger Stellen im Hoseabuch[120] gerade das Moselied Dtn 32, 1-43 Pate gestanden hat, lohnt es sich m.E., hier einmal in einer zusammenhängenden Übersicht auf die Beziehungen zwischen dem Hoseabuch und diesem Lied einzugehen. Dabei geht es mir nicht darum, eine (neue, genauere) Theorie über das gegenseitige Verhältnis aufzustellen oder schon bestehende durchzudiskutieren, sondern nur, die nicht geringe Anzahl gemeinsamer Elemente verschiedener Art einmal zusammenzustellen. Es handelt sich um solche, auf die bisher schon mehrfach hingewiesen wurde[121], und um einige, die sich mir beim Studium des Hoseatextes ergaben. Sollte diese Aufstellung alten und neuen Materials anderen Forschern zugleich helfen, das Verhältnis zwischen Dtn 32 und Hosea weiter aufzuhellen, so wäre es nur erfreulich. Mir geht es einfach darum, zu zeigen, wie die nicht geringe Zahl verschiedenartiger Gemeinsamkeiten dazu anhält, bei den einzelnen in dieser Arbeit vorgeschlagenen Lösungen verschiedener Hoseastellen den vom Moselied sich herleitenden Argumenten oder Fingerzeigen, mögen sie mehrfach, je für sich genommen, auch geringfügig sein, dennoch ein entsprechendes Gewicht beizumessen. Ich möchte aus diesem Grunde auch davon absehen, darauf hinzuweisen, wie sich sehr viele dieser Gemeinsamkeiten auch noch anderswo finden, etwa im übrigen Deuteronomium oder im Jeremiabuch. Darüber unterrichten vielfach die hier in den Anmerkungen genannten Autoren. Auch auf eine Erläuterung der Parallelen, etwa in formgeschichtlicher Hinsicht, möchte ich verzichten

---

[119] Zu dieser Form siehe zuletzt Blommerde, Job S. 15; dort weitere Literatur. Ferner Dahood, Psalms II und III Index of Subjects s.v. *yaqtulū*; siehe auch Psalms III S. 387. — Ähnliche Silbenreihen bei Hosea wie hier in 4,4b-6 sind zu Hos 12,1f S. 146 zusammengestellt.

[120] Nämlich 4,4a.5.7; 5,7; 6,5; 7,16; 11,7; 12,2; 13,10. Auf die Einzelbesprechung dieser Stellen in dieser Arbeit sei hier hingewiesen.

[121] Zu nennen sind hier etwa folgende Arbeiten, auf die des weiteren im einzelnen verwiesen wird: E. Baumann, VT 6 (1956) 414-424, besonders S. 421f; G. von Rad, Deuteronomium S. 139-143; A.O. Vannorsdall, Hosea; M.J. Buss, Hosea.

und von Fall zu Fall nur auf die entsprechenden Autoren verweisen. Die Tatsache allein, daß ein nicht zu umfangreiches Prophetenbuch und ein Liedtext von nur 43 Versen eine beachtliche Zahl von nicht selbstverständlichen Bausteinen gemeinsam aufweist, möge hier für sich sprechen.

Die Gemeinsamkeiten sind hier folgendermaßen geordnet : A) in einen gemeinsamen Vokabel- und Ausdrucksschatz (doch ohne Berücksichtigung von allzu oft vorkommenden Wörtern wie z.B. *ʿam*, *ʿāśâ*, *w^e^* u.ä. sowie Pronomina und Präpositionen), B) gemeinsame Wortparallelen und Wortzusammenstellungen, C) Wortfelder, D) Motive, Gedanken u.ä., E) formkritische Strukturen.

A) Vokabeln, Ausdrücke, Wendungen (hier und in den weiteren Abschnitten gewöhnlich in der Reihenfolge der Verse von Dtn 32 aufgeführt) :

	Dtn	Hos
'imrê pî	32,1	6,5
kaṭṭal	32,2	6,4 ; 13,3 ; 14,6
gāmal	32,6	1,8
pārad	32,8	4,14
mispar b^e^nê yiśrā'ēl	32,8	2,1
b^e^nê 'ēl (LXX, 4Q)		2,1 : *b^e^nê 'ēl ḥāy*
y^e^lēl, hêlīl	32,10	7,14
nešer	32,11	8,1 [122]
ʿîr „ beschützen "	32,11	(8,14) 11,6 ; 13,10 [123]
hirkîb	32,13	10,11
ʿēnāb	32,14.32	3,1 ; 9,10
šēd	32,17	12,2 [124]
qeṭeb, qōṭeb	32,24	13,14
ḥēmâ, ḥammâ	32,24.33	7,5 [125]
šikkēl	32,25	9,12 (vgl. auch 9,14 ; 13,8)
'êmâ	32,25	4,5 (vgl. 6,5) [126]
śêbâ	32,25	7,9

[122] Zur negativen Entsprechung von *nešer* in Hos 8,1 gegenüber Ex 19,4 [und Dtn 32,11] vgl. Rudolph S. 162.

[123] Zu *ʿîr* „ beschützen " (ugaritisch *ġyr*) in Dtn 32,11 siehe M. Dahood, Psalms I S. 56 ; im übrigen siehe die Besprechung der im Text angegebenen Hoseastellen.

[124] Siehe zu Hos 12,2 S. 145.

[125] Siehe zu Hos 7,5 S. 92.

[126] Siehe zu Hos 4,5 und 6,5 S. 33 und 81.

gepen	32,32	10,1 ; 14,8
rôš, rō'š „Gift"	32,32f	10,4
šillūm (šillēm)	32,35 [127]	9,7
l^eyôm ... w^ešillēm Sam, (LXX)		9,7 : *y^emê haššillūm*
ḥereb 'ākal	32,42	11,6 [128]
'ākal bāśār	32,42	8,13

Zu nennen ist hier auch der Gebrauch negativer Ausdrücke, zumal Bildungen wie *lō'* + Substantiv, Adjektiv, Partizip, z.B. *lō' ḥākām, lō' 'ēl* u.a.[129].

Es hätten hier auch noch andere Wörter genannt werden können wie etwa der Gottesname *'ēl*, ferner *'aḥărît, yālad, ḥēleq, šemen* u.a., die aber auch sonst in der Bibel wohl schon zu häufig sind.

Gleichwohl könnte die obige Liste, für sich allein genommen, in vielem noch den Eindruck der Zufälligkeit erwecken und wäre noch nicht besonderer Beachtung wert, wenn nicht noch Gemeinsamkeiten anderer Art hinzukämen:

B) Wortparallelen, Wortzusammenstellungen:

Dtn		Hos	
32,1	*he'ĕzîn//šāma'*	5,1	*šāma'//hiqšîb//he'ĕzîn*
32,1	*haššāmayim//hā'āreṣ*	2,23	*haššāmayim//hā'āreṣ*
32,4	*ṣaddîq w^eyāšār*	14,10	*y^ešārîm, ṣaddīqîm*
32,14	*bāqār, ṣō'n*	5,6	*b^eṣō'nām ûbibqārām*
32,29	*ḥākam//bîn*	14,10	*ḥākām (bîn)//nābôn*

---

[127] Vielleicht ist mit BHK[3] in Dtn 32,35 auch *šillūm* zu lesen statt *šillēm*. Die samaritanische Variante (vgl. auch LXX *en hēmera ekdikēseōs antapodōsō*) bringt diesen Vers noch näher an Hos 9,7 heran. Andererseits widerrät eben der Vergleich mit Hos 9,7, in Dtn 32,35 statt *šillēm 'ăšallēm* zu lesen, wie KBL[2] S. 981a angibt, trotz LXX und Dtn 32,41b.

[128] Siehe Buss S. 94.

[129] In Dtn 32 sind hier folgende Beispiele zu nennen: *lō' bānāyw* (V. 5); *lō' ḥākām* (V. 6); *lō' 'ĕlōah* (V. 17); *lō' 'ēl* (V. 21); *lō' 'ām* (V. 21). — Denen stehen in Hosea gegenüber: *lō' ruḥāmâ* (1,6.8; 2,25); *lō' 'ammî* (1,9 zweimal; 2,1.25); *lō' 'al* (der Nicht-Höchste, 7,16; siehe die Einzelbesprechung S. 100f); *lō' 'ĕlōhîm* (8,6); *lō' ḥākām* (13,13). Siehe im übrigen zu dieser Entsprechung zwischen Hosea und Dtn 32 im Gebrauch negativer Wendungen (auch mit *'ên*) Buss S. 88f (z.T. in der vorliegenden Arbeit zitiert S. 101). Er weist S. 89 Anm. 50 auch darauf hin, daß *lō' ḥākām* außer in Dtn 32,6 und Hos 13,13 sonst in der Bibel nicht mehr vorkommt.

C) W o r t f e l d e r :

1) Dtn 32,16-18		Hos 5,7 [130]	
V. 16	*zārîm*	V. 7a	*zārîm*
V. 17	*ḥădāšîm*	V. 7b	*ḥōdeš*
V. 18	*yᵉlādᵉkā*	V. 7a	*yūlādû* (MT *yālādû*)
2) Dtn 32,38b-41		Hos 5,13b – 6,2 [131]	
V. 38b	*yāqûmû*	6,2	*yᵉqīmēnû* (5,15 *mᵉqômî*)
V. 39	*'ănî 'ănî*	5,14	*'ănî 'ănî*
	wa'ăḥayyeh	6,2	*yᵉḥayyēnû*
	'erpā'	5,13b	*lirpō'*
		6,1	*wᵉyirpā'ēnû*
	wᵉ'ên miyyādî maṣṣîl	5,14	*wᵉ'ên maṣṣîl* (vgl. 2,12b *wᵉ'îš lō' yaṣṣîlennâ miyyādî*)
V. 40	*'eśśā'*	5,14	*'eśśā'*
	ḥay 'ānōkî lᵉʿôlām	6,2	*wᵉniḥyeh lᵉpānāyw*
V. 41	*'āšîb*	5,15	*'āšûbâ*
		6,1	*wᵉnāšûbâ*

D) M o t i v e, G e d a n k e n u. ä. :

Dtn		Hos
32,1f	„ Lehreröffnungsformel “	5,1a [132]
32,4	Rechtlichkeit der Wege Jahwes	14,10
32,5f. 18-20	Jahwe–Israel : Vater–Sohn-Verhältnis	2,1.4.6 ; 11,1-4 [133]
32,6.21. 28f	Torheit des Volkes (Israel/Heidenvölker)	4,11 ; 7,11 ; 13,13 [134]
32,6.15	Jahwe, Israels Schöpfer	8,14 [135]
32,10	„ Fundtradition “	9,10 [136]
32,10-12	Umhegtwerden, Erziehung durch Jahwe	11,3f

---

[130] Siehe zu Hos 5,7 S. 69. Zu *yālad* in Hosea überhaupt und in Dtn 32, 18 siehe Vannorsdall S. 292f (Bundesterminologie).

[131] Siehe auch Buss S. 85.

[132] Siehe dazu Wolff S. 122f, und von Rad, Deuteronomium S. 140.

[133] Siehe Buss S. 111, und Vannorsdall S. 288 ; dort Hinweis auf D.J. McCarthy, CBQ 27 (1965) 144-147.

[134] Siehe auch Baumann, VT 6 (1956) 421 ; Vannorsdall S. 345 ; Buss S. 89.

[135] Buss S. 86f.

[136] Siehe von Rad, Deuteronomium S. 141, mit Hinweis auf das Referat der Bonner Dissertation R. Bachs, Die Erwählung Israels in der Wüste : TLZ 78 (1953) Sp. 687 ; Wolff S. 212f ; anderer Auffassung ist Rudolph S. 185.

32,13f	Materielle Fürsorge Jahwes	2,10 ; 6,3 [137]
32,15	Fett-, Satt-, Reichwerden Israels	4,7 ; 13,6 [138]
32,15	Israel als (widerspenstiges) Kalb, Rind	4,16 ; 10,11 [139]
32,18	Gott vergessen	2,15 ; 4,6 ; 8,14 ; 13,6 [140]
32,19	Jahwe verachtet sein Volk	9,17 [141]
32,21	Entsprechungsstrafe (Wiederholung desselben Verbs : „ Talionstil “)	4,5f [142]
32,22	Gericht, Vernichtung durch Feuer	4,3.4a ; 8,14 [143]
32,24	Wilde Tiere	13,8
32,26-35	„ Selbsterwägungen Gottes “	6,4 ; 11,8f [144]
32,32	Sodom und Gomorra/Adma und Seboim	11,8
32,34	Aufbewahrtsein der Sünde, Rache	13,12 [145]
32,35	Nähe des Rache-, Unglückstages	1,4 ; 9,7 [146]
32,39(12)	Einzigkeit Jahwes/Selbstprädikation	11,7 ; 13,4 [147]

E) Formkritische Strukturen:

1) Zur Beziehung zwischen Dtn 32 und Hos 12, insofern hier die Form eines Prozesses wegen Bundesbruch (covenant lawsuit) vorliegt, siehe A.O. Vannorsdall S. 238-240.

2) Zur damit zusammenhängenden Formähnlichkeit zwischen Dtn 32 und Hos 5,8-6,6 siehe denselben Autor S. 249 (wo er entsprechende Beobachtungen von E.M. Good, JBL 85 [1966] 285 zitiert), und S. 257f.

3) Zur entsprechenden engen Beziehung zwischen Dtn 32 und Hos 13 siehe Vannorsdall S. 317f. Dort Hinweis auf E. Baumann, VT 6 (1956) 421f und 424. (Die von Baumann S. 421f angegebenen Schriftstellen sind aber bei Vannorsdall nicht immer richtig kopiert.)

---

137 Baumann, VT 6 (1956) 422.

138 Baumann, ebd. ; siehe auch in der vorliegenden Arbeit zu Hos 4,7 S. 40.

139 Buss S. 112.

140 Buss S. 86 Anm. 37 ; Vannorsdall S. 312.

141 Buss S. 86.

142 Siehe Wolff S. 91, und N. Lohfink, Bib 42 (1961) 311-325.

143 Siehe zu Hos 4,4a S. 29f.

144 von Rad, Deuteronomium S. 142.

145 Baumann, VT 6 (1956) 422.

146 Buss S. 93.

147 Buss S. 110f ; siehe auch in der vorliegenden Arbeit zu Hos 11,7 S. 138.

Hos 4,7

k^erubbām kēn ḥāṭ^e'û lî 8 Silben
k^ebôdām b^eqālôn 'āmîrû/'āmêr (MT *'āmîr*) 9/8

Je reicher sie wurden, umso mehr sündigten sie gegen mich, ihre Herrlichkeit (Jahwe) vertauschten sie mit der Schande (Baal).

r e i c h e r: *rābab* „zahlreich sein" erscheint hier m.E. nicht allzu sinnvoll. H.W. Wolff, der in 4,4-19 „eine schnelle Skizze eines prophetischen Auftritts" annimmt, vermutet, Hosea nehme in V. 7 ein Stichwort des Priesters auf, der sich in Abwehr des prophetischen Angriffs VV. 4-6 auf die Masse seiner Kollegen berufen habe [148]. Wie dem auch sei: besser scheint mir hier *rābab* „reich sein" [149] zu passen. Es handelt sich ja um die Zeit wirtschaftlicher Blüte unter Jerobeam II [150]. Sachlich parallel ist u.a. Dtn 32,15f (V. 15 auch von Wolff S. 100 erwähnt): „Fett wurde Jeschurun und schlug aus; fett wurdest du, dick und füllig. Da verließ es Gott, der es geschaffen hatte ... sie erregten seinen Eifer mit Fremden (Göttern)" [151].

i h r e H e r r l i c h k e i t ... S c h a n d e: oder — für das Verständnis genauer — „ihren Herrlichen ... Schändlichen". Mit *kābôd* ist hier doch wohl Jahwe gemeint und mit *qālôn* Baal bzw. die Götzen allgemein (so auch die BJ). *kābôd* ist hier also ein weiteres Beispiel für den Gottestitel, den M. Dahood mehrfach in den Psalmen findet[152]. Es ist ein Abstraktum, das als Gottestitel konkret verstanden wird. Das nämliche gilt auch für *qālôn*, das übrigens als Schimpfname schon in Jes 22,18b gebraucht wird.

Daß es sich in unserem Vers um Abfall von Jahwe zum Baalskult handelt, ergibt sich zunächst aus folgenden beiden Texten: Jer 2,11: *hahêmîr gôy 'ělōhîm w^ehēmmâ lō' 'ělōhîm w^e'ammî hēmîr k^ebôdô b^elô' yô'îl* „Hat je ein Volk die Götter vertauscht? Und das sind gar keine Götter. Mein Volk aber hat seinen Herrlichen vertauscht gegen einen, der nichts nützt". Wolff (S. 100) gesteht hier — er korrigiert

---

148 S. 93 und 99f.

149 Zu dieser Bedeutungsschattierung siehe Dahood, Psalms I S. 99 und 299; Psalms II S. 293 und van Dijk, Tyre S. 23 und 89.

150 Vgl. etwa Wolff S. 100 und Deissler S. 61.

151 Siehe den Exkurs „Hosea und Dtn 32,1-43", besonders Abschnitt D S. 39; vgl. ferner Hos 13,6, auch von Wolff S. 100 genannt.

152 Siehe Psalms I, II und III jeweils im Index of Hebrew Words.

selbst in *hēmîrû* (s.u.) — : „ Jeremia deutet seinen geistlichen Vater Hosea so, daß die Ehre Israels Jahwe selbst und die Schande der nichtsnutzige Baal ist.“ Wolff schließt sich dieser Deutung des Jeremia nicht an. Aber liegt es nicht nahe, anzunehmen, daß Jeremia den Hosea wirklich richtig verstanden hat ? Dafür spricht nicht nur die uns gegenüber viel größere zeitliche und kulturelle Nähe zu ihm, sondern auch die zweite hierhergehörige Stelle, Ps 106,20 : *wayyāmîrû 'et kᵉbôdām bᵉtabnît šôr 'ōkēl ʿēśeb* „ Und sie tauschten ihre Herrlichkeit ein gegen ein Rind, das Gras frißt “.

M. Dahood (Psalms III S. 72) versteht in Hos 4,7 ; Jer 2,11 und Ps 106,20 *kābôd* als „ adoration “ oder „ religion “ und *qālôn* in Hos 4,7 als „ dishonor “. Ein oder das Argument für diese seine Wiedergabe ist wohl in Ps 106,19f das gemeinsame Vorkommen der Wurzeln *ḥwh* und *kbd*, sogar in chiastischer Anordnung. Diese beiden Wurzeln sind auch noch in Ps 86,9 parallel belegt : *kol gôyīm ... yābô'û wᵉyištaḥăwû lᵉpānèkā 'ădōnāy wîkabbᵉdû lišmekā* „ Alle Völker ... werden kommen und niederfallen vor dir, Herr, und deinen Namen ehren “ ; und ferner in UT 51 : VIII : 28f : *tšthwy wkbd hwt* „ Werft euch nieder und ehrt ihn “ u.a. [153]. Da nun an diesen genannten Stellen *ḥwh* und *kbd* je als Verbalformen erscheinen, könnte es naheliegen, auch *kābôd* in Ps 106,20 als „ verbal action “ zu verstehen, eben als „ adoration “. Aber dagegen kann man m.E. einwenden, daß die Dichter solche parallelen Wurzeln doch recht variabel verwenden können. So werden beispielsweise in Ps 18,11 die Wurzeln *ʿwp* und *d'h* „ fliegen “ und „ schweben “ direkt verbal parallel gebraucht : *wayyirkab ʿal kᵉrûb wayyāʿōp wayyēde' ʿal kanpê rewaḥ* (MT *rûaḥ*) „ Und er bestieg den Kerub und flog und schwebte auf ausgespannten Flügeln “ [154]. In 1 Aqht : 148-150 aber sind diese Wurzeln ganz anders gebraucht :

knp nšrm bʿl yṯbr
bʿl yṯbr diy hmt
hm tʿpn ʿl qbr bny

Die Flügel der Adler breche Baal ;
Baal breche ihre Schwingen,
falls sie über das Grab meines Sohnes fliegen.

[153] Diese Wendung kommt ähnlich noch dreimal vor. Siehe Dahood, RSP I S. 175 ; dort auch entsprechende Bibelstellen und weitere Literatur.

[154] So nach Dahood, Psalms I S. 101 und 107f.

Ähnlich werden *na'ar* und *bēn* in Hos 11,1 im Parallelismus gebraucht: *kî na'ar yiśrā'ēl wā'ōhăbēhû ûmimmiṣrayim qārā'tî l^ebānê* (MT *libnî*) „Als Israel noch ein Knecht war, gewann ich ihn lieb; und aus Ägypten rief ich seine Söhne"[155]. In Ps 127,4 dagegen entsteht aus der Zusammenordnung der beiden Wurzeln eine ganz andere Aussage: *b^enê hann^e'ûrîm* „Söhne der Jugend"[156]. So, meine ich, wird auch der Zuordnung der beiden Wurzeln *ḥwh* und *kbd* in Ps 106,19f keine Gewalt angetan, wenn wir *kābôd* hier nicht als nomen actionis verstehen, sondern als Gottestitel. In diesem Falle hätten wir auch nicht in V. 20a ein Abstraktum (*k^ebôdām* „their adoration"), dem in V. 20b ein Konkretum (*tabnît šôr*) entspricht.

Daß schließlich auch in Hos 4,7 *kābôd* eher Gottestitel ist, ergibt sich aus dem genauen Parallelismus mit *qālôn*. *qālôn* aber findet sich, als Götzentitel verstanden, gerade im Hoseabuch in bester Gesellschaft mit anderen Ausdrücken dieser Art. Hosea nennt den Baal und andere Götzen wohl nicht gern bei ihrem gewöhnlichen Namen, sondern gebraucht für sie verschiedene entehrende Titel. Er erklärt das in etwa selbst in 2,18f (siehe auch W. Rudolph S. 79). So ist in 4,11 mit *z^enût* „Unzucht" vermutlich konkret Baal gemeint, und in 5,7 nennt Hosea ihn *ḥōdeš* „Neuling" gegenüber Jahwe, Israels Gott „vom Lande Ägypten her" (12,10; 13,4). In 7,16 ist er der *lō' 'al*, der „Nicht-Höchste". In 8,3 wird er *'ôyēb* „Feind" genannt und dem *ṭôb*, dem „Gütigen, Freundlichen", Jahwe, gegenübergestellt (siehe die Besprechung dieser Stellen im einzelnen); und schließlich, in 9,10, spricht Hosea von *bōšet* und *šiqqûṣîm*[157].

Die Wurzeln *kbd* und *ql*[158] begegnen — als Verbalformen — auch in einer häufiger belegten stereotypen Formel ugaritischer Texte in etwa im Parallelismus. So in UT 51 : VIII : 26-29[159]:

---

[155] Siehe auch die Besprechung des Verses S. 127-129.

[156] Vgl. auch den Parallelismus *n'r//bn* in UT 2068 : 25f, in dieser Arbeit zu Hos 11,1 S. 127 zitiert (mit bibliographischen Hinweisen).

[157] Siehe im übrigen auch die von mir angenommene Doppeldeutigkeit in Hos 9,2: *lē'ê* „der Starke/Schwache" und *rō'ēm* (MT *lō' yir'ēm*) „der Donnerer/Verstörte" (S. 112f) sowie in 12,1 *kaḥaš* und *mirmâ*, „Lüge" und „Trug," womit vielleicht Götzen gemeint sind (S. 142f), und schließlich 12,2, wo ich versuchsweise *kāzāb wāšēd* (MT *wāšōd*) lese, „lügnerische Dämonen" (S. 145).

[158] Es ist nicht sicher, ob die Wurzel im Ugaritischen *qll* ist. C.H. Gordon (UT Glossary Nr. 2231 S. 478) schreibt: „There may be some metaplastic interplay between *qll* and *qly*."

[159] Die Formel kommt ferner vor — mit nur kontextbedingten Abwandlun-

lpʿn mt hbr wql
tštḥwy wkbd hwt

Zu Füßen Mots neigt euch und fallt nieder;
werft euch nieder und ehrt ihn!

vertauschten sie: Wenn man auch in V. 7b dasselbe Subjekt ansetzt wie in V. 7a, braucht man deswegen doch nicht *'āmîr* in *hēmîrû* zu ändern. Eine Möglichkeit, ohne Konsonantenänderung durchzukommen, besteht darin, mit M. Dahood (Psalms III S. 72) *'āmîrū* statt *'āmîr* zu lesen, 3. Person Plural Afel-Kausativ. Schon H.S. Nyberg (S. 28) hatte das nach der syrischen Übersetzung (*ḥlpw*) vorgeschlagen und diese Form *'āmîrū* als Aramaismus statt *hēmîrū* bezeichnet. Doch angesichts der Tatsache, daß sich heute eine ganze Anzahl solcher Formen im Hebräischen wie auch im Ugaritischen aufzeigen lassen, wird man, wie Dahood bemerkt [160], nicht mehr gut einfach von Aramaismen sprechen können [161]. In jedem Falle ist die Änderung in *hēmîrû*, die noch von mehreren Autoren vorgenommen wird [162], nicht angängig.

Es gibt aber noch eine andere und m.E. bessere Möglichkeit, die masoretische Form *'āmîr* zu behandeln, ohne deswegen von der oben angegebenen Übersetzung abgehen zu müssen. Durch die Umvokalisierung in *'āmîrû* wird nämlich die genaue Silbengleichheit des Verses (8+8) gestört. Da Silbengleichheit bei Hosea häufiger begegnet und gerade in diesem Abschnitt eine ganze Reihe von Versen diese in den parallelen Stichen aufweist [163], liegt es nahe, nach einer Lösung

---

gen — in UT 49 : I : 8-10 ; 51 : IV : 25f ; ʿnt : III : 6f ; ʿnt : VI : 18-20. In 2 Aqht : VI : 50f und ʿnt : pl. IX: III: 2f kann sie im beschädigten Text restauriert werden. — M. Dahood, RSP I S. 325, bringt unter dem Wurzelpaar *qll/kbd* zwar noch nicht Hos 4,7 als entsprechende Bibelstelle, dafür aber Spr, 13,18 mit *qālôn//kubbad.*

160 Psalms II S. 219.

161 Zu Afel-Formen im Ugaritischen und Hebräischen siehe Dahood, Psalms II und III Index of Subjects s.v. Aphel causative ; von daher auch Hinweise auf weitere Literatur.

162 So von Deissler ; Wolff ; BJ.

163 So V. 6 (siehe die Besprechung S. 34) ; V. 12b (lies *hitʿāhû yiznû* : vgl. BHK³ ; ein *wayyiqtōl* findet sich im ganzen Kapitel 4 nur noch einmal, in V. 6b ; vgl. auch *hiznû* ohne Waw in V. 10. In diesem Falle haben wir in V. 12b 9+9 Silben und eine *qātal-yiqtōl*-Folge wie in V. 10 ; zu dieser stilistischen Erscheinung siehe Dahood, Psalms III Index of Subjects S. 487 s.v.

zu suchen, die das bestehende Silbengleichgewicht auch in V. 7 erhält. Eine solche Lösung gibt es m.E. tatsächlich. Wir brauchen nur *'āmêr* statt *'āmîr* zu lesen, dann hätten wir einen Afel-Infinitivus absolutus, der für eine finite Verbform, nämlich 3. Person Plural Perfekt, steht. Andere Beispiele eines so gebrauchten Infinitivs bei Hosea haben wir in 2,10 (*'āśû*), in 8,5 (lies *zānōaḥ*) und in 11,2 (lies *qārā'û*) [164]. — Eine weitere Afel–Infinitiv-Form dieser Art findet sich in Jer 25,3b: *wā'ădabbēr 'ălêkem 'aškêm wedabbēr welō' šema'tem* „Und ich redete zu euch unermüdlich, aber ihr habt nicht gehört". Daß es sich bei *'aškêm* um eine Afel-Form handelt, hat schon M. Dahood [165] mit Hinweis auf BL vermerkt. Durch ihre Pleneschreibung steht sie unserer Form *'āmêr* recht nahe.

Exkurs: Zwei weitere m.E. mögliche Beispiele von Afel-Formen in der hebräischen Bibel.

Ps 55,3 *haqšîbâ lî wa'ănēnî*
'ārîd beśîḥî

Achte auf mich und antworte mir,
steige herab auf meine Klage hin!

Die Übersetzung entspricht der von M. Dahood [166] gegebenen. Er vokalisiert das bisher unerklärte *'ārîd* um in *'ōrēd* (oder möglicherweise archaisches *'ōrid*) und faßt es als Afel-Imperativ maskulin Singular von *yārad*. Die Kausativform drücke dabei ein inneres Objekt aus: „begib dich herab". — F.I. Andersen hat nun in seinem Artikel „Biconsonantal Byforms of Weak Hebrew Roots" [167] die Möglichkeit und, anhand verschiedener Beispiele, die Tatsächlichkeit zweiradikaliger Nebenformen zu schwachen dreiradikaligen Wurzeln aufzuzeigen versucht. So findet er u.a. zu *yārad* die Nebenform *rad*, die in Ri 19,11 klar belegt ist [168]. Aufgrund dessen könnte m.E. die Form *'ārîd* in Ps 55,3 so ein Afel-Imperativ

---

qtl-yqtl sequence, und in der vorliegenden Arbeit Anm. 330); V. 13aα (10+10); V. 13aβ (7+7; so jedenfalls, wenn man die Stichen nach den masoretischen Akzenten abteilt; siehe auch BHK³ und NEB); V. 13b (9+9); V. 14aβ (10+10).

[164] Siehe die Besprechung dieser Stellen in der vorliegenden Arbeit.

[165] Psalms II S. 31; BL § 46g' S. 333.

[166] Psalms II S. 28 und 31; der englische Wortlaut ist: „Heed me and answer me, descend at my complaint."

[167] ZAW 82 (1970) 270-274.

[168] a.a.O. S. 272 und 274.

dieser Nebenform sein. In diesem Falle ließe sich wohl auch bei M. Dahoods obiger Analyse die masoretische Vokalisation beibehalten.

Die von Andersen angenommene Nebenform *rad* von Ri 19,11, mit deren Hilfe er schon *rdm* (MT *rōdēm*) in Ps 68,28 klären möchte (*rd* + Mem encliticum) [169], mag sich übrigens auch in Jes 32,19 bewähren :

ûbārad b^{e}redet hayyāʿar
ûbaššiplâ tišpal hāʿîr

Und wenn fällt, wenn niederfällt der Wald,
und in Niedrigkeit niedersinkt die Stadt,
dann Heil euch usw.

rad (Vokalisierung unsicher) könnte hier ebenfalls zweiradikalige Nebenform zum folgenden sekundär erweiterten *redet* sein [170]. Das gleiche Stilmittel effektvoll variierender Wiederholung begegnet in Ps 118,11 : *sabbûnî gam s^{e}bābûnî* „ Sie umringten, ja, umringten mich " (vgl. auch Jes 29,2 und Klgl 2,5b).

Einen zweiten Afel-Kausativ hätten wir in 2 Chr 30,22b : *wy'klw* (MT *wayyō'k^{e}lû*) *'et hammôʿēd šibʿat hayyāmîm* ... „ Und sie begingen das Fest sieben Tage, indem sie Heilsopfer schlachteten und Jahwe, den Gott ihrer Väter, lobpriesen ". Siehe dazu BHK^{3} und M. Dahood, Bib 47 (1966) 272f zu Koh 5,16.

Hos 4,8

ḥaṭṭa't ʿammî yō'kēlû *w^{e}'el ʿăwōnām yiś'û napšô*

Die Sünde meines Volkes essen sie
und nach ihrer Schuld verlangen sie.

D i e S ü n d e m e i n e s V o l k e s e s s e n s i e: Hosea scheint Doppeldeutigkeiten gern zu haben. Siehe die zusammenfassende Besprechung und Übersicht der beobachteten Beispiele unter Hos 5,1 S. 57f. So stellt sich die Frage : Wurde in dem hier genannten etwas merkwürdigen Ausdruck nicht etwa auch *ḥiṭṭâ* „ Weizen " mitgehört ? Zu berücksichtigen sind dabei folgende Stellen : Ps 81,17 *wayya'ăkîlēhû mēḥēleb ḥiṭṭâ* „ Er würde es (scil. Israel) nähren mit bestem Weizen " ; ferner 1 Kön 5,25 *ûš^{e}lōmōh nātan* ... *ḥiṭṭîm makkōlet* (= *ma'ăkōlet*)

---

[169] a.a.O. S. 274.

[170] Zur Annahme eines zweiradikaligen Infinitivus constructus ohne Taw siehe auch zu Hos 11,3 (*qāḥām*) S. 131f.

„ Und Salomo gab ... Weizen zum Unterhalt " ; und nicht zuletzt auch der Parallelismus zwischen *akl* und *ḥṭt* in Krt : 81f (//172f) : *ʿdb akl lqryt ḥṭt lbt ḫbr* „ Bereite Korn für die Stadt, Weizen für das Hauswesen von Ḫbr ! " [171].

Vielleicht ist auch *ʿăwōnām* „ ihre Schuld " in V. 8b mit einem entsprechenden Oberton zu verstehen : vgl. *'ôn* „ Reichtum " und dazu R. B. Coote, VT 21 (1971) 394.

v e r l a n g e n s i e : *napsô* braucht meiner Meinung nach nicht notwendig als Nomen mit Suffix erklärt zu werden, sondern das Waw könnte alte phönizische Akkusativendung sein. *ô* für klassisch *ā* (wie auch *û* für klassisch *ô*) findet sich wohl auch sonst bei Hosea : In 7,1 dürfte *rāʿôt* Singular sein, und in 7,5 ist möglicherweise *yādô* ebenso wie hier als Nomen mit der hier besprochenen Akkusativendung zu deuten [172]. Nun ist es zwar wahr, daß in diesem Ausdruck *nāśā' nepeš* in der Bibel *nepeš* nur mit dem Suffix des Subjektes vorkommt [173], aber da die angenommene Akkusativendung ja einem Suffix äußerlich ähnlich sieht und wohl auch klingt, wäre eine Ausnahme von der Regel hier m.E. gut denkbar, zumal in demselben Stichus schon ein *-ām*-Suffix (*ʿăwōnām*), jedoch anders bezogen, erscheint und also *napšām* vielleicht aus Stilgründen vermieden werden sollte [174].

Hos 4,9b

ûpāqadtî ʿālāyw derākāyw ûmaʿălālāyw 'āšîb lô

Und ahnden werde ich an ihm seine Wege,
und seine Taten werde ich ihm heimzahlen.

Der Parallelismus der Präpositionen *le* und *ʿal*, der auch noch in Hos 5,1b und 12,15b vorkommt, hat in UT 608 : 7f.9.19 seine Ent-

---

[171] Zu *akl* „ Korn, Getreide " siehe M. Dahood, UHP S. 50. — Dahood bringt in RSP I S. 107 als Bibelstellen mit *'ākal ... ḥiṭṭâ* noch nicht 1 Kön 5,25 und auch nicht Hos 4,8, dafür aber Ijob 31,39f.

[172] Siehe die Besprechung der Stellen S. 87f und 92 ; zu *û* für *ô* siehe zu Hos 2,10 S. 20.

[173] Siehe Wolff S. 89 ; Rudolph S. 98. Tatsächlich kommt in 2 Sam 14,14 der Satz vor : *welō' yiśśā' 'ĕlōhîm nepeš* „ aber nicht rafft Gott ein Leben hinweg ", mit *nepeš* ohne Suffix ; aber hier handelt es sich offenbar nicht um diese Wendung.

[174] Vgl. Rudolph S. 98.

sprechung : *isp špš l hrm ǵrpl ʿl arṣ* „ Dunkelwerden (wörtl. [Strahlen-] Einziehen) der Sonne auf den Bergen, Wolkendunkel über der Erde "[175].

Hos 4,10b(f)

kî ʾet yhwh ʿāzᵉbû
lišmōr zᵉnût
Denn Jahwe haben sie verlassen,
um die Unzucht (Baal) zu verehren.

Da Hosea auch sonst gern Schimpfnamen für Baal und andere Götzen gebraucht — in 4,7 z.B. hatte er Baal noch *qālôn* „ Schande " genannt [176] —, könnte es sein, daß auch das Abstraktum *zᵉnût* hier konkret den Baal meint, der in dieser Zeile Jahwe ähnlich gegenüberstünde wie in 4,7 als *qālôn* dem Gott Israels unter der Bezeichnung *kābôd* „ Herrlichkeit " und in 8,3 als *ʾôyēb* „ Feind " Jahwe, dem *ṭôb*, dem „ Gütigen ". *zᵉnût* wäre dann gegen den MT Objekt zu *lišmôr* in V. 10b (vgl. BHS). Hosea kennzeichnet ja immer wieder das götzendienerische Verhalten des Gottesvolkes mit Vokabeln von der Wurzel *znh* „ huren " [177]. So wäre es verständlich, wenn er das Objekt dieser Hurerei mit einem entsprechenden Titel belegt hätte. *šāmar* in der Bedeutung „ verehren " mit Götzen als Objekt findet sich auch in Ps 31,7 (*haššōmᵉrîm hablê šāw*ʾ „ die eitle Götzen verehren ") und ähnlich in Jon 2,9 (*mᵉšammᵉrîm hablê šāw*ʾ).

Hos 4,11(f)

wᵉyayin wᵉtîrôš yiqqaḥ lēb ʿammî

Wein und Most rauben meinem Volk den Verstand.

Wein und Most finden sich in etwa in Parallele einmal in 2 Aqht : VI : 7f, einem leider fragmentarisch erhaltenen Textabschnitt : *wtʿl trṯ* [ ] *yn ʿšy lḥbš* [ ] „ Es steigt auf der Most ...

[175] So etwa ist nach M. Dahood, UHP S. 51, zu übersetzen ; vgl. Joel 2,10 ; siehe auch Dahood, Psalms III S. 27 zu Ps 103,10. — Zum Parallelismus *lᵉ*//*ʿal* in den Psalmen siehe Psalms III S. 451. In RSP I ist *l*//*ʿl*, offenbar aus Versehen, nicht aufgeführt.

[176] Siehe die Besprechung S. 40ff. Dort findet sich auch eine Zusammenstellung aller bisher gefundenen Schimpfnamen.

[177] So in 1,2 ; 2,4.6f ; 3,3 ; 4,10-15.18 ; 5,3f ; 6,10 ; 9,1.

der Wein, gekeltert (?) in Ḥbš "[178]. Zu einem weiteren ugaritischen Text mit *yn//trṯ* in striktem Parallelismus, nämlich UT 601 : 3f, und entsprechenden Bibelstellen siehe M. Dahood, RSP I S. 210f.

Die Wendung *yayin ... yiqqaḥ lēb ʿammî* — man wird *ʿammî* mit BHS, Wolff u.a. nach der LXX mit V. 11 verbinden[179] — erklärt die Konstruktion in Ijob 15,12a : *mah yyiqqāḥăkā libbekā*, so daß diese Stelle zu übersetzen ist : „ Was hat dir den Verstand geraubt ? ", das Verbalsuffix *-kā* also dativischen Sinn hat. Siehe dazu des weiteren A.C.M. Blommerde, Job S. 73.

Hos 4,13a

ʿal rāʾšê hehārîm yᵉzabbēḥû	10 Silben
wᵉʿal haggᵉbāʿôt yᵉqaṭṭērû	10
taḥat ʾallôn wᵉlibneh	7
wᵉʾēlâ kî ṭob ṣillāh[180]	7

Auf den Berggipfeln opfern sie,
und auf den Hügeln räuchern sie ;
unter Eiche und Storax
und Terebinte, weil ihr Schatten so angenehm ist.

Der Parallelismus *ʿal//taḥat*, der sich in gleicher und umgekehrter Reihenfolge auch sonst in der Bibel findet, hat in ʿnt : II : 9f in umgekehrter Reihenfolge seine Entsprechung :

[178] *ʿšy* ist bisher nicht klar. C.H. Gordon, Ugarit and Minoan Crete S. 126, gibt *yn ʿšy* mit „ wine of supper " wieder, allerdings mit „ supper " in Kursive (so auch schon in Ugaritic Literature S. 89). Zu *ʿšy* vgl. auch die Versuche in UT Glossary Nr. 1929a S. 462 sowie in J. Aistleitner, Wörterbuch Nr. 2109 S. 243f. Ich habe hier *ʿšy* versuchsweise als „ gepreßt, gekeltert " aufgefaßt : vgl. M. Dahood, Psalms III S. 294 zu Ps 139,15 ; dort weitere Bibliographie. Man vergleiche auch Gen 40,11b : *wāʾeqqaḥ ʾet hāʿănābîm wāʾeśḥaṭ ʾōtām ʾel kôs parʿōh ...* „ Und ich nahm die Trauben und drückte sie aus in den Becher des Pharao ..."

[179] Zu *zᵉnût* siehe zu Hos 4,10b(f).

[180] Zu den Silbenverhältnissen hier und der entsprechenden Abteilung der Stichen siehe Anm. 163 am Ende.

tḥth kkdrt ri[š]
ʿlh kirbym kp

Unter ihr (Anath) Köpfe wie Geier,
über ihr Hände wie Heuschrecken.

Des weiteren siehe M. Dahood, RSP I S. 373.

Hos 4,13b.14aα

ʿal kēn tiznènâ b^{e}nôtêkem
w^{e}kallôtêkem t^{e}nāʾapnâ
lōʾ ʾepqôd ʿal b^{e}nôtêkem kî tiznènâ
w^{e}ʿal kallôtêkem kî t^{e}nāʾapnâ

Darum treiben Unzucht eure Töchter,
und eure Schwiegertöchter brechen die Ehe.
Nicht ahnde ich es an euren Töchtern, daß sie Unzucht treiben,
und an euren Schwiegertöchtern, daß sie die Ehe brechen.

bat und *kallâ* finden sich miteinander, wenn auch nicht in strengem poetischem Parallelismus, zunächst in UT 51 : I : 15-19 (//51 : IV : 54-57) wieder :

mṯb klt knyt
mṯb pdry b‹t› ar
mẓll ṭly bt rb
mṯb arṣy bt yʿbdr

Der Wohnsitz der makellosen Bräute :
der Wohnsitz der Pidray, der Tochter des Lichtes,
das Haus der Ṭallay, der Tochter des Regens,
der Wohnsitz der Arṣay, der Tochter des Yʿbdr [181].

Ferner ist hier zu erwähnen eine Familienliste. Dort, in UT 329 : 11-14, heißt es : *plzn qrty*[ ] *w klth b t*[ ] *bʿly mlk*

---

[181] So nach Gordon, Ugarit and Minoan Crete S. 63. *knyt* habe ich allerdings mit „ makellos " wiedergegeben (vgl. UT Glossary Nr. 1267 ; Aistleitner, Wörterbuch Nr. 1338 ; Ginsberg, ANET^{2} S. 131b), da ein solches Epitheton mir bei einer Braut geläufiger und natürlicher zu sein scheint als „ renowned, berühmt " ; vgl. etwa Hld 4,7 (*mûm ʾên bāk*) ; Hld 5,2 ; 6,9 (*tammātî*) ; Eph 5,27.

[ ] *yd bth yd* [ ] „ Plzn aus der Stadt ... und seine Schwiegertochter ... Bʿly Mlk ... mit seiner Tochter mit ...“

In RSP I ist dieses Parallelpaar noch nicht aufgeführt.

Hos 4,14a*β*

Zum Parallelismus *ʿim//ʿim*, der sich im Ugaritischen wiederfindet, siehe zu Hos 2,20a S. 24.

Hos 4,16

kî kᵉpārâ sōrērâ sārar yiśrāʾēl 12 Silben
ʿattâ yirʿēm yhwh kᵉkebeś bammerḥāb 12

Ja, wie eine störrische Kuh ist Israel störrisch;
darum wird sie Jahwe weiden lassen wie Lammvieh in der Weite (d.h. Unterwelt).

Den zweiten Teil dieses Verses empfindet man fast allgemein als schwierig innerhalb des Kontextes, und dieser Schwierigkeit sucht man heute zu begegnen, indem man den Satz als Fragesatz ohne Fragepartikel ansieht. „ Andernfalls läge hier eine völlig aus dem Zusammenhang fallende Heilsweissagung vor “ [182]. Das Problem läßt sich aber auch leicht lösen, wenn man *merḥāb* mit M. Dahood (Psalms III S. 289) als einen Ausdruck für die Unterwelt faßt. Eine sachliche Parallele dazu haben wir in Ps 49,15: *kaṣṣōʾn lišʾōl šītû* (MT *šattû*) *māwet yirʿēm* „ Wie Schafe werden sie in die Scheol gesetzt, der Tod wird ihr Hirte sein “ [183].

Zur altorientalischen Vorstellung, die Unterwelt sei ein ausgedehntes Land, siehe N.J. Tromp, Primitive Conceptions S. 47. Mag er selbst dann auch im folgenden [184] M. Dahoods Deutung *merḥāb* „ Un-

---

[182] So Rudolph S. 107; vgl. auch Wolff S. 114f und Deissler S. 64f.

[183] Zum Qal Passiv *šītû* siehe M. Dahood, Psalms I z. St. S. 300. — Zur Verschiedenheit des Subiectum agens, hier Mot, dort Jahwe, siehe N.J. Tromp, Primitive Conceptions S. 203f.

[184] Primitive Conceptions S. 47-50; dort auch die genauen Verweise auf Dahoods Ausführungen. — Hinter ein Argument von denen, die Tromp gegen Dahoods Übersetzung und Deutung anführt, möchte ich doch ein Fragezeichen setzen: Dahood übersetzt Ps 66,12b *wattôṣîʾēnû lārᵉwāyâ*: „ after you had led us out of abundance “. Dazu schreibt Tromp u.a. (S. 49): „ Besides, Ps 66,

terwelt " in Pss 31,9 ; 18,20 und — hier spricht Dahood nur von der Möglichkeit [185] — Ps 118,5 bezweifeln, so bestätigt er doch dessen Verständnis in Ijob 38,18. Dort steht zwar nicht *merḥāb*, aber doch *raḥab* als Substantiv im Plural : *hitbōnantā ʿad raḥăbê ʾāreṣ haggēd ʾim yādaʿtā kullāh* „ Hast du erfaßt die Weiten der Unterwelt ? Sag', ob du dich in ihr ganz auskennst ! ". M. Dahood argumentiert vom Kontext her. In den voraufgehenden VV. 16f ist schon von den unteren Regionen die Rede, unter Verwendung von vier anderen Bezeichnungen : *yām*, *tᵉhôm*, *māwet* und *ṣalmāwet*. Entsprechend sei es vernünftigerweise klar, daß *ʾereṣ* in V. 18 die Unterwelt meine (Psalms I S. 111). Wenn nun Tromp diese Sicht der Dinge bestätigt, aber dabei meint, die Begriffsschattierung dieser „ Unterwelt " in Ijob 38 sei „ exclusively cosmological ", so kann ich dem nicht recht folgen. Sollten denn hier von *māwet*, *ṣalmāwet* und den *raḥăbê ʾereṣ* wirklich alle mythologischen Obertöne wegzudenken sein ?

W. Rudolph (S. 107) hat zu Hos 4,16 noch einen besonderen Einwand : „ ... selbst wenn man hier eine bewußte Ironisierung auch dieses Begriffes [nämlich *merḥāb*] annehmen wollte, wäre nicht einzusehen, warum dann die Kuh plötzlich durch das Lamm ersetzt wird ". Die Antwort bietet die Erkenntnis, daß eben auch ein Hosea in seinen Formulierungen und Vorstellungen nicht frei und unabhängig von seinem Kulturkreis Neues schafft, sondern daß er bewußt-unbewußt

---

8-12 is a Volkslobpsalm [Verweis auf C. Westermann, Das Loben Gottes in den Psalmen S. 62ff]. At the very end of such a psalm an element of praise, existing ‚ in einem einfachen Aussagesatz ' [Westermann, a.a.O. S. 64, zitiert] is far more likely." Aber V. 12b ist ja gerade nicht „ the very end " des ganzen Ps 66, und es ist gar nicht ausgemacht, daß die VV. 1-12 wirklich einmal für sich existierten. Siehe neben den vorsichtigen Bemerkungen von H.J. Kraus, Psalmen S. 457, vor allem A. Weiser, Psalmen S. 319, und M. Dahood, Psalms II S. 119. Frage : Sollte die literarische Zuordnung des Psalmteils VV. 8-12 zu VV. 13-20 nicht eine Modifikation der Gattungsstruktur gerade an der Nahtstelle zum folgenden Teil VV. 13-20 erlauben ? Siehe Weiser und Dahood ebd. — Das grammatische Argument Tromps (a.a.O. S. 49), *wayyiqtōl* enthalte vor allem die Idee der Sukzession, scheint mir in Ps 66,12b von einigem Gewicht zu sein. Ich würde darum statt Dahoods Übersetzung mit „after" folgende Wiedergabe vorschlagen : „ So führtest du uns heraus aus der Üppigkeit ", d.h. mit dem *wayyiqtōl* wäre hier „ une conclusion ou une récapitulation " ausgedrückt (Joüon, Grammaire § 118i S. 323 ; dort Beispiele), die auf die Aussagen in den VV. 10-12a m.E. gut folgen könnte.

[185] Tatsächlich faßt Dahood *merḥāb* in Ps 118,5 jetzt als „ Yahweh's celestial abode ", indem er übersetzt : „ Yah answered me from the Broad Domain " (Psalms III S. 154 und 156).

auch aus dem Schatz an Denkformen, Motiven und sprachlichen Wendungen seiner Zeit schöpft. Schon in der oben genannten sachlichen Parallele aus Ps 49,15 hieß es *kaṣṣō'n liš'ôl šītû* (MT *šattû*) *māwet yirʿēm* „ Wie Schafe ...“. Hinzu kommen noch ugaritische Parallelen. In UT 49 : II : 21-23 berichtet Mot : *ngš ank aliyn bʿl ʿdbnn ank* ‹*k*› *imr bpy klli bṯbrnqy ḫtu hw* „ Ich traf Aliyan Baal. Ich setzte ihn wie ein Lamm in meinen Mund, wie ein Schafjunges [186] in meinem Rachen ward er zermalmt “ [187]. So wird also verständlich, weshalb Hosea in 4,16 vom Bild der Kuh gerade zum Lamm überwechselt. Weil die Verbindung Schafe/Lämmer und Scheol eben ein festes Motiv bildet.

Aber meinen wir deswegen nicht, dieser Wechsel sei einmalig und gleichsam erzwungen. In UT 49 : II : 28-30 (//49 : II : 6-9) heißt es :

klb arḫ lʿglh
klb ṯat limrh
km lb ʿnt aṯr bʿl

Wie das Herz einer Kuh gegen ihr Kalb,
wie das Herz eines Mutterschafes gegen ihr Lamm,
so ist das Herz Anats gegenüber Baal [188].

Förmlich von der Scheol und dem Tode (*māwet*) spricht Hosea in 13,14. Das dort vorkommende *deber* und *qōṭeb* übersetzen H.W. Wolff und A. Deissler mit „ Dornen “ und „ Stachel “ [189]. Wolff versteht sie als Instrumentar des Viehtreibers oder Aufsehers. N.J. Tromp macht

---

[186] *imr* und *llu* meinen zoologisch wohl das gleiche Tier : siehe M. Dahood, UHP S. 60 unter Nr. 1072.

[187] Eine ähnliche Stelle findet sich in UT 51 : VIII : 15-20 : *al tqrb lbn ilm mt al yʿdbkm kimr bph klli bṯbrnqnh tḫtan* „ Kommt nicht nahe dem Göttersohn Mot, damit er euch nicht setze wie ein Lamm in sein Maul (und) ihr wie ein Schafjunges in seinem Rachen zermalmt werdet “. — Zum Motiv des Todes als einem Schafhirten siehe neuerdings neben Dahood, Psalms I S. 300, auch N.J. Tromp, Primitive Conceptions S. 120f sowie T.H. Gaster, Myth, Legend, and Custom in the Old Testament S. 758, mit Bibliographie S. 847.

[188] Vgl. im übrigen auch das Nebeneinander von *ṣō'n* und *bāqār* in Hos 5,6 ; Dtn 32,14 und, nach M. Dahoods Übersetzung, in der oben genannten Stelle Ps 49,15 : Psalms I S. 296 und 300.

[189] Wolff S. 286 und 297 ; Deissler S. 122f. Die Annahme eines *deber* II „ Dorn “ und *qōṭeb* „ Stachel “ in KBL², auf das sich Wolff beruft, wird von J. Blau, VT 7 (1957) 98, und Rudolph S. 239 bestritten. Sie findet sich aber wieder in HALAT S. 203f, wenn auch mit einem Fragezeichen.

dazu die für uns hier interessante Bemerkung: „If this is correct, this verse contains an allusion to Death as a Shepherd“ [190].

Exkurs: Zwei weitere Texte, in denen wohl auf die Unterwelt angespielt wird: Jes 15,9 – 16,1 und 19,1-15.

Es ist oft schwierig für uns Heutige, die leisen Anspielungen auf mythische Elemente und Bilder zu erfassen, die sich bei biblischen Schriftstellern finden. Auch spätere antike Leser dürften nicht immer alles klar erfaßt haben. Und doch hängt davon meistens die richtige bzw. die ursprünglich beabsichtigte Interpretation eines Textes ab. Wir sahen es oben in Hos 2,8 und soeben in 4,16.

Es sei hier noch die Besprechung zweier außerhoseanischer Texte mit dem gleichen Problem angefügt:

Da sind zunächst die beiden bisher als sehr schwierig empfundenen Verse Jes 15,9-16,1. Auch hier scheint mir die Annahme, daß in mythischen Bildern von der Unterwelt die Rede ist, eine annehmbare Lösung zu bringen. Nur einige Beispiele für bisherige Vorschläge aus älterer und neuerer Zeit: F. Feldmann [191] kehrt die Reihenfolge der VV. 16,1 und 16,2 um. Die BJ begnügt sich im ganzen mit der Feststellung, 16,1 sei ein „texte très incertain“. W. Rudolph [192], gefolgt von W. Eichrodt [193], faßt die VV. 15,9 und 16,2 zusammen und setzt sie zwischen 16,11 und 16,12, wobei er in 15,9 statt *'aryēh* und *'ădāmâ yir'â* und *'êmâ* liest. Die NEB schließlich ersetzt in 15,9 den Löwen durch „a vision“, und *'ădāmâ* faßt sie als Ortsnamen „Admah“. Es besteht also wenig Übereinstimmung in den Lösungswegen. Ich möchte folgendermaßen lesen und übersetzen:

15,9	*kî mê dîmôn māl^{e}'û dām*	8 Silben
	kî 'āšît 'al dîmôn nispôt (MT *nôsāpôt*)	8
	liplêṭat mô'āb 'aryēh	7
	w^{e}liš'ērît 'ădāmâ	7

---

[190] Primitive Conceptions S. 121 Anm. 101. — In seiner Erklärung zu 1 Kor 15,56a „Der Stachel des Todes aber ist die Sünde“ (im vorhergehenden Vers wird von Paulus Hos 13,14 zitiert) schreibt H.D. Wendland, Korintherbriefe S. 158: „Eigenartig ist das Bild vom ‚Stachel‘ des Todes. Paulus denkt vielleicht an den Treiberstachel der Hirten [gesperrt von mir] oder an den tödlich wirkenden Stachel des Skorpions.“ A. Schlatter, Korintherbriefe S. 445, hält die Deutung vom Hirtenstachel sogar für wahrscheinlicher.

[191] Isaias I S. 197 und 202.

[192] Festschrift G.R. Driver S. 135f.

[193] Der Herr der Geschichte S. 41 und 47.

16,1 *šull^{e}ḥû kārē* (MT *šilḥû kar*) *mōšēl 'ereṣ* 9
missela' m^{e}dabb^{e}rōh 'ēl (MT *midbārâ 'el*) *har bat ṣiyyôn* 12
15,9 Ja, die Wasser Dimons sind voll Blut.
Denn ich verhänge über Dimon Vertilgung,
gegen die Entronnenen Moabs den Löwen
und gegen den Rest die Totenwelt.
16,1 Sie werden getrieben in die Gruben des Herrschers der Unterwelt;
vom Felsen treibt es herab der Gott des Berges der Tochter Sion.

nispôt fasse ich als seltene Nebenform für die normale Form des Infinitivus absolutus Nifal *nispōh* von *sāpâ* I „zugrunde gehen“. Sie findet sich einmal in 2 Sam 6,20 als *niglôt*. Vom Qal ist die Form auf *-ôt* statt *-ô*, *-ōh* einige Male belegt[194].

'aryēh, *'ădāmâ*, *'ereṣ* sind genügend als Bezeichnungen für die Unterwelt belegt[195]. Dazu passen dann auch gut die *kārîm* in ihrer Bedeutung „Höhlen, Gruben“[196]. Der *mōšēl 'ereṣ* erinnert an Jes 19,4, wo es heißt: *ûmelek 'az yimšol bām* „und ein starker König wird über sie (die Ägypter) herrschen“, und an die phönizische Inschrift des Eschmunazor (KAI 14), wo wir in Zeile 9 lesen: *wysgrnm h'lnm hqdšm 't mmlk*<*t*> *'dr 'š mšl bnm* „Und einschließen sollen sie (die Grabschänder) die heiligen Götter bei einem mächtigen König, der über sie herrscht“. Wie in der gleich folgenden Besprechung von Jes 19,1-15 genauer gezeigt wird, handelt es sich bei dem hier genannten Herrscher offensichtlich um niemand anderes als den Tod.

šālaḥ im Pual findet sich auch sonst im gewalttätigen Sinne gebraucht, z.B. einmal gleich in Jes 16,2 *qēn m^{e}šullaḥ* „ein aufgescheuchtes Nest“, und in unterweltlichem Kontext und Wortfeld in Ijob 18,8 *kî šullaḥ b^{e}rešet b^{e}raglāyw* „denn ins Netz gerät er mit seinen Füßen“[197]. Zur Wiedergabe des Perfekts *sull^{e}ḥû* nach dem Imperfekt *'āšît* siehe M. Dahood, Psalms III Index of Subjects s.v. *yqtl-qtl* sequence.

dabbēr I „wegtreiben“ siehe in HALAT S. 201b. Das Suffix an

---

[194] Siehe GK § 75ny S. 219 und 221; BL § 57t'' S. 422; J. Huesman, Bib 37 (1956) 290; M. Dahood, Psalms I S. 297.

[195] Siehe etwa N.J. Tromp, Primitive Conceptions: zu *'aryēh* Index of Subjects S. 217 s.v. Lion; zu *'ădāmâ* und *'ereṣ* Index of Hebrew Words S. 233.

[196] Zu *kārîm* „Höhlen, Gruben“ siehe M. Dahood, Psalms I S. 230; Psalms II S. 117.

[197] Siehe Tromp, Primitive Conceptions S. 174f. Er weist u.a. auf Wörter hin, die sich klar auf die Vorstellung der Scheol als eines Gefängnisses und des Todes als eines Vogelfängers beziehen. In Ijob 18,8-10 findet er folgende Wörter: V. 8 *rešet* „Netz“ (zum Wild- und Vogelfang) und *ś^{e}bākâ* „Netz“; V. 9 *paḥ* „Vogelschlinge“ und *ṣammîm* „Schlinge“; V. 10 *ḥebel* „(Fang-)Strick“ und *malkōdet* „Falle“. — Vielleicht ist es beachtenswert, daß auch gleich in Jes 16,2 von *'ôp nôdēd qēn m^{e}šullāḥ* die Rede ist.

mᵉdabbᵉrōh bezieht sich offenbar auf *dîmôn/môʾāb*. Will man aber das Suffix sich lieber auf *pᵉlêṭâ* und *šᵉʾērît* beziehen lassen, so kann man ja *mᵉdabbᵉrāh* lesen. Daß dabei das Verbum *šullᵉḥû* im Plural erscheint, ist bei kollektiven Nomina ja nichts Außergewöhnliches. — Viergliedrige Konstruktus-Ketten wie nach dieser Lösung in 16,1b haben wir beispielsweise in Jes 28,1.3f.

Der Gedanke, daß Jahwe ein Volk von seiner hohen Felswohnung herunterholt, findet sich wieder in Jer 49,16 und der Parallele Obd 3f. Nehmen wir Obd 3f und achten wir auf das Wort- und Ideenfeld:

zᵉdôn libbᵉkā hiššîʾekā
šōkᵉnî bᵉḥagwê selaʿ mārôm (MT *mᵉrôm*) *šibtô*
ʾōmēr bᵉlibbô mî yôrīdēnî ʾāreṣ
ʾim tagbîah kannešer
wᵉʾim bên kôkābîm śîm qinnekā
miššām ʾôrîdᵉkā nᵉʾum yhwh

Der Übermut deines Herzens hat dich verführt,
der du wohnst in Felsenklüften, dessen Wohnsitz in der Höhe ist[198],
der du sprichst in deinem Herzen: „ Wer wird mich zur Erde
                                         (Unterwelt?[199]) hinabstürzen? "
Wenn du dich erhebst wie der Adler,
und wenn inmitten der Sterne dein Nest gebaut ist[200],
von dort hole ich dich herunter, Spruch des Herrn.

Die Wörter *selaʿ*, *ʾereṣ*, *qēn* sind Obd 3f und Jes 15,9 – 16,2 gemeinsam. Das Motiv des Hochmuts von Obd 3f findet sich wieder in Jes 16,6.

Die zweite hier zu besprechende Stelle ist Jes 19,1-15. Hier hat M. Dahood[201] bereits die Lösung aufgewiesen, indem er in 19,4 in dem *ʾădōnîm qāšeh* und dem *melek ʿaz*, dem „harten Herrn" und „starken König", dessen Gewalt Jahwe Ägypten überantworten werde (*sikkar* = *siggar*), den Tod sehen lehrte. Als Argumente bringt er folgende: Das Verbum *sikkar* legt das auch sonst belegte Motiv des Todes als Gefängnis nahe[202]. Ein Vergleich mit Hld 8,6 und Zeile 9 der phönizischen Inschrift des Eschmunazor (KAI 14) zeigt ein gemeinsames, sich ergänzendes Wortfeld: Hld 8,6 liest man *ʿazzâ kammāwet ... qāšâ kišʾôl* „stark wie der Tod ... hart wie die Scheol"; und KAI 14:9 heißt es: *wysgrnm hʾlnm*

---

[198] Zu dieser Lesung und Übersetzung siehe H.J. van Dijk, Tyre S. 16 (double-duty preposition).
[199] Siehe M. Dahood, Bib 40 (1959) 165.
[200] *śîm* ist hier Perfekt Passiv Qal: siehe Dahood, Gruenthaner Memorial Volume S. 64.
[201] Bib 52 (1971) 350f.
[202] Siehe oben zu Hos 2,8 S. 16f.

hqdšm 't mmlk<t> 'dr 'š mšl bnm „Und einschließen sollen sie die heiligen Götter bei einem mächtigen König, der über sie herrscht“.

Zu diesen Argumenten Dahoods möchte ich hier noch einiges vom Kontext in Jes 19,1-15 ergänzend hinzufügen: Sieht man wirklich in dem *'ădōnîm qāšeh* und dem *melek ʿaz* von V. 4 den mythischen Herrscher der Unterwelt, dann wird man auch nicht mehr einen breiten Graben sehen zwischen den VV. 1-4 und 11-15 einerseits und 5-10 andererseits, in denen eine große Dürre mit ihren wirtschaftlichen Folgen geschildert wird[203], da ja bekanntlich in der kanaanäischen Mythologie Mot „die Macht der Dürre, Unfruchtbarkeit und des Todes“ darstellt[204]. — So würde sich auch erklären, weshalb Jesaja Jahwe in 19,1 gerade als *rōkēb ʿal ʿāb qal* „auf schneller Wolke reitend“ beschreibt, denn „Wolkenreiter“ *rkb ʿrpt* ist ja gerade ein Titel des Wettergottes Baal, Mots Todfeindes[205]. Jesaja würde also auf den kanaanäischen Baalmythus anspielen, wie wir ihn aus Ugarit kennen, nach welchem auf die Periode der Fruchtbarkeit, in der Baal regiert, eine Zeit der Dürre folgt, in der nach dessen Tode Mot das Regiment innehat[206]. Natürlich hätte Jesaja diesen Mythus dem Glauben Israels angepaßt: Jahwe übergibt in voller Wahrung seiner eigenen Souveränität und Erhabenheit die Herrschaft an die Unterweltsmacht. — Wenn schließlich in Jes 19,3 und zumal in V. 11f von der Beschämung der ägyptischen Weisheit die Rede ist, so läßt das etwa an die Josephsgeschichte in der Genesis denken, in der eben Joseph durch seine Gottesweisheit den sieben Hungerjahren wirksam begegnet.

---

[203] So schreibt W. Eichrodt (Der Herr der Geschichte S. 66 und 68) zu Jes 19,1-15: „Dieser in freier, metrischer Form überlieferte Gerichtsspruch ist in seinem Aufbau dadurch unklar geworden, daß in seine politisch-geschichtliche Zweckbestimmung mit V. 5-10 eine Schilderung des durch Naturereignisse verursachten wirtschaftlichen Elends Ägyptens eingeflochten ist und dadurch die gegen die Häupter des Landes gerichtete Ankündigung von ihrem Ziel abgelenkt erscheint .... Überblickt man die in jener politischen Situation sehr wohl begründete Warnung und Bedrohung Ägyptens in ihrer echt prophetischen Verwerfung menschlicher Selbstüberhebung und Großtuerei gegenüber dem allein weisen Gott, so wird man ihre Bereicherung durch die Schilderung der wirtschaftlichen Notlage Ägyptens in V. 5-10 als unglückliche Ablenkung empfinden ...“. — Siehe auch J. Fischer, Isaias I S. 141. — In der Tat sind auch in der BHS die VV. 5-10 gegenüber dem übrigen Text als für sich stehend eingerückt.

[204] Siehe M.H. Pope in: Wörterbuch der Mythologie (hg. von H.W. Haussig) I/1 s.v. Mot S. 300.

[205] Siehe etwa die in UT Glossary Nr. 2331 S. 484 angegebenen Texte und auch W. Eichrodt, Der Herr der Geschichte S. 66.

[206] Pope in: Wörterbuch der Mythologie (hg. von Haussig) I/1 s.v. Baal-Hadad S. 261-264.

Hos 5,1

šimʿû zōʾt hakkōhănîm wᵉhaqšîbû bêt yiśrāʾēl
ûbêt hammelek haʾăzînû kî lākem hammišpāṭ
kî paḥ hĕyîtem lᵉmiṣpâ wᵉrešet pᵉrûśâ ʿal tābôr

Hört dieses, ihr Priester, und merkt auf, Haus Israel,
und du, Königshaus, hört zu; denn euch gilt/liegt ob das Gericht.
Denn eine Falle seid ihr für Mispa geworden und ein ausgebreitetes Netz auf dem Tabor.

Hört ... merkt auf ... hört zu: Der Parallelismus *šimʿû* (//*haqšîbû*)//*haʾăzînû* ist typisch für die „Lehreröffnungsformel". Siehe dazu H.W. Wolff S. 122f. — In UT 127 : 41f finden wir die Wurzeln *šmʿ* und *udn* auch in etwa im Parallelismus:

šmʿ mʿ lkrt ṯʿ
ištmʿ wtqǵ udn

Höre doch, Keret von Ṯaʿ;
hör' zu und sei aufmerksamen Ohres [207].

Diese dreigliedrige Lehreröffnungsformel hier bei Hosea weist eine regelmäßig ansteigende Silbenzahl auf: 7+8+9. Das dürfte kein Zufall sein: Siehe oben zu Hos 2,8 S. 15.

denn euch gilt/liegt ob das Gericht: K. Elliger [208] meint zu dem Stichus *kî lākem hammišpāṭ*, der Prophet drücke sich absichtlich doppeldeutig aus, so daß man sowohl verstehen könne „denn eure Sorge ist das Gericht (das Recht, die Rechtsprechung)" als auch „denn euch gilt das Gericht (das Strafurteil)". Dabei hörten „die Angeredeten wohl in erster Linie ihre Verantwortlichkeit für das Recht" heraus. W. Rudolph [209] dagegen nennt diese Auffassung Elligers und anderer Autoren „aus der Not eine Tugend" machen. Was uns mangels Sachkenntnis zweideutig erscheine, sei für die Hörer

[207] In UT 6 : 22f finden wir immerhin *šmʿ* und *udn* ebenfalls nebeneinander, wenn auch der Text in seinem Erhaltungszustand leider viel zu wünschen übrig läßt: *šmʿk larḫ wbn* [ ] *limm aʿl* (oder — so A. Herdner, Corpus S. 57 — *ql*) *budnk w*[ ] „Er hört dich, o Kuh, ... Völker. Ich steige (oder: Stimme) in dein Ohr". — Des weiteren siehe M. Dahood, RSP I S. 360f.

[208] ZAW 69 (1957) 154f.

[209] S. 119 Anm. 6.

Hoseas gewiß eindeutig gewesen. — An folgenden Hoseastellen kann man m.E. aber sehen, wie man bei Hosea sehr wohl mit solchen Möglichkeiten rechnen muß : 1,9b ; 4,8 ; 5,7(bis) ; 7,3 ; 8,4a.6b.14 ; 9,2 ; 10,1.2a.12f ; 11,5 ; 14,3b. Siehe die Einzelbesprechung dieser Stellen[210].

Insofern *lākem hammišpāṭ* hier übersetzt werden kann „ euch liegt das Gericht, die Rechtsprechung ob " und *bêt hammelek* unmittelbar vorausgeht, kann man hier UT 127 : 33f.37f anführen :

ltdn dn almnt
lṯpṭ ṯpṭ qṣr npš
...
rd lmlk amlk
ldrktk aṯbnn

Du richtest nicht den Rechtsfall der Witwe,
du bist nicht Richter für die Gerichtssache des Elenden.
...
Steige herab von deinem Königtum, damit ich König sei,
von deiner Herrschaft, damit ich deren Thron einnehme.

In striktem Parallelismus finden sich die beiden Wurzeln *mlk* und *ṯpṭ* in UT 49 : VI : 28f (//129 : 17f) :

lyhpk ksa mlkk
lyṯbr ḫṭ mṯpṭk

Fürwahr, er wird umstürzen den Sitz deines Königtums,
fürwahr, er wird zerbrechen das Zepter deiner Herrschaft.

Ferner in ʿnt : V : 40f (//*UT* 51 : IV : 43f) :

mlkn aliyn bʿl
ṯpṭn in dʿln

Unser König ist Aliyan Baal,
unser Gebieter, niemand ist über ihm[211].

---

[210] Zu Wortspielen in der hebräischen Bibel siehe neuerdings J.J. Glück, Semitics 1 (1970) 50-78. Die Doppeldeutigkeiten, von denen hier die Rede ist, dürften nach seiner Einteilung sich auf die ersten drei Kategorien verteilen : equivocal, metaphonic, parasonantic puns.

[211] Der Parallelismus *šōpeṭ//melek* begegnet auch noch in Hos 7,7. In Hos 13,10 (siehe die Besprechung S. 151) haben wir nebeneinander *melek* ... *šōpeṭ* ... *melek*. — Siehe im übrigen, was weitere Bibelstellen und Literatur angeht, M.

f ü r M i s p a . . . a u f d e m T a b o r : Zum Parallelismus der Präpositionen *l*[e] und *'al*, der auch im Ugaritischen begegnet, siehe oben zu Hos 4,9b S. 46f.

Hos 5,4a

lō' yitt[e]*nû*[*m*] (oder *y*[e]*tannû* [MT *yitt*[e]*nû*]) *ma'al*[e]*lêhem*
lāšûb 'el 'ĕlōhêhem

Nicht erlauben ihnen ihre Untaten,
zu ihrem Gott umzukehren.

Oder : Nicht ändern sie ihre (bösen) Werke,
um zu ihrem Gott umzukehren.

In der Übersetzung dieses Satzes ist man sich heute allgemein einig, und er gibt scheinbar auch nicht mehrere Möglichkeiten frei. Da, wie W. Rudolph (S. 117) bemerkt, „ *ma'ălālîm* bei Hosea stets die b ö s e n menschlichen Taten meint ", kann es nicht Objekt sein, wie es mehrere alte Übersetzungen, unter ihnen die Vulgata, auffassen. Also nimmt man vielfach Haplographie des Mem an : *yitt*[e]*nûm ma'al*[e]*-lêhem.* Zwar könnte das Verbum *yitt*[e]*nû* hier auch auf ein eigenes Suffix verzichten, da die drei anderen Suffixe in diesem Vers nach der Regel des double-duty suffix [212] genügen würden. Aber der Sprachgebrauch von *nātan* im Sinne von „ erlauben " läßt doch eher ein Suffix erwarten [213]. — Hinsichtlich der Haplographie ist allerdings darauf hinzuweisen, daß dieses Phänomen durchaus nicht unbedingt als korrekturbedürftiger Fehler betrachtet werden darf, sondern als ein gebräuchliches Verfahren der alten Abschreiber, zuweilen in dem Falle, daß ein Wort mit dem gleichen Konsonanten endet, mit dem das folgende beginnt, diesen Konsonanten nur einmal zu schreiben [214]. Andere Beispiele dieser Art Einmalschreibung im Hoseabuch finden

Dahood, RSP I S. 267f. Dort ist allerdings noch UT 49 : VI : 28f (//129 : 17f und Hos 5,1 nachzutragen.

[212] Siehe dazu oben Anm. 77.

[213] Siehe H.W. Wolff S. 120. Als Beispiel für poetische Sprache vgl. etwa Ijob 9,18 und dazu A.C.M. Blommerde, Job S. 55.

[214] W.G.E. Watson, Bib 50 (1969) 525-533 ; dort weitere Literatur. Zu dieser füge neuestens hinzu : ders., Bib 52 (1971) 44-50, und M. Dahood, Psalms III GP S. 371f und Index of Subjects s.v. Shared consonants S. 488.

sich in 9,1, wo als eine Möglichkeit *'al gîl^{e}kā kā'ammîm* zu lesen ist statt *'el gîl kā'ammîm* „ nicht sei dir (Dativsuffix) Freude wie den Völkern " ; ferner als eine Möglichkeit in 11,3 und in 12,12 [215].

Aber M. Dahood [216] sieht für Hos 5,4a noch eine andere Möglichkeit, welche die Annahme von Einmalschreibung erübrigt : Statt *yitt^{e}nû* könnte man *y^{e}tannû* lesen und diese Form als eine kanaanäische Dialektform für *y^{e}šannû* ansehen, Piel von *šānâ* „ ändern ". Klassisch-hebräisches *šānâ* entspricht ja ugaritischem *ṯny* [217]. Solche Dialektvarianten kommen auch sonst in der Bibel vor : *b^{e}rôtîm* „ Zypressen " in Hld 1,17 entspricht klassisch-hebräisch *b^{e}rôšîm*.

Exkurs: Weitere (mögliche) Beispiele für shared consonants, die in den in Anm. 214 genannten Veröffentlichungen noch nicht erwähnt sind.

Alef

Jes 59,20 *ûbā' l^{e}ṣiyyôn gô'ēl*
ûl^{e}šābê peša' b^{e}ya'ăqōb n^{e}'um yhwh

C.H. Gordon (UT § 10.1 S. 92) führt den ersten Stichus als Beispiel für *l^{e}* „ from " an, und zwar aus dem Vergleich mit Röm 11,26 *hēksei ek Siōn ho ryomenos.* 1QJes^{a} liest *wb' 'l ṣywn gw'l*, also *'el* statt *l^{e}*. Ob entsprechend hier im MT nicht vielleicht eine Einmalschreibung des Alef vorliegt, so daß z.B. C. Westermann (Jesaja 40-66 S. 279) recht hätte, der aus anderen Gründen dem Verständnis „ für Sion " den Vorzug gibt ? Er übersetzt demnach : „ Doch er kommt für Sion als Erlöser und für die vom Abfall Bekehrten in Jakob, spricht Jahwe."

Mich 1,13bα
Angesichts der Tatsache, daß in V. 13a und 13bβ die Anredeform steht, kann man V. 13bα folgendermaßen lesen : *rē'šît ḥēṭ' 'att^{e}* (MT *ḥaṭṭā't*) *hî' l^{e}bat ṣiyyôn* „ der Anfang der Sünde bist du gewesen für die Tochter Sion ". Die BHK^{3} bringt schon den Vorschlag *rē'šît ḥaṭṭā't 'att^{e} hî'* [218], und demgemäß übersetzen auch die RSV und die NEB, letztere allerdings ohne Anmerkung.

---

[215] Siehe die Einzelbesprechung der Stellen.
[216] Private Mitteilung.
[217] Siehe UT Glossary Nr. 2705 S. 504.
[218] Siehe etwa auch W. Nowack, Die kleinen Propheten S. 205, nach K. Budde, ZAW 37 (1917/18) 99 und 105.

Bet

Jes 16,2

Möglicherweise ist zu lesen: *tihyènâ b^e^nôt mô'āb [b^e^]ma'bārōt l^e^'arnôn* „So werden sein die Töchter Moabs an den Furten des Arnon". Man vergleiche BHK³ und BHS. In diesem Falle wäre auch das Silbenverhältnis 7+7. Silbengleichheit findet sich auch sonst in der Nachbarschaft, etwa in V. 3a*α* (5+5) und in V. 3b (6+6). Einmalschreibung ist im Jesajabuch gar nicht so selten. 23 Beispiele führt W.G.E. Watson schon in seinem ersten Artikel auf [219].

Jes 44,5b

Wahrscheinlich ist zu lesen: *w^e^zeh yiktōb [b^e^]yādô l^e^yhwh* „und dieser schreibt auf seine Hand: Jahwe gehörig". Siehe die BHS. Anders Zorell, Lexicon S. 377b: „*yiktōb yādô* ‚scribet sua manu'", und es wird dazu auf GK § 144 lm S. 483 verwiesen (Verbalsatz mit doppeltem Subjekt).

He

1 Sam 14,11

Vielleicht ist hier zu lesen: *hinnēh [ha]'ibrîm yōṣ^e^'îm min haḥōrîm* „Seht doch, die Hebräer kommen aus den Löchern hervor". So übersetzt die LXX: *Idou hoi Hebraioi ekporeuontai* ... Es scheint mir gut denkbar, daß gemäß der Erzählung die Philister nach der ersten Beobachtung zunächst nur allgemein feststellen: „Die Hebräer kommen jetzt aus ihren Höhlen wieder hervor, in denen sie sich vorher großenteils versteckt hatten" (1 Sam 13,6). — Zu He als shared consonant siehe schon die Liste Watsons in seinem ersten Artikel, besonders 2 Sam 5,2 und 23,30. Man beachte auch die folgende Stelle:

1 Sam 17,17

Daß hier *wa'ǎśārâ [hal]leḥem hazzeh* zu lesen ist, gibt schon die BHK³ an.

Jes 11,5

w^e^hāyâ [haṣ]ṣedeq 'ēzôr motnāyw
w^e^hā'ěmûnâ 'ēzôr ḥălāṣāyw

Und die Gerechtigkeit wird der Gurt seiner Lenden sein,
und die Zuverlässigkeit der Gurt seiner Hüften.

---

[219] Siehe Anm. 214.

Schon die BHS (u.a.[220]) nimmt mit Hinweis auf die arabische Übersetzung die Möglichkeit des Artikels für *ṣedeq* an: „Fortasse legendum *haṣṣedeq*." Für den Artikel spricht der Parallelismus mit *hā'ĕmûnâ* und nicht zuletzt die sich ergebende gleiche Silbenzahl auf beiden Seiten: 10+10. In 1QJes^{a} allerdings fehlt der Artikel vor *'mwnh*, und ebenso weist die LXX vor beiden in Frage stehenden Substantiven den Artikel nicht auf. In diesem Falle ergeben sich im Hebräischen 9+9 Silben.

Ez 47,17

w^{e}hāyâ [hag]g^{e}bûl: Die BHK^{3} gibt schon an: „lege cum 11 Manuscriptis Kennicott *w^{e}hāyâ hagg^{e}bûl*", und W. Zimmerli (Ezechiel S.1204) notiert: „Da LXX, Targum, Syrer determiniertes *hagg^{e}bûl* bezeugen, ist das masoretische *g^{e}bûl* als haplographische Verschreibung aus *hagg^{e}bûl* zu beurteilen." Ob es sich aber eben um eine Verschreibung, also einen Fehler, einen Irrtum handelt, das ist die Frage. Siehe etwa schon die Liste in Watsons erstem Artikel unter He und ferner in dieser Arbeit unter Waw Ez 48,14.

Hld 3,10f

V. 10b bietet Schwierigkeiten. Eine hat M. Dahood zu lösen versucht, wenn er liest: *tôkô rāṣô* (MT *rāṣûp*) *p^{e}'ahăbâ* „Within it there is pleasure and love"[221]. Ein Problem ist dann noch das Mem des folgenden Wortes *mibb^{e}nôt*. Wenn man nun jedenfalls *'ahăbâ* stehen läßt und es nicht ändert[222], könnte man unter Annahme des letzten He als shared consonant folgendermaßen lesen:

hēmmā b^{e}nôt y^{e}rûšālaim ṣ^{e}'ènâ
ûr^{e}'ènâ b^{e}nôt ṣiyyôn bammelek š^{e}lōmōh

Ja, ihr Töchter Jerusalems, kommt heraus,
und seht euch satt, ihr Töchter Sions, am König Salomo.

Zur Wiedergabe von *rā'â b^{e}* siehe W. Rudolph, Hoheslied z. St. S. 140; ferner M. Dahood, Psalms III Index of Hebrew Words S. 477 s.v. *rā'āh b^{e}* „to enjoy". — *hēmmā* hätte hier die Bedeutung „siehe" u.ä. wie *hinnēh*[223]. Die Konstruktion entspräche ziemlich genau der in Gen 19,2: *wayyō'mer hinneh nnā' 'ădōnay sûrû nā' 'el bêt 'abd^{e}kem w^{e}lînû w^{e}raḥăṣû*

---

[220] Siehe O. Kaiser, Jesaja 1–12 S. 125, der nach E. König, Jesaja S. 160 und G.R. Driver, JTS 38 (1937) 39, *haṣṣedeq* liest.

[221] Proverbs and Northwest Semitic Philology S. 54.

[222] Siehe BHK^{3}. Von den neueren Kommentatoren zum Hohenlied liest G. Gerleman (S. 139) *'ăbānîm* „Steine"; W. Rudolph (S. 140f) hält die Textverderbnis für wahrscheinlich stärker und entscheidet sich darum für keine Übersetzung; L. Krinetzki (S. 300f) liest *'ehabbîm* „Elfenbeinplättchen".

[223] Zu *hēmmâ* „siehe" siehe zu Hos 6,7 S. 82-85.

raglêkem „Und er sprach: ‚Ach, meine Herren, kehrt doch ein im Hause eures Knechtes, bleibt zur Nacht und wascht euch die Füße' ".

Zu den stilistischen Feinheiten dieser Doppelzeile Hld 3,10bβ.11a wie Chiasmus und Reim siehe L. Krinetzki, Hoheslied S. 153f. Hier möchte ich entsprechend dem neuen Lösungsversuch noch folgendes hinzufügen: *hēmmā* entspricht etwa, wiederum chiastisch, dem Ausdruck *bammelek šelōmōh*. Da aber *hēmmā* silbenmäßig viel weniger gewichtig ist als *bammelek šelōmōh*, bedurfte es noch eines Ausgleiches. Dieser wurde in etwa hergestellt dadurch, daß in der zweiten Zeile das viersilbige *benôt ṣiyyôn* den Platz einnimmt, den in der ersten das siebensilbige *benôt yerûšālaim* innehat. Damit ergibt sich die noch recht passable Balance von 12 : 14 Silben, die der Umgebung wohl entspricht: In V. 10aα haben wir 7+6 Silben, in V. 10aβ 6+8 (bei M. Dahoods Lösung, s.o.), in V. 11b schließlich 11+13 [224].

Waw

Jes 45,20a

Wie oben S. 8 dargelegt wurde, wird man hier lesen:

hiqqābeṣû wābō'û hitnaggešû wîḥādû (MT *yaḥdāw*)

Versammelt euch und kommt,
nähert euch und tretet zusammen!

Ez 48,14

Hier ist wohl zu lesen: *welō' yimkerû mimmennû welō' yāmīr*[*û*] *welō'* ... (MT *yāmēr*) „Und sie dürfen davon nichts verkaufen und nichts umtauschen". Siehe die BHK³ und W. Zimmerli, Ezechiel S. 1208.

Neh 6,19

ûdebāray hāyû môṣî'îm lô [*we*]*'iggerôt šālaḥ ṭôbiyyâ leyāre'ēnî* „und meine Worte überbrachten sie ihm; auch Briefe sandte Tobia, um mir Angst einzuflößen". Siehe BHK³.

Kaf

Jes 14,32

Es ist wohl zu lesen: *ûmah yya'ăneh mal'ăkê gôy*[*ēk*] *kî yhwh yissad ṣiyyôn* „Und was soll man den Boten deines Volkes antworten? Daß Jahwe Sion gegründet hat". — Das einfache *gôy* hat seit je Anstoß erregt. Man vergleiche nur etwa BHK², BHK³, BHS. Nun ist im ganzen

[224] Zum Gleichgewicht im hebräischen Versbau siehe etwa, was W.G.E. Watson, Bib 72 (1971) 50, schreibt.

Spruch von V. 29 an bis V. 31 klar Philistäa angeredet. Dabei kommt fünfmal das Suffix *-ēk* vor. Auch versteht man unter den Gesandten in V. 32 gewöhnlich die Philister[225].

Jes 33,1

Wahrscheinlich wird man hier lesen: ... *w^elō' bāg^edû b[āk]* (MT *bô*) *kahătimkā* ... Dafür sprechen erstens viele Manuskripte (siehe BHS), zweitens der Parallelismus mit V. 1bβ *yibg^edû bāk.* Man vergleiche auch schon die Assonanz zwischen V. 1aα und V. 1bα *šādûd – tûššad.* Die masoretische Lesung *bô* wäre also als falsche Pleneschreibung, die auf späterer Verkennung des shared consonant beruht, sekundär.

Hab 3,2aα

Hier dürfte die Annahme eines single writing die Schwierigkeit bezüglich der masoretischen Form *yārē'tî* lösen. Der Parallelismus spricht für *rā'ītî.* So will denn auch beispielsweise die BHS lesen. Ich schlage entsprechend folgendes vor:

yhwh šāmaʿtî šimʿăkā
kî rā'ītî yhwh poʿol^ekā
Jahwe, ich habe die Kunde von dir vernommen;
ja, gesehen habe ich, Jahwe, dein Werk.

Zum emphatisch verstandenen, plene geschriebenen *kî* dürfte demnach das Yod der masoretischen Form *yārē'tî* gehören[226].

---

[225] So übersetzt W. Eichrodt, Der Herr der Geschichte S. 32, mit Korrektur direkt „Gesandte des Philistervolkes". Siehe auch F. Feldmann, Isaias I S. 196, und die BHK[3].

[226] M. Delcor, Habacuc S. 422, hält (neben BJ und RSV) an *yarē'tî* fest, weil es zusammen mit *šāmaʿtî* eine Inklusion mit V. 16 bilde. Er spricht hier von einer crainte religieuse. Aber davon kann hier wohl weniger die Rede sein: vgl. D.R. Hillers, A Convention in Hebrew Literature: The Reaction to Bad News: ZAW 77 (1965) 86-90 (zu Hab 3,16 siehe dort besonders S. 88f). Was die angenommene Inklusion betrifft, so muß man m.E. fragen, ob diese hier wirklich vorliegt. Die Wurzel *yr'* von V. 2 (nach dem MT) wird in V. 16 nicht wieder aufgenommen, und sie kommt auch in den von Hillers a.a.O. angeführten Texten außer in Dtn 2,25 (*paḥd^ekā w^eyir'āt^ekā*) nicht mehr vor, auch nicht bei Sirach und in den Hodayot von Qumran (diese Stellen sind von Hillers a.a.O. S. 88 Anm. 9 aufgeführt). Auf der anderen Seite ist der Parallelismus bzw. das Nebeneinander von Sehen und Hören ziemlich natürlich und begegnet auch gar nicht so selten; so z.B. in Jes 21,3; Ps 45,11; 48,9 (jeweils *šāmaʿ* [//] *rā'â*; 1 QH 7,2f (*rā'â*//*šāmaʿ*); ferner in UT 126: IV: 2: *šmʿ amrk ph*[ ], wo C.H. Gordon, Ugarit and Minoan Crete S. 117, den leider bruchstückhaften Text übersetzt: „Listen, I shall protect thee Look". Vgl. auch Lk 2,20 und 1 Joh 1,1.3.

Mem

Jos 7,5

Wahrscheinlich ist zu lesen: *wayyird*^{e}*pûm [mil]lipnê haššaʿar ʿad hašš*^{e}*bārîm* „Und sie verfolgten sie vom Stadttor bis zu den Steinbrüchen". An sich kann mit einem solchen Verb wie *rādap* auch *lipnê* allein schon die Bedeutung „von" oder „von – weg" haben, wie ja die Präposition *l*^{e} auch in diesem Sinne stehen kann [227]. Aber für ein single writing sprechen m.E. erstens LXX (*apo tēs pylēs*) und Vulgata (de porta), zweitens die Tatsache, daß in Josua nach W.G.E. Watsons Listen in Biblica (siehe Anm. 214) noch zweimal gerade das Mem und sonst kein anderer Konsonant der Einmalschreibung unterliegt, in 5,4 und in 10,13.

1 Sam 20,10

Die masoretische Lesung *mî yaggîd lî ʾô mah yyaʿan*^{e}*kā ʾābîkā qāšâ* wird als schwierig empfunden und vielfach korrigiert. Siehe die BHK^{3} und zumal die Diskussion von H.W. Hertzberg, Samuelbücher S. 136. HALAT S. 19b möchte *ʾim* statt *ʾô mâ* lesen. Dieser letztgenannte Vorschlag würde *ʾô mâ* etwa als Aufspaltung eines ursprünglich einzigen Wortes und falsche Pleneschreibung seiner beiden Teile, Konsonanten, erklären. Aber ich meine, wir können noch näher am MT bleiben, wenn wir unter Annahme eines single writing folgendermaßen lesen: *mî yaggîd lî ʾi[m] mah yyaʿan*^{e}*kā ʾābîkā qāšâ* „Wer wird es mir mitteilen, wenn dein Vater dir etwas Hartes antwortet?" Für die Erhaltung des *mâ* spricht, daß es sich in 1 Sam 19,3b, also in ziemlicher Nähe, in gleichem Sinne und ähnlichem Zusammenhang wiederfindet. Da heißt es: *w*^{e}*rāʾîtî mâ w*^{e}*higgadtî lāk* „Und erfahre ich etwas, werde ich es dir mitteilen". — Die Trennung des *mâ* von seinem zugehörigen Wort ist auch sonst belegt, z.B. gleich in 1 Sam 26,18 *ûmah bb*^{e}*yādî rāʿâ* [228]. Vielleicht ist hier in 1 Sam 20,10 auch die Wiedergabe der Vulgata beachtenswert: „Quis renuntiabit mihi, s i q u i d forte responderit tibi pater tuus dure de me?" Die LXX hat hier nur *ean*. — Die Annahme einer Einmalschreibung liegt hier schließlich nicht zuletzt deshalb nahe, weil bei flüchtiger Aussprache die beiden Wörtchen *ʾim mâ* wohl wirklich wie ein Wort klingen konnten, also Haplographie aus Haplophonie folgte [229].

---

[227] Siehe A.C.M. Blommerde, Job S. 21; dort weitere Literatur. Ferner M. Dahood, Psalms III GP S. 394f und Index of Hebrew Words S. 473.

[228] Weitere Beispiele siehe bei Zorell, Lexicon S. 413b, und bei Joüon, Grammaire § 144d S. 446.

[229] Siehe dazu W.G.E. Watson, Bib 52 (1971) 44 und 50.

Jes 65,4b

Vielleicht kann man lesen: *hā'ōkᵉlîm bᵉśar haḥăzîr ûpᵉraq piggūlîm [mik]kᵉlêhem* „Die da essen Fleisch vom Schwein und Eingebrocktes von Unreinem aus ihren Gefäßen". Siehe die BHS.

Eine andere Möglichkeit besteht aber m.E. darin, das Mem ohne Annahme von Haplographie einfach zum folgenden Wort zu ziehen, wie folgt: ... *ûpᵉraq piggūlê mikkᵉlêhem.* Wir hätten in diesem Falle eine Konstruktuskette mit eingeschobener Präposition, wie z.B. in Jer 23,23 *ha'ĕlōhê miqqārōb 'ānî nᵉ'um yhwh wᵉlō' 'ĕlōhê mērāḥōq* „Bin ich (nur) ein Gott aus der Nähe, Spruch Jahwes, und nicht ein Gott aus der Ferne?" [230]. Die oben gegebene Übersetzung bleibt auch bei dieser Lösung die gleiche. — Zu erwähnen ist allerdings, daß bei beiden Lösungen nur das *kᵉtîb pᵉraq* gut paßt, nicht aber das *qᵉrê mᵉraq*, da man bei Brühe eher von Trinken sprechen würde.

Hos 5,5

wᵉ'ānâ gᵉ'ôn yiśrā'ēl bᵉpānāyw
wᵉyiśrā'ēl wᵉ'eprayim yikkāšᵉlû ba'ăwōnām
kāšal gam yᵉhûdâ 'immām

Israels Hochmut zeugt gegen es selbst,
und Israel und Ephraim werden zu Fall gebracht durch ihre Schuld;
zu Fall kommt auch Juda mit ihnen.

Der letzte Stichus, V. 5bβ, wird (neben *wᵉyiśrā'ēl* in V. 5bα) gewöhnlich als (spätere judäische) Glosse angesehen [231]. Aber diese Annahme ist zu überprüfen im Licht der Tatsache, daß wir in beiden Stichen von V. 5b das Verbum *kāšal* haben, und zwar in verschiedenen Konjugationen, Nifal und Qal. Das entspricht jedoch einer poetischen Praxis, die sich auch sonst im Bibelhebräischen und auch schon im Ugaritischen findet und auf die M. Held [232] und nach ihm M. Da-

---

[230] Weitere Beispiele siehe etwa bei Joüon, Grammaire § 129n S. 391, und bei M. Dahood, Psalms III S. 381.

[231] So u.a. von Deissler, Weiser, Wolff, Rudolph, I. Willi-Plein, Vorformen S. 142; BHK³; BHS. M.J. Buss (S. 13) betrachtet den ganzen V. 5 als sekundär.

[232] JBL 84 (1965) 272-282. Der zweite Teil eines der drei ugaritischen Beispiele, die Held bringt, nämlich 2 Aqht: VI: 28f, findet sich in der vorliegenden Arbeit zu Hos 2,20a S. 24.

hood [233] aufmerksam gemacht haben. Auf unsere hier vorliegende Stelle weist P.B. Yoder [234] hin. Ein weiteres Beispiel dieser Erscheinung haben wir aller Wahrscheinlichkeit nach in Hos 8,11 [235].

Hos 5,6

b^{e}ṣō'nām ûbibqārām yēl^{e}kû
l^{e}baqqēš 'et yhwh
w^{e}lō' yimṣ^e'û ḥōl^{e}ṣām (MT *yimṣā'û ḥālaṣ mēhem*)

Mit ihrem Kleinvieh und mit ihrem Großvieh gehen sie hin, um Jahwe zu suchen.
Aber sie finden nicht ihren Befreier.

Das masoretische *ḥālaṣ mēhem* wird allgemein übersetzt: „er hat sich ihnen entzogen". *ḥālaṣ* ist dabei in der Bibel nur hier intransitiv, und man verweist auf arabisch *ḫalaṣa* „sich entziehen" [236]. — Für den obigen Versuch, *ḥōl^{e}ṣām* statt *ḥālaṣ mēhem* zu lesen und die überschießenden beiden Konsonanten als *hēm* „siehe" zu V. 7 zu ziehen, lassen sich folgende Argumente anführen:

Erstens bildet *ḥōl^{e}ṣām* am Ende des Verses eine Assonanz mit *ṣō'nām* und *b^{e}qārām* an dessen Anfang [237]. Ferner wird *ḥālaṣ* (Nifal und Piel) „retten, befreien" häufiger mit Jahwe als handelndem Subjekt gebraucht, zumal in den Psalmen. Drittens würde diese Lesung und Übersetzung auch gut zu Hoseas Gedankengängen passen. Man vergleiche etwa 7,13b (*w^e'ānōkî 'epdēm* „Ich aber hatte sie befreit" [238]); 9,3b (*w^{e}šāb 'eprayim miṣrayim* „Ephraim muß nach Ägypten zurück") und die ähnliche Stelle 11,5 [239]. Außerdem paßt *hēm* „siehe" gut an den Anfang von V. 7, da es das Metrum von V. 7a verbessert und mit dem Suffix *-hem* am Ende von V. 7 eine Art Inklusion bildet. (Siehe im übrigen die Besprechung von V. 7.)

---

[233] Siehe die Übersicht seiner Beispiele aus den Psalmen in Psalms III S. 414 sowie zwei davon in der vorliegenden Arbeit zu Hos 8,11 S. 108.

[234] VT 21 (1971) 471.

[235] Siehe unten zur Stelle S. 107f.

[236] Vgl. Zorell, Lexicon S. 246a s.v. *ḥālaṣ* III; und HALAT S. 309a Zeile 3 (dort lies *ḫalaṣa*, nicht *ḥalaṣa*) und Qal am Ende.

[237] Vgl. etwa die Assonanz in V. 7 (*bāgādû* - *yūlādû* [MT *yālādû*]) und in 9,3b (*'eprayim miṣrayim*) sowie den Reim in 8,7 (*ṣemaḥ* – *qemaḥ*).

[238] Wahrscheinlich ist *'epdēm* so zu übersetzen, also als Vergangenheit. Vgl. dazu die Besprechung von Hos 7,14-16 S. 97.

[239] Siehe dazu die Besprechung S. 133f.

Hos 5,7

hēm (MT *-hem*) *b^eyhwh bāgādû* 3 Akzente
kî bānîm zārîm yūlādû (MT *yālādû*) 3
ʿattâ yōʾk^elēm ḥōdeš ʾet ḥelqêhem

Seht, gegen Jahwe sind sie untreu geworden;
denn als fremde/widerliche Söhne wurden sie geboren.
Darum wird ihnen der Neuling (Baal) ihre Grundstücke verzehren.

Seht: *hēm* ist durch andere Abteilung der Konsonanten aus V. 6 (MT *mēhem*) hierhergezogen worden (vgl. die Besprechung von V. 6). Ein anderer Fall, wo die Masoreten ein *hēm* nicht richtig verstanden und abgeteilt haben, liegt wahrscheinlich in Hos 8,3.4a vor[240]. Zu *hēm/hēmmâ* „ siehe “, das wohl auch noch in Hos 6,7 vorkommt, vgl. die dortige Besprechung S. 82f sowie das anschließende Scholion.

fremde/widerliche Söhne: *zārîm* wird gewöhnlich mit „ unecht, bastardisch “ übersetzt. M. Dahood (Psalms II S. 59) schlägt vor, die Wurzel *zwr* I „ to be strange “ von *zwr* II „ to be loathsome, evil, nasty “ zu trennen. *zārîm* an unserer Stelle leitet er entsprechend von *zwr* II ab und übersetzt: „ they were born loathsome children “. Nun ist m.E. aber die Frage berechtigt, ob man, selbst bei Annahme verschiedener Wurzeln, sich unbedingt ausschließlich für eine von beiden entscheiden muß. Denn Hosea scheint sich gern mehrdeutig und wortspielerisch auszudrücken[241]. Siehe auch gleich unten zu *ḥelqêhem*.

wurden sie geboren: Man wird mit M. Dahood (Psalms II S. 59) vielleicht besser *yūlādû* statt *yālādû* lesen. Auch in Dtn 32,18, wovon in der Besprechung der Übersetzung von *ḥōdeš* mit „ Neuling “ gleich die Rede sein wird, ist Israel Objekt der Zeugung[242]. Hos 1,2; 2,6; 4,13f; Jer 2,25, Stellen, die hier sonst von den Kommentaren angeführt werden, sprechen m.E. nicht dagegen. Bei dieser Vokalisierung wäre dann der Sinn: Sie sind Jahwe gegenüber treulos, weil sie schon von Natur, von Geburt so veranlagt sind (vgl. Jer

---

[240] Vgl. die Besprechung S. 104f. Siehe auch zu Hos 7,4 S. 90f und zu 11,2 S. 129.

[241] Siehe des näheren zu Hos 5,1 S. 57f.

[242] Vgl. auch etwa Jes 1,2; Jer 2,27; Ez 16,3.

13,23). — Eine weitere Qal-Passiv-Vokalisierung habe ich in Hos 11,6 (S. 135) vorgenommen.

D a r u m : *ʿattâ* in V. 7b darf man wohl folgernd verstehen angesichts der Tatsache, daß neunmal im Hoseabuch *ʿattâ* vorkommt und nur zweimal *weʿattâ*[243]. So dürfte *ʿattâ* bei Hosea auch in etwa den Bedeutungsbereich von *weʿattâ* haben. Daß *weʿattâ* auch diese folgernde Bedeutung hat, zeigt H.A. Brongers in VT 15 (1965) 293f. *ʿattâ* ließ sich auch in 4,16 mit „ darum " übersetzen (siehe oben S. 50).

w i r d i h n e n . . . v e r z e h r e n : Das Suffix von *yōʾkelēm* läßt sich gut als Dativsuffix erklären[244], und zwar als dativus incommodi[245]. Eine andere, mir aber weniger wahrscheinliche Möglichkeit wäre es, das Mem als enklitisch aufzufassen. Andere Beispiele für enklitisches Mem bei Hosea lassen sich annehmen in 9,1 ; 11,7 ; 13,2b und 14,3b. (Siehe die Besprechung der Stellen.)

d e r N e u l i n g : *ḥōdeš* hat Übersetzern und Kommentatoren bisher große Schwierigkeiten bereitet[246]. Man braucht m.E. aber nicht einmal die Vokale zu ändern, geschweige denn die Konsonanten, wenn man sich vor allem Dtn 32,16-18 vor Augen hält :

V. 16 Sie erregten seinen Eifer mit Fremden (Götzen, *bezārîm*), mit Greueln reizten sie ihn zum Zorn.
V. 17 Sie opferten den Dämonen, ...
Neuen (*ḥădāšîm*), die erst jüngst kamen, ...
V. 18 Den Fels, der dich hervorgebracht (*yelādekā*), hast du vergessen, ...

Außer der sachlichen Parallele fällt das Wortfeld auf, *zārîm*, *ḥădāšîm*, *yālad*, das diese Stelle mit Hos 5,7 gemeinsam hat. Daß es sich hier nicht um einen Zufall handeln kann, beweisen andere Gemeinsamkeiten zwischen Hosea und Dtn 32, nicht zuletzt ein noch umfangreicheres Wortfeld in Dtn 32,38b-41 einerseits und Hos 5,13b-6,2 andererseits[247]. Entsprechend möchte ich *ḥōdeš* hier in Hos 5,7 als „ Neuling " verstehen und damit als einen weiteren abfälligen Titel

---

[243] *ʿattâ* kommt vor in Hos 4,16 ; 5,3.7 ; 7,2 ; 8,8.10.13 ; 10,2.3 ; *weʿattâ* in Hos 2,12 ; 13,2.

[244] Siehe zum Dativsuffix Anm. 76 die Literatur.

[245] Vgl. etwa Joüon, Grammaire § 133d S. 405f.

[246] Siehe etwa die ausführliche Diskussion bei W. Rudolph S. 117f und bei H.W. Wolff S. 120 und 128f.

[247] Siehe den Exkurs „ Hosea und Dtn 32,1-43 " S. 35-39, besonders S. 38.

für Baal[248]. Dieser ist in den Augen Hoseas wirklich der Neue, der spätere Eindringling in Israels Bewußtsein gegenüber dem alten Gott Jahwe „vom Lande Ägypten her" (Hos 12,10; 13,4). — Die Vokalisierung der Masoreten *ḥōdeš*, die zur Verwechslung mit *ḥōdeš* „Neumond, Monat" führte, braucht m.E. nicht notwendig Fehlpunktierung zu sein. Vielmehr wird sie mit dem anderen Götzentitel *bōšet* in Hos 9,10 in irgendeiner Beziehung stehen. Denken wir nur an die in späterer Zeit angenommene verketzernde Aussprache gewisser Nomina mit den Vokalen von *bōšet*[249] sowie an die Änderung des Namens von Sauls Sohn *'îš ba'al* in *'îš bōšet* in 2 Sam 2,8ff.

Wenn übrigens Hosea den Baal einen Neuling nennt, so läßt das an eine ähnliche Lage im alten Ugarit und dessen Mythen denken. Auch da erscheint Baal als der aufsteigende junge Gott, der in Herrschaft, Macht und Bedeutung an die Stelle des obersten Gottes El tritt. Dieser hat zwar noch seine Titel und den Ehrenvorrang als Haupt des Pantheons inne, aber ohne in den Texten noch eine wirklich aktive Rolle zu spielen[250]. Hosea scheint demnach, wenn er in Baal einen Neuling sieht, in einer nicht nur israelitischen, sondern auch altkanaanäischen Tradition zu stehen.

i h r e G r u n d s t ü c k e: *ḥēleq* „Anteil, Grundstück" leitet sich von der Wurzel *ḥlq* „teilen" ab. Daneben gibt es die Wurzel *ḥlq* „glatt sein". Nun hat aber auch noch ein *ḥlq* III „zugrunde gehen" (ugaritisch *ḫlq*) im hebräischen Lexikon festes Hausrecht erhalten. In der Wendung *ḥālaq libbām* in 10,2 scheint Hosea mit allen drei Bedeutungen zu spielen: „Geteilt, glatt = falsch, erstorben ist ihr Herz"[251]. So ist zu fragen, ob hier in den *ḥălāqîm*, den Grundstücken, von denen gesagt wird, Baal werde sie verzehren (*'ākal*), nicht ebenfalls *ḥlq* III „zugrunde gehen" mitgehört werden soll. So hätte der Prophet in etwa wortspielerisch ausgedrückt, wie das Land selbst gleichsam den Keim der Zerstörung in sich trägt, wenn Israel seinem Gott untreu wird. Man vergleiche etwa Gen 3,17: „Verflucht sei der Ackerboden um deinetwillen."

Zu der hier gegebenen Lösung vergleiche man schließlich auch bezüglich der Formulierung Jes 1,7b: *'admatkem lᵉnegdᵉkem zārîm*

---

[248] Siehe deren Zusammenstellung zu Hos 4,7 S. 42.

[249] Siehe etwa zu *tōpet* in Jer 7,31 W. Rudolph, Jeremia S. 56.

[250] Vgl. dazu etwa M.H. Pope, El in the Ugaritic Texts S. 29 und S. 103f; und D.N. Freedman, Festschrift W.F. Albright S. 205f.

[251] Siehe die Besprechung S. 120; dort auch Literaturhinweise zu *ḫlq* III.

'ŏkᵉlîm 'ōtāh „Euer Ackerland: vor euren Augen verzehren es Fremde"; und als gedankliche Parallele Jer 3,24a: *wᵉhabbōšet 'ākᵉlâ 'et yᵉgîaʿ 'ăbôtênû minnᵉʿûrênû* „Und der Schandgott fraß den Erwerb unserer Väter seit unserer Jugendzeit".

Exkurs: Weitere Vorschläge einer Qal-Passiv-Punktierung in nichthoseanischen Texten.

Eine Qal-Passiv-Punktation würde, wie mir scheint, die Lösung auch in folgenden Texten bringen:

In 1 Sam 4,2 möchte ich *wattuṭṭaš hammilḥāmâ* lesen statt des masoretischen *wattiṭṭōš*: „und die Schlacht breitete sich aus". Eine Partizipialform des Passiv Qal, *nuṭṭāš*, findet sich bereits in Jes 32,14 [252]. Im Nifal wird *nāṭaš* mehrfach von Feinden gebraucht, die ausschwärmen; so in Ri 15,9: *wayyaʿălû pᵉlištîm ... wayyinnāṭᵉšû balleḥî* „Da zogen die Philister herauf ... und sie breiteten sich bei Lechi aus" (siehe auch 2 Sam 5,18.22). Eine sachliche Parallele von sich ausbreitendem Kampf findet sich in 2 Sam 18,8: *wattᵉhî šām hammilḥāmâ nāpōṣet* (*q*) *ʿal pᵉnê kol hāʾāreṣ* „und der Kampf breitete sich dort über das ganze Land aus". — Im übrigen wird in der BHK³ zu 1 Sam 4,2 neben anderem auch bereits *wattinnāṭēš* vorgeschlagen, etwa dem *eklinen* der LXX entsprechend [253].

In Jes 23,5 schlage ich vor, *šūmaʿ*, Qal Passiv Perfekt, zu lesen statt *šēmaʿ*. Man vergleiche dazu die Angaben im Apparat der BHS.

Schließlich ließe sich vielleicht auch die crux in Ps 8,2 auf diese Weise lösen [254]. F.I. Andersen hat in seinem Artikel „Biconsonantal Byforms of Weak Hebrew Roots" auch auf das Vorhandensein einer zweiradikaligen Wurzelvariante *tn* im Hebräischen und Ugaritischen aufmerksam gemacht und dabei gemeint: „These [vorher genannten] examples should make one hesitate to reject *tāttā* (2 Sam 22,41) or even *tᵉnā* (Ps 8,2) as errors" [255]. — Ich möchte dieses *tᵉnâ* (diese Vokalisierung ist

---

[252] Siehe Zorell, Lexicon S. 515a.

[253] Beachtenswert ist, daß auch die samaritanische Tradition den masoretischen Konsonantenbestand der Form bezeugt: *wtṭš* (siehe J. Macdonald, The Samaritan Chronicle No. II I Samuel § E hebr. Text S. 45). — Das Targum übersetzt *wᵉʾitrᵉṭîšû* „sie zerstreuten sich" (A. Sperber, The Bible in Aramaic II S. 101). — H.W. Hertzberg, Samuelbücher S. 33 Anm. 2 meint: „Kal wird hier gebraucht wie sonst Nifal ...".

[254] Eine gute Übersicht über die Lösungsvorschläge der jüngsten Zeit mit Besprechung gibt J.A. Soggin, VT 21 (1971) 566-568. Doch ist noch der Vorschlag von D.W. Young, VT 10 (1960) 459, hinzuzufügen, der *tᵉnâ* als passiv verstandenen Infinitiv von *tn* „geben" nach dem Primae-Waw-Typ erklärt (wie *lēdâ* und *dēʿâ*) und dessen Übersetzung sich mit meiner deckt.

[255] ZAW 82 (1970) 273f.

allerdings unsicher) als passive Qatala-Form [256] von jener Wurzelvariante lesen. Die Übersetzung dieser Stelle wäre dann die der LXX (und Vulgata): *hoti epērthē hē megaloprepeia sou hyperanō tōn ouranōn* „Denn erhaben ist deine Hoheit über die Himmel". — Das dreiradikalige Verbum *nātan* kommt sonst noch mit *hôd* als Objekt vor, dreimal sogar im Ausdruck *nātan hôd ʿal* [257]. Zweiradikalige Formen erscheinen mit Synonymen, von Jahwe gebraucht: Jos 7,19 *w^{e}ten lô tôdâ*; Jer 13,16 *t^{e}nû ... kābôd*; Ps 68,35 *t^{e}nû ʿōz lēʾlōhîm*; Ps 86,16 *t^{e}nâ ʿuzz^{e}kā*. — Daß schließlich in Ps 8,2 das *ʾăšer* textkritisch nicht angezweifelt zu werden braucht, hat H.J. Kraus [258] mit dem Hinweis auf andere Beispiele in den Psalmen gezeigt.

Hos 5,8

tiqʿû šôpār baggibʿâ *ḥăṣōṣ^{e}râ bārāmâ*
hārîʿû bêt ʾāwen *ʾaḥărê-kī* (MT *ʾaḥărèkā*) *binyāmîn*

Stoßt in das Horn zu Gibea, in die Trompete zu Rama,
erhebt das Kriegsgeschrei zu Bet Awen, ihr Nachkommen Benjamins!

Der Ausdruck *ʾaḥărèkā binyāmîn* ist bis heute noch nicht geklärt. H.W. Wolff orientiert sich an der Lesung der LXX (*eksestē*) und liest nach anderen Autoren *haḥărîdû*, ebenso A. Deissler [259]. W. Rudolph, M.J. Buss [260], die NEB und BHS bleiben beim masoretischen Text: „dir nach, Benjamin!" (Rudolph, ähnlich Buss); „Benjamin, we are with you!" (NEB).

Nun besteht sicher kein Zweifel darüber, daß sich der Ausdruck hier nicht erklären läßt ohne Rücksicht auf Ri 5,14a, wo er ebenfalls vorkommt. Ich möchte, einer Anregung M. Dahoods [261] folgend, *ʾaḥărê-kī binyāmîn* lesen, grammatisch gesehen eine Konstruktusverbindung

---

[256] Zu Qatala-Formen der 3. Person Singular maskulin siehe die Zusammenstellung der Beispiele in den Psalmen bei Dahood, Psalms III S. 386f; ferner Dahood, UHP S. 20.

[257] Num 27,20 *w^{e}nātattâ mēhôd^{e}kā ʿālāyw*; Spr 5,9 *pen tittēn laʾăḥērîm hôdekā*; Dan 11,21 *w^{e}lōʾ nāt^{e}nû ʿālāyw hôd malkût*; 1 Chr 29,25 *wayyittēn ʿālāyw hôd malkût.*

[258] Psalmen S. 65; — die Hinweise auf Ps 129,6 und Ps 139,5 sind wohl Druckfehler.

[259] Wolff S. 134; Deissler S. 70.

[260] Rudolph S. 123 und 126f; Buss S. 13.

[261] Privater Hinweis.

mit eingeschobenem *kī*, eine Konstruktion, wie sie sich noch in Hos 2,8 und 8,5 findet [262]. Wie H.J. van Dijk [263] gezeigt hat, kommt in dieser Konstruktion *kī* besonders vor Personen- und Ortsnamen vor. Einen Eigennamen haben wir hier ja. Die Wurzel *'ḥr* wird in der Bibel auch sonst für Nachkommenschaft verwendet [264].

Diese Lösung wird von Ri 5,14a her bestätigt :

> *minnî 'eprayim šoršām ba'ămālēq*
> *'aḥărê-kī* (MT *'aḥărèkā*) *binyāmîn ba'ămāmèkā*

Können wir den Text bis heute auch noch nicht ohne Konsonantenänderung vollständig und sinnvoll übersetzen, so zeigt sich bei unserer Lösung doch schon ein feiner poetischer Aufbau : *'eprayim* steht mit *binyāmîn* in Parallele und *šoršām* mit *'aḥărê-kī*. *šōreš* aber hat im metaphorischen Sinne ja auch die Bedeutung „ Nachkommenschaft, Sprößling " [265]. Beide Parallelpaare weisen zudem chiastische Wortstellung auf, und schließlich dürfte das emphatische *kī* irgendwie parallel zum Suffix von *šoršām* stehen [266]. Zu beachten ist als Feinheit wahrscheinlich auch das spielerische Zueinander von *šōreš* und *bēn* im Namen *binyāmîn*. Wir finden beide Nomina parallel in 2 Aqht : I : 19f und Parr.[267].

Zu Hos 5,8 seien anhangsweise noch zwei Beobachtungen angefügt : Erstens weist der Vers die Silbenfolge 7+7+6+7 auf. Könnte man angesichts der Tatsache, daß man bei Hosea nicht selten einem gleichmäßigen Silbenverhältnis begegnet [268], fragen, ob im dritten Stichus nicht *bᵉbêt 'āwen* statt *bêt 'āwen* zu lesen ist ? — Ferner läßt einen das *eksestē Beniamin* der LXX an Ps 68(67),28a denken, wo es in der LXX heißt : *ekei Beniamin neōteros en ekstasei*. Liegt hier eine rein zufällige Ähnlichkeit innerhalb der griechischen Tradition vor ?

---

262 Siehe die Besprechung der Stellen S. 14f und 106.

263 Tyre S. 71 ; siehe aber auch in der vorliegenden Arbeit zu Hos 2,8 S. 14f.

264 Siehe HALAT S. 36a s.v. *'aḥărît*. Vgl. als sachlich hinführend auch Gen 17,8 : *wᵉnātattî lᵉkā ûlᵉzar'ăkā 'aḥărèkā 'ēt 'ereṣ mᵉgūrèkā* ... „ und ich gebe dir und deiner Nachkommenschaft nach dir das Land deiner Fremdlingschaft..."

265 Siehe M. Dahood, Psalms II S. 15.

266 Siehe dazu oben zu Hos 2,8 S. 14.

267 Siehe M. Dahood, Psalms II S. 15 und RSP I S. 147 (dort Hinweis auf die parallelen Wurzeln in Ijob 5,3f) sowie A.C.M. Blommerde, Job S. 44 zu Ijob 5,2f.

268 Siehe die Zusammenstellung von regelmäßigen Silbenfolgen, auch von zwei gleichsilbigen Viererreihen, zu Hos 12,1f S. 146.

Hos 5,14

kî 'ānōkî kaššaḥal l^{e}*'eprayim*
w^{e}*kakk*^{e}*pîr l*^{e}*bêt y*^{e}*hûdâ*
'ănî 'ănî 'eṭrōp w^{e}*'ēlēk*
'eśśā' w^{e}*'ên maṣṣîl*

Denn ich bin wie ein Löwe für Ephraim
und wie ein Junglöwe für Judas Haus.
Ich, ich zerreiße und gehe davon,
schleppe weg, und niemand rettet.

ich bin ... Ich, ich: Wie C.H. Gordon (UT S. 35) bemerkt, hat das Hebräische beide Formen der 1. Person Singular des selbständigen Personalpronomens, *'ānōkî* und *'ănî*, unter den semitischen Sprachen nur mit dem Phönizischen und Ugaritischen gemeinsam. In UT 51 : IV : 59f begegnen sie sogar im Parallelismus wie hier bei Hosea :

pʿdb an ʿnn aṯrt
pʿdb ank aḫd ulṯ

Soll ich denn den Lakai der Aschera spielen,
und soll ich den spielen, der eine Maurerkelle hält [269] ?

Weitere Bibelstellen sowie Literatur und eine kurze Bemerkung siehe bei M. Dahood, RSP I S. 117.

wie ... wie: Der in der Bibel nicht seltene Parallelismus *k*^{e}*//k*^{e} hat im Ugaritischen eine ebenfalls recht häufige Entsprechung. Zwei Beispiele, UT 49 : II : 21-23 und die ähnliche Stelle UT 51 : VIII : 15-20, hatten wir oben zu Hos 4,16 S. 52 und Anm. 187. Des weiteren siehe Dahood, RSP I S. 224.

Hos 5,15a

Zum Nebeneinander der Verben *hālak* und *šûb*, die mit einiger Wahrscheinlichkeit in zwei ugaritischen Texten im Parallelismus vorkommen, siehe oben zu Hos 2,9b*α* S. 18f.

---

269 So nach Gordon, Ugarit and Minoan Crete S. 68 ; und Dahood, Psalms II S. 211 und ETL 44 (1968) 36.

ye'šemû kommt hier wohl von *'āšam* II „ zugrunde gehen “. Siehe zu Hos 14,1 S. 153f.

Hos 5,15(b); 10,14aβb; 11,4aα (Double-Duty Modifiers)

M. Dahood[270] hat vor einiger Zeit ein neues stilistisches Schema in der biblischen Dichtung entdeckt : Ein Versabschnitt, oft auch nur aus einem Wort bestehend, etwa einem Gottestitel im Vokativ, steht in der Mitte zwischen zwei (parallelen) Stichen und gehört inhaltlich zu beiden, „ modifiziert “ beide. Dahood nannte diese Erscheinung deshalb „ double-duty modifier “ [271]. Seinerzeit brachte er etwa dreißig Beispiele aus den Psalmen und eines aus den Sprüchen, indem er betonte, diese Erscheinung sei nicht auf die Psalmen beschränkt[272]. Die hier folgenden Stellen sollen zeigen, wie sie auch dem Propheten Hosea nicht fremd ist und sich außerdem noch in anderen biblischen Büchern findet. (Hierzu siehe den anschließenden Exkurs.)

5,15(b) : *ûbiqešû pānāy* 6 Silben
baṣṣar lāhem 4
yešaḥărūnenî 6

Und sie werden suchen mein Angesicht,
wenn sie in Not sind,
sie werden eifrig nach mir verlangen.

Wie die Silbenverteilung und der Inhalt zeigen, bestimmt *baṣṣar lāhem* als double-duty modifier den vorhergehenden und den folgenden Stichus. Aus diesem metrischen Grund erklärt sich wohl auch die längere Form *yešaḥărūnenî*. Einen Beweis dafür, daß dieses Schema nicht rein subjektiv aus dem Zusammenhang herausgerissen ist, bietet die Silbenzahl in den beiden vorhergehenden Zeilen 14b und und 15a (bis *ye'šemû*). Beide weisen je 9+6 Silben auf bei je 4+3 Akzenten. Dieses Ergebnis zeigt übrigens, daß O. Procksch seinerzeit in der BHK³ die Verszeilen glücklicher abgetrennt hat, gegen die Masoreten, als wir es jetzt in der BHS finden. Ferner beweist er auf seine Weise

[270] CBQ 29 (1967) 574-579 ; siehe jetzt auch Psalms III S. 439-444.

[271] CBQ 29 (1967) 574 schreibt er : „ The term double-duty modifier also proves useful because it puts this metrical scheme in a class with double-duty suffixes, prepositions, vocatives, interrogatives, etc., that have been receiving increased attention in recent years “. — Zu den übrigen im Zitat genannten Double-duty-Erscheinungen siehe in der vorliegenden Arbeit Anm. 77.

[272] CBQ 29 (1967) 579. — W.A. van der Weiden, Proverbes S. 64, fand diese Erscheinung auch in Spr 5,22.

dadurch, daß er *ûbiqᵉšû pānāy* hinter *yᵉšaḥărūnᵉnî* versetzen wollte, wie diese beiden Stichen durch den double-duty modifier aufeinander zugeordnet sind.

10,14aβb: *kᵉšōd šalman bêt 'arbē'l* 7 Silben
bᵉyôm milḥāmâ 5
'ēm 'al bānîm ruṭṭāšâ 7

Wie Salman Bet-Arbel vernichtete
am Tage der Schlacht,
da Mutter samt Kindern zerschmettert wurde.

Diese poetische Anordnung zeigt auch, daß man die Frage der BHS, ob der letzte Stichus von V. 14 ein additum sei, negativ beantworten muß.

11,4aα: *baḥăbālay 'ādēm* (MT *bᵉḥablê 'ādām*) 6 Silben
'emšᵉkēm 3
ba'ăbōtôt 'ahăbâ 7

Mit meinen Seilen, mit beiden Händen
zog ich sie,
mit Stricken der Liebe.

Zur Erklärung dieser Lesung und Übersetzung siehe die Besprechung S. 132f.

Exkurs: Double-Duty Modifiers in anderen biblischen Büchern.

a) Vokativ als double-duty modifier:

Jes 26,7
'ōraḥ laṣṣaddîq mêšārîm 8 Silben
yāšār 2
ma'gal ṣaddîq tᵉpallēs 7
Der Weg des Gerechten ist Geradheit,
o Rechtlicher,
den Pfad des Gerechten ebnest du.

D.W. Thomas möchte in der BHS *yāšār* mit der LXX streichen. Aber der Aufweis, daß es sich bei diesem Wort wohl um einen Gottestitel im Vokativ [273] handelt, eine Bezeichnung, die auch sonst noch für Gott vor-

[273] Vgl. die Gottestitel im Vokativ als double-duty modifier in den Psalmen: Dahood, Psalms III S. 439-441.

kommt [274], und daß dieses Wort hier als double-duty modifier fungiert, dürfte wohl von einer Streichung abraten.

Hld 4,1a*α*

hinnāk yāpâ 4 Silben
raʿyātî 3
hinnāk yāpâ 4
Ja, du bist schön,
meine Freundin,
ja, du bist schön.

Hld 4,7

kullāk yāpâ 4 Silben
raʿyātî 3
ûmûm ʾên bāk 4
Ganz schön bist du,
meine Freundin,
und kein Makel ist an dir.

Diese beiden Stellen bilden die Inklusion des Liedes Hld 4,1-7.

b) Nicht-Vokativ als double-duty modifier:

1 Sam 15,22b

hinnēh šᵉmōaʿ mizzebaḥ 8 Silben
ṭôb 1
lᵉhaqšîb mēḥēleb ʾêlîm 8
Siehe, gehorchen ist besser als Opfer,
aufmerken besser als Widderfett.

Was hier im Deutschen zweimal wiedergegeben werden mußte: „besser", steht im Hebräischen einmal in der Mitte: *ṭôb*.

Jes 16,8a*α*

kî šadmôt ḥešbôn 5 Silben
ʾumlāl 2
gepen śibmâ 4
Denn das Gefilde [275] von Hesbon
ist verwelkt,
die Weinstöcke Sibmas.

---

[274] Siehe Dahood, Psalms I S. 71.

[275] Zur Bedeutung des Wortes *šadmôt/šᵉdēmôt* siehe N.J. Tromp, Primitive Conceptions S. 50-53, mit weiterer Literatur.

Jes 28,24

hăkōl hayyôm yaḥărōš haḥōrēš	10 Silben
lizrōaʿ	3
y^epattaḥ wîšaddēd ʾadmātô	9

Pflügt der Pflüger allezeit,
ohne zu säen,
reißt auf und furcht um seinen Acker?

lizrōaʿ wird in der BHK³ wie auch in der BHS als „fortasse delendum" bezeichnet. Die BJ und W. Eichrodt[276] beispielsweise lassen es tatsächlich aus. Und wirklich, wenn man es mit „um zu säen" übersetzt, gilt das, was B. Duhm[277] schreibt, der *lizrōaʿ* für eine unberufene Glosse zu *y^epattaḥ* hält: „Wenn der Bauer pflügt, um zu säen, also pflügt und säet, so kann man den Satz gar nicht verneinen, weil er allerdings, so lange er Bauer ist, allezeit pflügt und säet. Freilich pflügt er, um zu säen, aber beides soll hier in Gegensatz zu einander gestellt werden: er pflügt nicht immer, sondern säet auch." Aber mit der Erkenntnis, daß die Präposition *l^e* auch im separativen Sinne gebraucht werden und also da stehen kann, wo wir *min* erwarten würden[278], läßt sich die genannte Gegensätzlichkeit (vgl. auch den folgenden V. 25) sehr gut erhalten und aufzeigen, und sie wird im übrigen durch die Funktion von *lizrōaʿ* als double-duty modifier nur unterstrichen.

In Sach 10,1 finden wir, scheint's, dieses Schema sogar zweimal, in beiden Vershälften:

šaʾălû miyhwh māṭār	8 Silben
b^eʿēt malqôš	4
yhwh ʿōśeh ḥăzîzîm	7
ûm^eṭar gešem	5
yittēn lāhem	4
l^eʾîš ʿēśeb baśśādeh	7

Bittet Jahwe um Regen
zur Spätregenzeit,
Jahwe schafft die Wetterstürme.
Und Regenschauer
gibt er ihnen,
einem jeden Pflanzenwuchs auf seinem Felde.

---

[276] Der Herr der Geschichte S. 138.
[277] Jesaja S. 203; es folgt ihm auch F. Feldmann, Isaias I S. 337.
[278] Siehe dazu Anm. 227 die Literatur.

Nach dieser Deutung wäre die Zeilenanordnung in der BHK³ noch relativ günstiger als die in der BHS, in der im übrigen im Gegensatz zur BHK³ der Text geändert wird.

Spr 6,14

tahpūkôt b^e^libbô ḥōrēš	8 Silben
rā'	1
b^e^kol 'ēt m^e^dānîm (k) y^e^šallēaḥ	10

Verkehrtheit schmiedet in seinem Herzen
der Frevler,
zu jeder Zeit erzeugt er Zänkereien.

Etwa so übersetzt M. Dahood [279] den Vers, allerdings noch ohne den double-duty modifier zu erwähnen. Er weist darauf hin, daß sowohl *ḥāraš* II (ugaritisch *ḥrš*) wie *šālaḥ* II aus der Metallarbeitersprache stammen. Die Tatsache, daß die BHK³ das Wort *rā'* streichen wollte, ist für sich ein Hinweis auf die hier zu behandelnde stilistische Feinheit.

Spr 18,5

ś^e^'ēt p^e^nê rāšā'	6 Silben
lō' ṭôb	2
l^e^haṭṭôt ṣaddîq bammišpāṭ	8

Den Schuldigen zu begünstigen
ist ein Unrecht,
(und) den, der im Recht ist, vom Gerichtshof zu verdrängen.

Zur Übersetzung siehe M. Dahood, Proverbs and Northwest Semitic Philology S. 39. Zwar gibt die Anordnung des Spruches als eines reinen Doppelstichus sogar ein gleichmäßigeres Silbenverhältnis : 8+8. Dennoch legt m.E. der Inhalt es nahe, den double-duty modifier zu berücksichtigen.

Koh 5,14a

ka'ăšer yāṣā' mibbeṭen 'immô	10 Silben
'ārôm	2
yāšûb lāleket k^e^šebbā'	8

Wie er hervorging aus dem Leib seiner Mutter,
nackt,
so muß er wieder gehen, wie er gekommen.

---

[279] UHP S. 58 und 73. Der englische Wortlaut ist : „ The evil man fashions perversity in his mind, at all times he is forging discord."

Interessant ist es, hiermit die entsprechende Stelle in Ijob 1,21 zu vergleichen, in der das entscheidende Wort *ʿārôm* doppelt gesetzt ist:

ʿārōm yāṣātî mibbeṭen ʾimmî
weʿārōm ʾāšûb šāmmâ

Nackt bin ich hervorgegangen aus dem Leib meiner Mutter,
und nackt werde ich dahin zurückkehren.

Wir haben hier also zwei verschiedene Möglichkeiten vor uns, etwas in gehobener Sprache auszudrücken, wobei die Ijobstelle die Funktion des *ʿārôm* als eines double-duty modifier in Koh 5,14 in aufschlußreicher Weise bestätigt.

Koh 11,3

ʾim yimmālʾû heʿābîm	8 Silben
gešem	2
ʿal hāʾāreṣ yārîqû	7

Wenn die Wolken voll sind von Regen,
gießen sie ihn auf die Erde.

Im Deutschen können wir in diesem Falle das stilistische Schema besonders schlecht wiedergeben. Man beachte, wie *gešem* nach beiden Stichen hin als Akkusativ fungiert. Einen Kommentar zu Wirklichkeit und Bedeutung des double-duty modifier gibt auf seine Weise H.W. Hertzberg[280]: „*gešem*, das die Akzentuation zur ersten Zeile zieht (Merecha unter *heʿābîm*, Paschta über *gešem*), ist in der zweiten sinngemäß zu ergänzen; eine Einfügung von *mayim* in die zweite Zeile ‚metri causa' (Galling; vgl. Targum) ist ebensowenig nötig wie die metrische Hineinnahme von *gešem* in diese (Vulgata, BHK³)."

Hos 6,2abα

yeḥayyēnû miyyōmāyim
bayyôm haššelîšî yeqīmēnû

Er wird uns aufleben lassen nach zwei Tagen;
am dritten Tage wird er uns aufrichten.

Wie in der Bibel, so kommt auch in den ugaritischen Texten der Parallelismus zwei//drei mehrfach vor, z.B. in UT 51 : III : 17f:

[280] Prediger S. 199; verwiesen ist auf K. Galling, Prediger (1. Auflage!) S. 86.

ṯn dbḥm šna bʿl
ṯlṯ rkb ʿrpt

Zwei Opfermähler haßt Baal,
drei der Wolkenreiter.

Des weiteren siehe M. Dahood, RSP I S. 380.

Man beachte hier bei Hosea auch die chiastische Anordnung der Glieder. — Zu *ym*//*ym* „ Tag//Tag " im Ugaritischen siehe zu Hos 9,7a S. 116.

Hos 6,5

ʿal kēn ḥāṣabtî bᵉnībî ʾāyōm (MT *bannᵉbîʾîm*)
hăragtîm bᵉʾimrê pî
ûmišpāṭî kāʾôr (MT *ûmišpāṭèkā ʾôr*) *yēṣēʾ*

Deshalb habe ich sie geschlagen mit meinem furchtbaren Ausspruch,
habe sie getötet mit den Worten meines Mundes,
damit meine Gerechtigkeit scheine wie die Sonne.

Zu dieser Lesung und Übersetzung siehe M. Dahood, Bib 49 (1968) 362. *nîb* wird schon von Zorell (Lexicon S. 515a) in Jes 57,19 als „ eloquium " gedeutet. Hier bei Hosea bildet es eine gute Parallele zu *ʾimrê pî*. *ḥāṣabtî* partizipiert am Suffix von *hăragtîm* (double-duty suffix). *yāṣāʾ* hat hier und öfter die Nuance „ scheinen ", wie *ʾôr* zuweilen die Bedeutung „ Sonne " hat [281]. Die Wurzel *ʾym* findet sich möglicherweise auch in Hos 4,5 als *ʾēmâ* (siehe S. 33) und kommt so auch in Dtn 32,25 vor. Im Exkurs „ Hosea und Dtn 32,1-43 " wird gezeigt, wie eine solche Feststellung nicht ganz bedeutungslos ist (siehe besonders S. 36).

Der Parallelismus *bᵉ*//*bᵉ* in der Bedeutung mit//mit (Bet instrumentalis) kommt, wie zu erwarten, nicht nur im Hebräischen, sondern auch im Ugaritischen häufiger vor ; so beispielsweise in UT 49 : II : 31-34 :

[281] Siehe HALAT S. 24a und Blommerde, Job S. 131.

bḥrb tbqʿnn
bḫṯr tdrynn
bišt tšrpnn
brḥm tṭḥnn

(Sie, Anath, ergreift den Gott Mot :)
Mit einem Schwert spaltet sie ihn,
mit einer Worfschaufel worfelt sie ihn,
mit Feuer verbrennt sie ihn,
mit Mühlsteinen zerreibt sie ihn.

Des weiteren siehe M. Dahood, RSP I S. 135. — Zu *bᵉ//bᵉ* von, aus//von siehe RSP I S. 134 sowie in dieser Arbeit zu Hos 7,14 S. 96f.

Hos 6,7

wᵉhēmmâ kᵉʾādām ʿābᵉrû bᵉrît
šām bāgᵉdû bî

Aber seht, wie den Erdboden traten sie mit Füßen meinen Bund;
schaut, untreu waren sie gegen mich.

Daß hier *hēmmâ* wie auch das parallele *šām* „ siehe " bedeuten, hat M. Dahood bereits früher gezeigt [282]. Der Ausdruck *kᵉʾādām* war damals letztlich noch offen geblieben, wiewohl Dahood unter Hinweis auf Ijob 31,33 eine Änderung in *bᵉʾādām* ablehnte [283]. Tatsächlich entscheidet man sich aber auch heute noch gewöhnlich für diese Konjektur [284], eben weil das *šām* in V. 7b noch als „ dort " verstanden

[282] Bib 38 (1957) 307. — Ein wahrscheinliches Beispiel von *hēm* „ siehe " bei Hosea fanden wir in 5,7 (S. 67f).

[283] Dahood übersetzte damals " like man ", gab aber auch die Wiedergabe „ like Adam " frei. Zur Übersetzung von Ijob 31,33 siehe zunächst Blommerde, Job S. 116, der um des Parallelismus mit *bᵉḥubbî* „ in meinem Busen " willen *kᵉʾādām* als *kᵉʾādēm* liest, „ gleichsam in meinen Händen " (kontrahierter Dual von *ʾād* = *yād* ; siehe dazu in der vorliegenden Arbeit zu Hos 11,4 S. 132). — Eine andere Übersetzungsmöglichkeit von Ijob 31,33 teilte mir neuestens Dahood privatim mit, und sie gefällt mir besser als die soeben genannte : „ Wenn ich wie der Erdboden meine Sünden bedeckte, indem ich meine Schuld in dessen Busen verbarg." Bei dieser Übersetzung bliebe *kᵉʾādām* unverändert, und das Suffix an *bᵉḥubbî* wäre das der 3. Person Singular (siehe hierzu in der vorliegenden Arbeit Anm. 454 die Literatur).

wird und als solches einen voraufgehenden Ortsnamen zu fordern scheint [285]. Aber auf der Grundlage, daß *hēmmâ*//*šām* hier als „ siehe " zu verstehen sind [286], und mit der Entdeckung, daß *'ādām* an einer Reihe biblischer Stellen die gleiche Bedeutung hat wie *'ădāmâ*, nämlich „ Erdboden ", läßt sich nach Dahood [287] dieser Vers wie oben angegeben übersetzen. Dafür spricht folgender Text (Jes 51,23): „ Ich will ihn (den Kelch) in die Hand deiner Peiniger geben, welche zu dir sprachen: *šᵉḥî wᵉnaʿăbōrâ wattāśîmî kāʾāreṣ gēwēk wᵉkaḥûṣ laʿōbᵉrîm* , Bücke dich, damit wir über dich hinwegschreiten können!ʻ Und du machtest zum Erdboden deinen Rücken und zum Weg für die, die darauf gehen."

Schließlich ist in Hos 6,7 noch auf das double-duty suffix an *bî* hinzuweisen, das es durchaus erlaubt, *bᵉrît* mit „ meinen Bund " zu übersetzen, wie es jetzt die NEB tut („ my covenant ") und unter den alten Übersetzungen der Syrer und das Targum [288].

Scholion: Neuerdings versucht J.C. de Moor [289] den Beweis zu erbringen, daß man in den bisher veröffentlichten ugaritischen Texten nirgendwo für *hm* die Bedeutung „ siehe ", hebräisch *hinnēh* anzusetzen braucht, daß es vielmehr überall den Bedeutungen des hebräischen *'im* und dessen Stammverwandten entspricht. Siehe als Antwort darauf schon L. Sabottka, Zephanja S. 94 Anm. 123. Zu Beispielen von hebräisch *hēmmâ* „ siehe " macht de Moor nebenbei folgende Bemerkung: „ Inevitably, some instances of the latter meaning were wrested from the Old Testament ", und er verweist dabei in der Anmerkung auf T.F. McDaniel, Bib

---

[284] So Weiser; Wolff; Deissler; Rudolph; Pattloch-B; BJ; RSV; HALAT S. 14b s.v. *'ādām* V; die NEB übersetzt „ At Admah ". Buss (S. 14) ist bei der Konjektur *bᵉ'ādām* unsicher: „ Read thus? One must note, however, that in ancient Hebrew script *b* and *k* are not similar." Die BHS notiert sie als probabiliter legendum.

[285] Eine gute Diskussion dieser Frage nach dem bisherigen Verständnis bietet Rudolph S. 141f; vgl. auch Wolff S. 135.

[286] Eine ähnliche Stelle, in der sich sogar *hinnēh*, *hēmmâ* und *šām* in Parallele finden, haben wir in Ps 48,5-7: siehe Dahood, Psalms I S. 288 und 291.

[287] Psalms III S. 40; dort auch weitere Stellen mit *'ādām* „ Erdboden, Land " sowie die neuere Bibliographie. Diese Übersetzung von Hos 6,7 ist auch angenommen von D.J. McCarthy, Bib 53 (1972) 113.

[288] Rudolph (S. 142) hält die Voraussetzung, daß es sich hier um den Jahwebund handelt, für unbegründet. Wolff (S. 155) dagegen schreibt: „ Daß *bᵉrît* hier nicht irgendeinen Vertrag meint, sondern die Gemeinschaft mit Jahwe, beweist b: , gegen mich handeln sie treulos ʻ "; vgl. auch D.J. McCarthy, Bib 53 (1972) 113.

[289] UF 1 (1969) 201f.

49 (1968) 34, der in Klgl 1,19 ein *hēmmâ* im Sinne von *hinnēh* deutet. Aber gerade hier, so muß ich zugeben, kann ich McDaniels Erklärung ebensowenig folgen wie de Moor. Der Text heißt: *qārā'tî lam^{e}'ahăbay hēmmâ rimmûnî.* Nach McDaniel „there is no apparent reason why the subject of the verb should be emphasized since it is the verb, the action of the ‚lovers', which demands attention. If *hēmmāh* is the pronoun it is simply an extra word used to extend the line metrically." Aber hier geht es doch um einen Gegensatz, der sich nicht nur auf die Handlung, sondern gerade auch auf das Subjekt der Handlung erstreckt. Die LXX[290] gibt den hebräisch asyndetisch ausgedrückten Gegensatz sinngemäß sehr gut wieder: *Ekalesa tous erastas mou, autoi de parelogisanto me.* Ein ganz ähnlich konstruierter Satz findet sich beispielsweise in Jes 1,2, nur mit Waw statt der Asyndese: *bānîm giddaltî w^{e}rômamtî w^{e}hēm pāš$^{e\text{c}}$û bî.* Auch hier übersetzt die LXX: *Hyious egennēsa kai hypsōsa, autoi de me ēthetēsan.*

Mag auch Klgl 1,19 als Beispiel für *hēmmâ* „siehe" nicht recht überzeugend sein, so wird man m.E. aber sicherlich nicht von allen bisher gefundenen und genannten Beispielen sagen können, sie seien mit Gewalt dem Bibeltext abgerungen. In Hld 3,10f bringt die Annahme eines single writing, durch das wir ein *hēmmâ* „siehe" erhalten, eine brauchbare Lösung der dortigen Schwierigkeit[291]:

(... *'ahăbâ*) *hēmmā b^{e}nôt* (MT *mibb^{e}nôt*) *y^{e}rûšālaim ṣ^{e}'ènâ*
ûr^{e}'ènâ b^{e}nôt ṣiyyôn bammelek š^{e}lōmōh

Ja, ihr Töchter Jerusalems, kommt heraus,
und seht euch satt, ihr Töchter Sions, am König Salomo.

In diesem Beispiel läßt *hēmmâ.* soviel ich sehe, keine andere Bedeutung zu als die des hebräischen *hinnēh.* Es wäre zu wünschen, daß sich noch andere Stellen dieser Art finden lassen, in denen also nicht ein dem *hēmmâ* (unmittelbar) folgendes Verbum in der 3. Person Plural oder ein Partizip im Plural o.ä. die Sache verunsichern.

Was Hosea angeht, so möchte ich einstweilen noch auf folgende Beobachtung aufmerksam machen: Wenn wir kontrollieren, wie oft in diesen vierzehn Kapiteln des Buches die Partikel *hinnēh* gebraucht ist (*hēn* fehlt ganz), so stellen wir fest, daß sie dreimal vorkommt: in 2,8. 16; 9,6. Das ist im Vergleich etwa mit den übrigen Büchern des Dodekapropheton eine auffällig geringe Zahl. Amos beispielsweise mit seinen

---

[290] Vgl. etwa auch die deutsche Ausgabe der BJ: „Ich rief nach meinen Liebsten, doch diese ließen mich im Stich."

[291] Siehe die genauere Besprechung dieser Stelle im Exkurs „Weitere (mögliche) Beispiele für shared consonants ..." unter He S. 62f.

neun Kapiteln weist sie vierzehnmal auf[292]. Wenn man dann andererseits etwa bei H.W. Wolff die Beobachtung liest: „... die Einführung der Schuldigen mit voraufgestelltem *hēmmâ* entspricht typisch hoseanischem Stil ...“[293], so läßt einen das aufhorchen. In Hos 6,7 paßt, wie wir sahen, *hēmmâ* „siehe“ recht gut; ja, diese Annahme ist dort zusammen mit dem parallel verstandenen *šām* sogar der Weg, an einer Konsonantenänderung (*kᵉʾādām* in *bᵉʾādām*) vorbeizukommen. Ich würde hier auch noch auf 8,9.13b tippen. Aber wir müssen uns wohl einstweilen in der Unsicherheit bescheiden.

---

[292] Im einzelnen ergibt eine Zählung in S. Mandelkerns Konkordanz (S. 334-339 und 1271f und 1276f) folgendes Bild (dabei sind einerseits die Vorkommen von *hēn* und *wᵉhēn* sowie *hinnēh*, *wᵉhinnēh* mit und ohne Suffixen gezählt, andererseits *hēm*, *wᵉhēm*, *hēmmâ* und *wᵉhēmmâ*):

	hinnēh usw.	*hêmmâ* usw.
Hosea	3	13
Joel	3	0
Amos	14	0
Obadja	1	0
Jona	0	0
Micha	2	1
Nahum	4	1
Habakuk	4	0
Zefanja	1	2
Haggai	2	0
Sacharja	21	6
Maleachi	6	1

Diese Statistik ist natürlich nur cum grano salis zu verstehen. Hält man sich aber die verschiedene Länge der einzelnen Schriften vor Augen, so fällt die Seltenheit von *hinnēh* bei Hosea doch auf. Zugleich scheint sich bei der Seltenheit von *hēmmâ* in den übrigen Schriften eine gewisse Wechselbeziehung zwischen *hinnēh* und *hēmmâ* im groben abzuzeichnen.

[293] S. 187. Wolff nennt dort folgende Stellen: 3,1; 4,14; 6,7; 7,13; 8,4.9; 9,10; 13,2. Vgl. auch M.J. Buss S. 74f und dort Anm. 91.

Hos 6,8.9a

gilʿād qiryat pōʿălê ʾāwen
ʿăqubbâ middām
ûkᵉḥakkê ʾîš gᵉdûdîm
ḥeber kōhănîm
derek yᵉraṣṣᵉḥû šekmâ

Gilead ist eine Stadt von Übeltätern,
mit Spuren von Blut;
und wie eine Räuberschar lauert,
so eine Rotte von Priestern.
Auf dem Weg nach Sichem morden sie.

G i l e a d : Gilead als Stadtname erinnert an den in einer Arbeiterliste aus Ugarit vorkommenden Ortsnamen *gt glʿd* („Kelter von Gilead"): UT 170:2 *bnš gt glʿd* „das Personal von Gat Gilead".

l a u e r t : *ḥakkê* wird gewöhnlich noch als abnorm geschriebener Infinitivus absolutus Piel von *ḥākâ* „warten" erklärt, der hier den Infinitivus constructus ersetze [294]. H.S. Nyberg [295] aber sah diese Form als Infinitivus constructus auf *-ê* an, den er bei den Verben Lamed-He als zu den Sonderzügen des Altnordhebräischen gehörig vermutete. In *šᵉtê* in Hos 10,10 sah er ein weiteres Beispiel dieser Art. Im Ugaritischen finden sich Infinitivus-constructus-Formen wie *bbk*, zu vokalisieren *ba-bakī* „im Weinen" [296]. Ob da nicht eine Beziehung besteht zwischen diesen Formen und *ḥakkê* in Hos 6,9 [297] ?

e i n e R o t t e : In der BHS findet sich die Angabe, die LXX habe hier *ekrypsan*; mit Rücksicht auf Ijob 24,4 *fortasse legendum ḥubbᵉʾû* statt *ḥeber*. Neben anderem spricht aber der gewisse Parallelismus zwischen *qiryâ* und *ḥeber*, der sich im Ugaritischen wieder-

---

[294] Siehe etwa W. Rudolph S. 142, der auf E. König, Lehrgebäude II/2 § 225b S. 118f, und BL § 57t" S. 424 verweist.

[295] S. 43 und 79.

[296] Siehe C.H. Gordon, UT § 9.52 S. 89, und R. Meyer, Grammatik II § 82,2h S. 160.

[297] In Hos 11,2 findet sich ein Infinitivus absolutus, allerdings von einem Verbum Lamed-Alef, *qārāʾ* „rufen", der wahrscheinlich auch nach der ugaritischen Morphologie zu vokalisieren ist: *qārāʾû* statt *qārᵉʾû* (siehe die Besprechung der Stelle S. 129). So wäre es m.E. nicht überraschend, wenn *ḥakkê* ebenfalls diesem altkanaanäischen Formensystem nahestünde.

findet, für das Urteil W. Rudolphs (S. 143): „... es ist kein Grund, vom MT abzugehen". In Krt: 80-82 (//172-173) heißt es:

ʿdb akl lqryt
ḥṭt lbt ḫbr

Bereite Korn für die Stadt,
Weizen für das Hauswesen von Ḫbr [298].

Siehe dazu jetzt auch M. Dahood, RSP I S. 84 und 330 (dort ist Krt: 172-173 hinzuzufügen).

Auf dem Weg nach Sichem morden sie: D.N. Freedman [299] bringt diese Stelle neben 8,2 und 14,3 als Beispiel einer durch ein Verbum unterbrochenen Konstruktuskette und weist zur Begründung auf *derek ʾeprātâ* in Gen 35,19 und *derek timnātâ* in Gen 38,14 hin.

Hos 7,1aβb

... *weniglâ ʿăwōn ʾeprayim*
werāʿôt šōmerôn
kî pāʿălû šāqer
wegannāb yābôʾ
pešāṭ (MT *pāšaṭ*) *gedûd baḥûṣ*

... dann offenbart sich die Schuld Ephraims
und die Schlechtigkeit Samarias,
denn sie üben Trug.
Der Dieb kommt,
und die Räuberbande durchstreift die Straßen.

die Schlechtigkeit: Die als Plural erscheinende Form *rāʿôt* inmitten der Singulare *ʿăwōn* und *šeqer* erregt Anstoß. Es kommt hinzu, daß LXX, Syrer und Vulgata die Form singularisch übersetzen und außerdem in 7,2.3 jeweils ein Singular dieses Nomens steht: *rāʿātām*. So entscheiden sich u. a. Nowack, Robinson und Wolff [300] für

[298] Zu *akl* in der Bedeutung „Korn, Getreide" siehe M. Dahood, UHP S. 50. Zu *bt ḫbr* siehe etwa UT Glossary Nr. 924 S. 400 sowie HALAT S. 276 s.vv. *ḥbr* II und *ḥeber* I.

[299] Bib 53 (1972) 536. — Zu den auch von Freedman gebrachten Stellen Hos 8,2 und 14,3 siehe die Besprechung in dieser Arbeit S. 102f und 155f.

[300] W. Nowack S. 44; T.H. Robinson S. 26; H.W. Wolff S. 135. Die NEB

singularische Vokalisierung *rāʿat*. Aber da im Phönizischen *-ōt* die normale Feminin-Singular-Endung ist, die sich auch zuweilen in der Bibel findet[301], läßt sich an der masoretischen Vokalisierung auch bei — m.E. richtiger — singularischer Übersetzung durchaus festhalten. Man vergesse nicht, daß Hosea aus dem Nordreich stammt[302].

Wenn man nun fragt, warum sich gerade hier die phönizische Endung findet, während in den VV. 2 und 3 ganz normales *rāʿātām* steht, so möchte ich meinen: aus Gründen des Gleichklangs; *rāʿôt* ist an *ʿāwōn* und *šōmᵉrôn* angeglichen. Ähnliche Fälle mit dem Vokal *ō* werden sich uns in 7,5 — dort möglicherweise — und in 10,1 zeigen, auf deren Besprechung hier verwiesen sei[303].

u n d . . . d u r c h s t r e i f t: M. Dahood[304] sieht hier die Konjunktion *pa* „und" und das Verbum *šûṭ* „umherstreifen", das als Verbum der Bewegung auch gut zu *yābô'* passe. Er verweist dabei auf Jer 5,1: *šôṭᵉṭû bᵉḥûṣôt yᵉrûšālaim* „Durchstreift die Straßen Jerusalems". Ein neues Argument bildet jetzt die Tatsache, daß im Ugaritischen mehrfach der Parallelismus *w//p* vorkommt, den wir hier bei Hosea haben; so in 1 Aqht: 167f:

ʿwr yštk bʿl
lht wʿlmh
ʿnt pdr dr

Blind mache dich Baal
von nun an bis in Ewigkeit,
jetzt und für immer.

Des weiteren siehe dazu Dahood, RSP I S. 174[305].

---

hält wohl am Plural fest, geht aber der damit verbundenen Härte durch eine freie Wiedergabe aus dem Weg: „and all the wickedness of Samaria".

[301] Siehe Blommerde, Job S. 11f, mit Beispielen und weiterer Literatur; ferner Dahood, Psalms II und III Index of Subjects s.v. Phoenician feminine singular ending *-ōt*.

[302] Weitere phönizisch-norddialektische Vokalisierungen finden sich mit mehr oder weniger Sicherheit in Hos 4,8 (*napšô*) und 7,5 (*yādô*) — hier jeweils als mögliche nordische Akkusativendung —, ferner in 2,10 (*ʿāśû* als Infinitivus absolutus). Siehe die Besprechung der Stellen.

[303] S. 92 und S. 119. Zu Assonanz, Alliteration u.ä. bei Hosea siehe etwa M.J. Buss S. 38-41.

[304] Proverbs and Northwest Semitic Philology S. 53f Anm. 7. — Zu *pa* „und" im Hebräischen siehe jetzt auch Dahood, Bib 51 (1970) 393-395, mit weiterer Literatur.

[305] Zu Hos 4,2, von Dahood dort auch angeführt, siehe in dieser Arbeit S. 26 Anm. 87.

Hos 7,3

b^erā'ātām y^eśamm^eḥû melek
ûb^ekaḥăšêhem śārîm

Mit ihrer Bosheit beglücken sie einen König
und mit ihrer Falschheit Fürsten.

M. Dahood machte mich privatim darauf aufmerksam, daß hier, wo es um König und Fürsten geht, beim Wort *kaḥaš* „Lüge, Trug" doch wohl auch *kḥš* (Vokalisierung unbekannt) „Thron" mitgehört werden muß, wie Hosea ja auch sonst mit Doppeldeutigkeiten nicht spart [306]. *kḥš* „Thron" entspricht dem ugaritischen *kḥṯ* „Thron, Stuhl". Siehe dazu S. und S. Rin, BZ 11 (1967) 182f, die ein ähnliches Wortspiel in Sir 7,13 und 41,17 sehen. Unsere Annahme hier findet ihre Bestätigung in Hos 10,13 :

... 'ăkaltem p^erî kāḥaš
kî bāṭaḥtā b^edark^ekā
b^erōb gibbôrèkā

Hier steht *kaḥaš* parallel mit *derek*, das hier nicht „Weg", sondern, wie längst erkannt und auch angenommen [307], „Macht, Herrschaft" (ugaritisch *drkt*) heißt, parallel zu *rōb gibbôrèkā* „die Menge deiner Krieger". Hos 10,13 ist also zu übersetzen :

... Ihr habt gegessen die Frucht des Truges/Thrones ;
denn du hast vertraut auf deine Macht,
auf die Menge deiner Krieger,

Man beachte aber noch dabei, daß im Ugaritischen *drkt* auch „Thron der Herrschaft" heißen kann [308].

Daß *kaḥaš* und *derek* „Macht" hier nicht willkürlich nebeneinander gebraucht sind, zeigen verschiedene ugaritische Texte, in denen in einer stereotypen Wendung *kḥṯ* und *drkt* im Konstruktusverhältnis miteinander verbunden sind, so z.B. in UT 68 : 12f :

---

[306] Vgl. deren Zusammenstellung zu Hos 5,1 S. 57f.
[307] Vgl. etwa Dahood, Bib 45 (1964) 404, mit weiterer Literatur ; und Buss S. 22.
[308] Vgl. Aistleitner, Wörterbuch S. 82 ; und dazu Dahood, Psalms III S. 119, der *derek* in Ps 110,7 mit „throne" übersetzt.

grš ym lksih
[n]hr lkḥṯ drkth

Vertreibe Yamm von seinem Thron,
Nahar vom Sitz seiner Herrschaft [309].

Schließlich dürfte auch Hos 9,2f bestätigen, daß *kḥš* „ Thron “ zu Hoseas Vokabular gehört. Dort heißt es:

w^{e}tîrôš y^{e}kaḥeš bāh
lō' yēš^{e}bû bā'āreṣ (MT *b^{e}'ereṣ*) *yhwh*

Und Tirosch thront in ihm,
nicht herrscht im Lande Jahwe.

Zu dieser Übersetzung, in der ich *y^{e}kaḥēš* als Piel denominativum von *kḥš* „ Thron “ deute, als parallel zu *yēš^{e}bû* „ herrschen, thronen “, siehe die Besprechung S. 113.

Abschließend sei zu 7,3 im besonderen bemerkt, wie wirklichkeitsentsprechend Hosea hier *kaḥaš* „ Trug “ und *kḥš* „ Thron “ gleichsam in eins setzt. War doch in den letzten Jahren des Nordreiches durch die Revolutionen, Thronwirren und Königsmorde der Thronsaal wirklich zu einem unmittelbaren Vorzimmer zur Scheol geworden (vgl. 7,7b).

Hos 7,4-6

V. 4 *kullām m^{e}nā'ăpîm*
k^{e}mô tannûr bō'ēr hēm (MT *bō'ērâ mē-*)
'ōpēhū (MT-*'ōpeh*) *yišbôt mē'îr*
millûš bāṣēq 'ad ḥumṣātô
5 *yôm m^{e}lākīn w^{e}heḥēlû* (MT *malkēnû heḥēlû*)
śārîm ḥammat (MT *ḥămat*) *miyyāyin*
māšōk (MT *māšak*) *yādô 'et lōṣ^{e}ṣîm*
V. 6 *kî qēr^{e}bû kattannûr libbām b^{e}'orbām*
kol hallaylâ yāšēn 'app^{e}hem (MT *'ōpēhem*)
bōqer hû' bō'ēr k^{e}ēš lehābâ

4 Sie alle sind Ehebrecher;
wie ein brennender Ofen sind sie,

[309] Die übrigen diesbezüglichen Texte sind UT 49 : V : 6 ; 68 : 20 ; 127 : 24 ; ʿnt: IV : 47 ; ʿnt: pl. X : IV : 24f. Vgl. auch J. Aistleitner, Wörterbuch S. 82f und S. 147.

dessen Bäcker aufhört zu schüren
vom Kneten des Teigs bis zu seiner Durchsäuerung.
5 Am Tage sind die Könige geradezu krank,
die Fürsten fiebernd vom Wein;
sie reichen die Hand (sogar) Raufbolden.
6 Fürwahr, im Innern tragen sie wie ein Ofen ihr Herz mit ihren hinterhältigen Plänen.
Die ganze Nacht schläft ihre Leidenschaft;
morgens lodert sie auf wie eine Feuerflamme.

Diese Verse werden allgemein als schwierig empfunden. Nachdem zuletzt noch S.M. Paul [310] eine Übersetzung und Deutung versucht hat, wobei er auch nicht ohne Änderung des masoretischen Konsonantenbestandes ausgekommen ist, soll hier eine Wiedergabe gewagt werden, die ihn möglichst unangetastet läßt [311].

Sie alle sind Ehebrecher: *kullām m^{e}nā'ăpîm* sollte man doch wohl in jedem Falle so stehen lassen [312]. Der Ausdruck wird einmal von den alten Versionen bezeugt und findet sich außerdem genauso in Jer 9,1, in einem gar nicht so verschiedenen Zusammenhang.

brennender Ofen sind sie, dessen Bäcker: Siehe S.M. Paul a.a.O. S. 115 und W. Rudolph S. 147.

die Könige: Lies *m^{e}lākīn* statt *malkēnû*. Zu dieser Pluralform siehe GK § 87e S. 251f und R. Meyer, Grammatik II § 43,3b S. 44. — Es handelt sich wohl um einen Plural der Verallgemeinerung, der sich gerade für die letzte Zeit des Reiches Israel leicht erklärt; man vergleiche auch V. 7b. Das Waw des masoretischen *malkēnû* gehört dann als emphatisch („ geradezu “) zu *heḥēlû*, Hifil intransitivum von *ḥālâ* „ krank sein “ [313]. Emphatisches Waw haben wir möglicherweise gleich in V. 5 und in 10,1 (siehe S. 118f).

---

[310] VT 18 (1968) 114-120.

[311] Einen anderen Versuch, ohne Konsonantenänderung durchzukommen, hat A. Deissler S. 79-81 unternommen.

[312] Es ändern nicht unter den Neueren: Wolff; Deissler; Buss; RSV; NEB; Pattloch-B. — Die Autoren, welche ändern, lesen meistens eine Form von der Wurzel *'np* „ wüten, zürnen “. Eine gute Übersicht gibt S.M. Paul a.a.O. S. 115 Anm. 4. (Allerdings ist dort Wolff irrtümlicherweise unter die Kommentatoren eingereiht, „ who read *'ōn^{e}pîm* “.) — Eine eigene Lösung bietet Rudolph: *libbām mōnēa' 'appām* „ Ihr Herz hält ihren Zorn zurück “.

[313] Zum emphatischen Waw siehe A.C.M. Blommerde, Job S. 29, mit weiterer Literatur; ferner M. Dahood, Psalms II und III Index of Subjects s.v. — Zum intransitiven Hifil siehe etwa Joüon, Grammaire § 54d S. 123. Viel-

(die Fürsten) fiebernd: Es ist hier wahrscheinlich zu lesen *ḥammat* statt *ḥămat*, Status constructus [314] von *ḥammâ*, das im Mittelhebräischen außer als „ Hitze “ und „ Sonne “ auch in der Bedeutung „ Fieber “ belegt ist [315]. So ergibt sich ein guter Parallelismus zu *heḥĕlû* [316]. Wörtlich heißt es dann „ die Fürsten (sind) Fieber von Wein “, was dann aber dem Kontext entsprechend konkret zu übersetzen ist : „ vom Fieber erfaßte, fiebernd “ [317].

sie reichen die Hand (sogar): Statt *māšak* wird man wohl *māšᵉkû* lesen oder aber besser *māšōk* Infinitivus absolutus statt finiter Verbform. Die Übersetzung bleibt die gleiche. — *yādō* ist vielleicht zu ändern in *yād* mit folgendem, dem *'et* anzufügenden Waw emphaticum („ sogar “). Möglicherweise ist *yādō* aber *yād* mit erhaltener phönizischer Akkusativendung [318]. Man beachte die regelmäßige Vokalfolge, wenn man, wie eben gesagt, *māšōk* liest : *māšōk yādō* [319].

---

leicht müssen wir in diesem Falle aber auch mit einer durativ-superlativischen Verbform rechnen, wie sie E.A. Speiser, Genesis S. LXVIIIf, beschreibt.

[314] Zur Konstruktuskette mit eingeschobener Präposition siehe oben S. 66.

[315] Siehe HALAT S. 313b ; Jastrow, Dictionary S. 476a. Im Syrischen heißt *ḥamtā'* nur „ Fieber “ (siehe Payne Smith, Thesaurus Sp. 1299). — Allerdings kommt in Dtn 32,24.33 beidemale wie hier im MT der Status constructus *ḥămat* von *ḥēmâ* vor (vgl. den Exkurs „ Hosea und Dtn 32,1-43 “ S. 36). Aber da *ḥēmâ* und *ḥammâ* Bildungen verwandter Wurzeln sind, braucht diese Tatsache wohl nicht gegen obige Lesung zu sprechen.

[316] Der Prophet Jesaja sagt von den wüsten Zechern in 5,11 : *yayin yadlîqēm* „ der Wein erhitzt sie “. Das entsprechende Substantiv *dalleqet* aber, das als Hapaxlegomenon in Dtn 28,22 als eine Plage vorkommt, wird von HALAT S. 214b als „ Fieberglut “ angegeben (vgl. auch Zorell, Lexicon S. 174a).

[317] Zu dieser hebräischen Ausdrucksweise siehe C. Brockelmann, Syntax § 14b$_\varepsilon$ S. 10f, und auch M. Dahood, Psalms III S. 412.

[318] Ein anderes Beispiel dieser Art findet sich möglicherweise in Hos 4,8 (*napšô*) : siehe die Besprechung der Stelle S. 46. Zu erhaltenen Kasusendungen siehe Blommerde, Job S. 11 (dort weitere Literatur), und Dahood, Psalms II Index of Subjects S. 390 s.v. Case-endings sowie Psalms III Index of Subjects s.vv. Accusative, Genitive, Nominative ending (das Stichwort „ Case endigs “, auf welches s.v. Accusative ending verwiesen wird, existiert nicht im Index). — Zum kanaanäischen Übergang von (betontem) *ā* zu *ō*, der im Phönizischen stärker durchgeführt ist als im Hebräischen, siehe Z.S. Harris, A Grammar of the Phoenician Language § 11 S. 34f, und J. Friedrich - W. Röllig, Phönizisch-Punische Grammatik § 71 und 78 ; zu Kasusendungen ebendort § 91f.

[319] Siehe auch zu Hos 7,1 (*wᵉrāʿôt šōmᵉrôn*) S. 87f und zu 10,1 S. 119. — Im Ugaritischen wie im Hebräischen können Bezeichnungen für Körperteile ohne Suffix stehen : siehe dazu Blommerde, Job S. 10 (dort weitere Literatur),

Der Ausdruck *māšak yād* hat sehr wahrscheinlich eine Entsprechung in UT 128 : I : 2 : *mẓma yd mṯkt* „ den Dürstenden nahm sie bei der Hand “ [320].

F ü r w a h r : Das hebräische *kî* zu Beginn von V. 6 ist mit S.M. Paul (VT 1968 S. 116 Anm. 1) wohl asseverativ wiederzugeben.

i m I n n e r n t r a g e n s i e : *qērᵉbû* fasse ich als Piel denominativum zu *qereb* „ Leibesinneres “ [321]. Ein weiteres Denominativum von einem Körperteil, *baṭṭēn* „ schwanger sein “ von *beṭen* „ (Mutter-) Leib “ hat M. Dahood in Hos 9,11 aufgezeigt [322].

i h r e L e i d e n s c h a f t : Lies *'appᵉhem* statt *'ōpēhem* ; siehe S.M. Paul a.a.O. S. 116 ; BHS u.a.

Hos 7,7

Zum Parallelismus zwischen *šōpēṭ* und *melek*, der im Ugaritischen seine Entsprechung hat, siehe zu Hos 5,1 S. 58.

Hos 7,9

... wᵉhû' lō' yādāʿ ... wᵉhû' lō' yādāʿ

... Er aber merkt es nicht ... er aber merkt es nicht.

Dahood bringt in RSP I S. 199 zwei ugaritische Stellen mit dem Parallelpaar *ydʿ*//*ydʿ*, nämlich ʿnt : III : 23f und UT 601 : 6f. Erstere ist in dieser Arbeit zu Hos 14,10 S. 157 zitiert.

Hos 7,10ab*α*

wᵉʿānâ gᵉ'ôn yiśrā'ēl bᵉpānāyw
wᵉlō' šābû 'el yhwh 'ĕlōhêhem

Es zeugt der Stolz Israels gegen es selbst,
aber sie wenden sich nicht zu Jahwe, ihrem Gott.

---

und ferner Dahood, Psalms II und III Index of Subjects s.v. Suffix omitted with name of part of body.

[320] Siehe dazu H.L. Ginsberg, The Legend of King Keret S. 40, sowie M. Dahood, UHP S. 65 und Psalms III S. 103.

[321] Zu denominativen Verben siehe in der vorliegenden Arbeit zu Hos 2,2a*α* S. 6 und dort Anm. 21 die Literatur.

[322] Bib 44 (1963) 301.

In den bisher bekannten ugaritischen Texten kommt dreimal eine stereotype Wendung mit *ʿny//ṯb* „ antworten//erwidern “ vor, so in UT 121 : II : 7f :

wyʿn dnil [mt rpi]
yṯb ǵzr mt hrnmy

Da antwortete Danel, der Mann von Rp',
es erwiderte der Held, der Mann von Hrnmy.

Siehe m übrigen Dahood, RSP I S. 300f ; dort auch weitere Literatur und weitere Bibelstellen mit *ʿānâ//(...)šûb* bzw. *hēšîb*. (In Ijob 13,22 und 40,4 steht allerdings nicht *šûb*, wie dort angegeben, sondern *hēšîb*).

Dieses mehrfache Vorkommen des Parallelpaares in den ugaritischen Mythen und in der Bibel spricht m.E. nicht dafür, daß Hos 7,10a an dieser Stelle gegenüber V. 10b sekundär ist, wie Wolff und Rudolph meinen.

Hos 7,11b

miṣrayim qārā'û 'aššûr hālākû

Ägypten rufen sie, nach Assur gehen sie.

Ägypten ... Assur: Der hier und sonst noch einige Male bei Hosea [323] vorkommende Parallelismus zwischen *miṣrayim* und *'aššûr* erinnert an eine ugaritische Liste, in der Getränkezuteilungen für militärische Gruppen verschiedener Nationalitäten aufgeführt sind. Darin, in UT 1089 : 3.7.10, erscheinen u.a. auch Ägypter und Assyrer : *kd l aṯr[y]m ... kd l mṣrym ... kd bn amht kt* (?) *[w] bn mṣrym* „ ein Krug für die Assyrer ... ein Krug für die Ägypter ... ein Krug (für) die Söhne kittäischer Mägde und die Söhne der Ägypter “ [324].

rufen sie ... gehen sie: In UT 122 : 9f (//122 : 1f und 123 : 3f.8f) finden sich ebenfalls in etwa parallel *hlk* und *qr'* : *lk bty rpim [aṣ]ḥkm ikrakm* „ Kommt in mein Haus, ihr Schatten, ... ich lade euch ein, ich rufe euch “. — Siehe auch Hos 11,2. (In RSP I fehlt dieses Parallelpaar noch.)

---

[323] Nämlich in 9,3 ; 11,5.11 ; 12,2b.

[324] Siehe zu diesem Nebeneinander C.H. Gordon, UT Glossary Nr. 425 S. 369 und Nr. 1531 S. 436f. In RSP I S. 269 ist zwar *mṣrm//ṣr* „ Ägypten// Tyrus “ aufgeführt, aber noch nicht dieses Parallelpaar.

Hos 7,12a

ka'ăšer yēlēkû 'eprôś 'alêhem rištî
ke'ôp haššāmayim 'ôrîdēm

Sowie sie hingehen, spanne ich über sie mein Netz;
wie Vögel des Himmels hole ich sie herunter.

N.J. Tromp stellt zu diesem Vers fest: „Here it seems certain that descriptions of Hunter Death have been applied to Yahweh"[325]. Bezüglich anderer Anspielungen auf Unterweltsmotive bei Hosea siehe zu 2,8 S. 16f und zu 4,16 S. 50-53.

Zum Vergleich von *'ôp haššāmayim* mit *'pt šmm* in UT 124:11 siehe zu Hos 2,20a S. 24.

Hos 7,13a

'ôy lāhem kî nādedû mimmennî
šōd lahem kî pāše'û bî

Weh ihnen, denn sie fliehen vor mir!
Verderben über sie, denn sie lehnen sich gegen mich auf.

Der hier und auch sonst in der Bibel häufiger vorkommende Parallelismus *kî//kî* „denn//denn" hat in den ugaritischen Mythen seine Entsprechung. So heißt es z.B. in UT 49:III:18-21:

aṯbn ank wanḫn
wtnḫ birty npš
kḥy aliyn b'l
kiṯ zbl b'l arṣ

Sitzen will ich und ruhen,
ruhen soll die Seele in meiner Brust;
denn es lebt Aliyan Baal,
denn es existiert der Fürst, der Herr der Erde.

Des weiteren siehe Dahood, RSP I S. 225.

---

[325] Primitive Conceptions S. 175.

Hos 7,14-16

V. 14 *w^{e}lō' zā'ăqû 'ēlay b^{e}libbām* 10 Silben
kî y^{e}yēlîlû 'al mišk^{e}bôtām 10
'al dāgān w^{e}tîrôš yitgôrārû 10
15 *yāsûrû bî wa'ănî yissartî* 10
ḥizzaqtî z^{e}rô'ōtām 7
w^{e}'ēlay y^{e}ḥašš^{e}bû rā' 8
16 *yāšûbû [l^{e}]lō' 'āl* 6/5
hāyû k^{e}qešet r^{e}miyyâ 8
yipp^{e}lû baḥereb śārêhem 9
mizza'am l^{e}šônēm (MT *l^{e}šônām*) 6
zô la'gām b^{e}'ereṣ miṣrāyim 9

V. 14 Und nicht schrien sie zu mir aus ihrem Herzen heraus,
wenn sie auf ihren Lagern wehklagten.
Bei Dagan und Tirosch wurden sie Klienten,
15 wandten sich ab von mir, obgleich ich angeleitet,
gestärkt hatte ihre Arme.
Aber sie sannen gegen mich auf Verrat.
16 Sie wandten sich zum Nicht-Höchsten,
wurden wie ein trügerischer Bogen.
Durchs Schwert fielen ihre Fürsten
wegen des Fluches ihrer Doppelzüngigkeit.
Das ist ihr Spotten seit dem Ägypterland.

Die Übersetzung von V. 14 entspricht im wesentlichen der von M. Dahood[326]. Zu beachten ist folgendes: Die Präposition *b^{e}* bei *b^{e}libbām* hat hier die Bedeutung „von", ebenso auch in dem Ausdruck *yāsûrû bî*, der deswegen nicht in *yāsōrû bî* geändert zu werden braucht[327]. Die Präpositionen *b^{e}*//*b^{e}* und *'al*//*'al* stehen hier in chia-

[326] ETL 44 (1968) 53f; der englische Wortlaut ist:
But they did not cry to me from their hearts,
But rather lamented on their beds.
They became clients of Dagan and Tirosh,
they turned away from me.
Vgl. auch Dahood, Psalms III S. 357 und RSP I S. 134.

[327] Zu *b^{e}* „von – weg" siehe HALAT S. 101a; Blommerde, Job S. 19 (an beiden Stellen Hinweis auf weitere Literatur); Dahood, Psalms I-III Index of Hebrew Words, sowie GP S. 391-393 (dazu vgl. C. Brekelmans, UF 1 [1969] 5-14); W.A. van der Weiden, Proverbes, Index des mots hébreux S. 170. —

stischer Ordnung. Von den nicht wenigen ugaritischen und biblischen Beispielen mit *bᵉ//bᵉ* „von, aus//von", die Dahood (RSP I S. 134) notiert, sei hier UT 52 : 6 angeführt :

lḥm blḥm ay
wšty bḫmr yn ay

Eßt von irgendeinem Brot,
und trinkt aus irgendeinem Weinfaß [328].

Zu *ʿl//ʿl* im Ugaritischen siehe Dahood, RSP I S. 292f. — *yāsûrû* ist ein Beispiel für den Gebrauch von *yiqtōl*-Formen zum Ausdruck einer Handlung in der Vergangenheit [329]. Das gleiche gilt wohl auch für die drei folgenden *yiqtōl*-Formen in diesem Abschnitt. Aber das Problem der Tempora im einzelnen ist bei Hosea noch schwierig [330]. Jedenfalls hat die Erkenntnis der universalen Funktion des *yqtl* in der ugaritischen Poesie neue Möglichkeiten eröffnet. — Mit Tirosch ist hier neben dem bekannten kanaanäischen Gott Dagan auch die kanaanäische Gottheit, eine Art Bacchus, gemeint, ebenso wie in 9,2 (siehe S. 112).

M. Dahood faßt nun das *kî* zu Beginn des zweiten Stichus ad-

---

Übrigens wird *bᵉlibbām* an dieser Stelle auch häufiger so wiedergegeben, z.B. von der RSV : „They do not cry to me from their heart" ; von M.J. Buss (S. 16) : „... out of their hearts" ; BJ : „Ils ne crient pas vers moi du fond du cœur" ; von der Pattloch-B : „Sie schreien nicht von Herzen zu mir". Aber es handelt sich wohl gewöhnlich um reine Anpassung an die übliche Ausdrucksweise der jeweiligen Sprache, in die übersetzt wird. So schreibt auch W. Rudolph in der Übersetzung sehr gut : „Und ihr Schreien zn mir kommt nicht von Herzen", in der Auslegung (S. 155) bringt er aber dann doch die offenbar als wörtlicher betrachtete Wiedergabe „sie schrien nicht zu mir *in ihrem Herzen*".

[328] Zu *ḫmr* „Weingefäß, Faß" siehe Dahood, Bib 45 (1964) 408f ; und RSP I S. 186.

[329] Dazu siehe etwa M. Dahood, Psalms III S. 417-422, und vgl. C.H. Gordon, UT § 9.3f S. 68. — C. Brockelmann, Syntax § 42e S. 44, schreibt : „In der Dichtung kann das imperf. auch einmalige Handlungen der Vergangenheit lebhaft vergegenwärtigen." Aber angesichts der Feststellung, die Gordon, UT § 9.4 S. 68, ausspricht : „In fact *yqtl* is [in der ugaritischen Dichtung] the regular narrative form", wird man den Rahmen vielleicht auch im klassischen Hebräisch weiter fassen müssen.

[330] Bezüglich einer einigermaßen klaren *qātal–yiqtōl*-Folge bei Hosea, die sich auf die Vergangenheit bezieht, siehe Dahood, ETL 44 (1968) 45f zu Hos 8,3 (Besprechung in der vorliegenden Arbeit S. 104). Siehe auch in dieser Arbeit zu Hos 4,10.12b Anm. 163 und zu Hos 10,11 S. 122.

versativ auf: „... they did not cry ... But rather lamented on their beds." Aber mit der Erkenntnis, daß das Schlafgemach allgemein als passende Stelle angesehen und gebraucht wurde, in der man sich den tiefsten Gemütsbewegungen, seien sie trauriger oder freudiger Art, hingeben konnte [331], wird Hosea darin, daß seine Hörer diesem an sich neutralen Brauche folgten, noch nicht das eigentlich Schlechte sehen. Sie hätten ja gerade in ihrem Schlafgemach aus tiefstem Herzen zu Jahwe rufen können. Auch der Ausdruck *y^eyēlîlû* besagt an sich noch nichts Negatives [332]. Was der Prophet geißelt, ist der Abfall zu den Götzen, das Heulen zu den kanaanäischen Gottheiten.

Das Verbum *yissartî* zu Beginn von V. 15, das sich in der LXX nicht findet, wird meistens als sekundär gestrichen; so auch von der BHS. W. Rudolph (S. 152) dagegen erkennt in *yissartî* m.E. ganz richtig ein Wortspiel mit dem vorhergehenden *yāsûrû* (das er allerdings als *yāsōrû* liest) und sieht deshalb *ḥizzaqtî* als erklärende Glosse an. *yissartî* aber faßt er, einem Vorschlag G.R. Drivers [333] folgend, als nordisraelitisch-aramaisierend nach dem aramäischen *'ăšar* „stark sein". Man darf aber, meine ich, weder das eine noch das andere Verbum als sekundär streichen. Das zeigt einmal schon die Silbenzählung. Zieht man nämlich *wa'ănî yissartî* noch zur vorhergehenden Zeile, so erhält man einen vierten Stichus mit 10 Silben. Das übrigbleibende *ḥizzaqtî z^erô^cōtām* bildet eine eigene Zeile von 7 Silben, und zwar durch Enjambement mit der vorhergehenden verbunden, wie wir gleich sehen werden. Auf diese Übergangszeile folgen dann die weiteren Zeilen mit ihrem eigenen Silbensystem: 8+6/5+8+9+6+9. Außer diesem Befund aus der Silbenzählung spricht auch der in Ijob 4,3 bezeugte Parallelismus *yissar//ḥizzaq* gegen eine Streichung eines der beiden Verben.

Wie soll man nun aber *yissartî* und *ḥizzaqtî* nebeneinander verstehen? Rudolph sieht, daß *yissartî* neben *ḥizzaqtî* nur positiven Sinn haben kann, nimmt deshalb nach Ijob 4,3 und Jes 28,26 die Bedeutung „anleiten, üben" an, meint dann aber, dazu wolle das Objekt „ihre Arme" sich nicht recht fügen, weshalb er auch auf den oben

---

331 Siehe Dahood, Psalms I S. 25 zu Ps 4,5, und Psalms III S. 357 zu Ps 149,5. An der erstgenannten Stelle ist das erste Beispiel Gen 43,30, nicht 48,30.

332 Man vergleiche etwa Ez 21,17; Jer 48,30; Mich 1,8, wo das Wort von der Klage der Propheten selbst gebraucht wird.

333 JTS 36 (1935) 295.

erwähnten Vorschlag Drivers zurückgreift. Ich meine aber, die Frage, ob das Objekt paßt oder nicht, hängt davon ab, was man unter diesem „Anleiten, Üben" versteht. In Ps 144,1 findet sich ein synonymes Verb, *lāmad* im Piel, mit ähnlichen Objekten:

bārûk yhwh ṣûrî
hamᵉlammēd yāday laqrāb
'eṣbᵉʿôtay lammilḥāmâ

Gepriesen sei Jahwe, mein Fels,
der meine Hände geübt hat für den Kampf,
meine Arme [334] für die Schlacht.

Noch näher kommt unserer Stelle wortfeldmäßig (*qešet, zᵉrôʿōt*) Ps 18,35:

mᵉlammēd yāday lammilḥāmâ
wᵉniḥătâ qešet nᵉḥûšâ zᵉrôʿōtāy

Der geübt hat meine Hände für die Schlacht,
und den wundermächtigen Bogen in meine Arme herabließ [335].

Gemäß diesen Psalmversen, meine ich, können wir auch Hos 7,15 verstehen. Dafür spricht einmal das militärische Bild in V. 16 *hāyû kᵉqešet rᵉmiyyâ*. Der Ausdruck *kᵉqešet rᵉmiyyâ* findet sich in Ps 78,57 wieder. Dort weist er, wie Dahood (Psalms II S. 246) notiert, zurück auf V. 9 desselben Psalmes [336], wo gerade von den Söhnen Ephraims gesagt wird, sie seien *nôšᵉqê rômê qāšet* „his (Gottes) bowmen, his treacherous archers", wie Dahood übersetzt. *rômê* bildet hier ein Wortspiel mit *rāmâ* „trügerisch sein" und *rāmâ* „schießen". — Ferner: In Hos 7,16 heißt es weiter, die Fürsten seien durch das Schwert gefallen. Es ergibt sich eine naheliegende Erklärung: Weil sie Jahwe, ihrem einzigen militärischen „Ausbilder" und Herrn, die Treue, den Dienst versagten, zu einem trügerischen, unbrauchbaren Bogen wurden, konnten sie im Kampf nicht mehr bestehen (vgl. Ps 78,9f).

Fassen wir also Hos 7,15a im Sinne militärischer Ausbildung, so paßt einmal das Objekt *zᵉrôʿōtām* zu beiden Verben, wie wir an den

---

334 Zu dieser Bedeutung von *'eṣbāʿôt* siehe M. Dahood, Psalms III S. 329 z. St.

335 Zu dieser Übersetzung siehe Dahood, Psalms I S. 115 z. St.

336 Man beachte: In V. 9 entspricht *rômê qāšet hāpᵉkû* in V. 57 *nehpᵉkû kᵉqešet rᵉmiyyâ*.

beiden Beispielen aus den Psalmen gesehen haben, und außerdem ergibt sich ein gutes Beispiel eines Enjambement [337].

rāʿ hat am Ende von V. 15, in diesem Zusammenhang, in dem es um Abfall Israels von seinem (Bundes-)Gott geht, wohl die Nuance „ Verrat " (vgl. V. 16 *keqešet remiyyâ*) [338].

V. 16 bietet der Übersetzung bis heute noch mehrere Schwierigkeiten, die teilweise durch Korrektur der Konsonanten beseitigt werden. Da ist zunächst die Wendung *yāšûbû lōʾ ʿāl.* H.W. Wolff (S. 136) beispielsweise schreibt : „ Der Zeilenanfang ist verderbt " und erwägt drei verschiedene Korrekturvorschläge, die den masoretischen Konsonantentext ändern. W. Rudolph (S. 152) stellt fest : „ Schon die Versionen sind mit dem MT nicht zurechtgekommen." — Nun hat bereits H.S. Nyberg [339] *ʿal* als einen Gottesnamen angenommen, allerdings für einen Götzen und unter Opferung der Negation. *ʿal* ist aber hier wohl der auch sonst belegte Jahwetitel [340], und dann kann, ja, muß die Negation vorher stehenbleiben. Am einfachsten faßt man *lōʾ ʿal* als ein Kompositum [341]. Ein zu erwartendes Dativ-Lamed vor *lōʾ ʿal* könnte aus euphonischen Gründen ausgelassen worden sein, falls nicht Haplographie vorliegt [342]. Aus der Silbenzählung können wir in diesem Falle nichts schließen.

Diese Verbindung *lōʾ ʿal* steht übrigens völlig in der sonstigen Ausdrucksweise Hoseas und des ihm nahestehenden Liedes Dtn 32, 1-43 [343]. Ich kann hier M.J. Buss (S. 88f) zitieren. Nachdem er erwähnt hat, daß es in altsumerischen und altbabylonischen Gesetzestexten Formeln gab, die Enterbung oder das Rückgängigmachen einer Adoption ausdrückten wie „ du bist nicht mein Sohn " oder „ du bist

---

[337] Zu diesem poetischen Kunstgriff der „ Versbrechung " in den Psalmen siehe M. Dahood, Psalms III Index of Subjects S. 482b. — Nach H.W. Wolff (S. 136) ist das Fehlen der Kopula zwischen *yissartî* und *ḥizzaqtî* ein Anzeichen für *yissartî* als spätere deutende Ergänzung. Zu dieser Frage siehe neben C. Brockelmann, Syntax § 128 S. 126, besonders H.J. van Dijk, Tyre S. 36.

[338] M. Dahood, Psalms I S. 43, sieht zwei weitere Beispiele dieser Bedeutungsschattierung von *raʿ* in Ps 7,5.10.

[339] S. 57-61.

[340] Zu diesem Titel siehe etwa Dahood, Psalms I S. 45f (dort weitere Literatur), und Psalms II und III Index of Hebrew Words s.v. *ʿal* ; vgl. auch C.H. Gordon, UT Glossary Nr. 1855 S. 456.

[341] Zur Bildung von Komposita siehe etwa A.C.M. Blommerde, Job S. 65 ; dort weitere Literatur.

[342] Siehe diesbezüglich zu Hos 4,5 S. 32.

[343] Siehe den Exkurs „ Hosea und Dtn 32,1-43 " S. 35ff.

nicht mein Vater", fährt er fort: „The ‚not' of these formulas has probably influenced or colored the fateful names ‚Not-my-people' and ‚Not-Pitied' ... These usages of the word ‚not', however, belong to a special tradition of negative expression. Dtn 32, to which Hosea is related, speaks of Israel as ‚not his children' (v. 5), ‚not wise' (v. 6, similarly v. 28), ‚children which are not faithful' (v. 20), serving what is ‚not-God' (v. 17, 21), so that God will provoke them with a ‚not-people' (v. 21)." — Zu beachten sind in unserem Falle besonders die Ausdrücke Dtn 32,17.21 *lō' 'ĕlōah* und *lō' 'ēl*, insofern sie unserem *lō' ʿal* am nächsten kommen. Im übrigen siehe auch zu Hos 11,7 S. 137f.

Ferner macht der Ausdruck *zaʿam lᵉšônām* Schwierigkeiten. Auffällig ist, daß die gut zwanzig Stellen, an denen *zaʿam* in der Bibel vorkommt, jeweils „Verwünschung, Fluch vonseiten Gottes" meinen. Nur für Hos 7,16 erwägen die Lexika [344] Verfluchung vonseiten des Menschen [345]. Diese Unstimmigkeit verschwindet, wenn wir *mizzaʿam lᵉšônēm* lesen, einen nordischen kontrahierten Dual [346]: „wegen des Fluches ihrer Doppelzüngigkeit". Einen weiteren Dual dieser Art (*'ādēm* „mit beiden Händen") haben wir wahrscheinlich in Hos 11,4 (siehe S. 132). Wenn *lᵉšônēm* auch kein Suffix trägt, so kann man doch „ihrer Doppelzüngigkeit" übersetzen. Das Suffix von *śārêhem* oder *laʿgām* kann durchaus auch für *lᵉšônēm* genügen [347].

Der letzte Stichus dürfte einer Lösung zugänglich sein, wenn wir auch hier, wie in V. 14, die Präposition *bᵉ* vor *miṣrāyim* separativ wiedergeben: „seit dem Ägypterland" [348]. Der Ausdruck *zô laʿgām* würde dann den mangelnden Ernst Israels im Verhalten gegenüber Gott feststellen. Zum Gedanken des Spottens (indirekt) gegenüber Gott vergleiche man etwa Jer 20,7 *kullōh lōʿēg lî* „alles spottet meiner"; ferner Jes 5,19; 2 Chr 30,10; 36,16; wahrscheinlich auch Hos 9,7b.

Schließlich sei noch auf eine Konsequenz der nicht zu übersehenden Silbengleichmäßigkeit hingewiesen. Sie steht ja hier bei Hosea nicht allein [349]. Man muß sich nunmehr wohl schwer überlegen, ob

[344] HALAT S. 265b; Zorell S. 213b.

[345] Ganz anders W. Rudolph S. 152.

[346] Zum kontrahierten Dual siehe Blommerde, Job S. 12 (dort weitere Literatur), und M. Dahood, Psalms II S. 42 und 143, und Psalms III S. 373.f

[347] Zum double-duty suffix und anderen Ellipse-Fällen siehe Anm. 77.

[348] So Dahood, Psalms II S. 33.

[349] Siehe etwa die Zusammenstellung von regelmäßigen Silbenzahlfolgen zu Hos 12,1f S. 146.

man die Form *y^e^yēlîlû* in V. 14 als fehlerhaft bzw. spät betrachten und mit BHK³, BHS u.a. in *yêlîlû* umpunktieren darf [350]. Was für diese Stelle gilt, dürfte entsprechend auch für andere Stellen mit solchen Formen gelten. So weist Jes 65,14b mit *t^e^yēlîlû* wohl 10+10 Silben auf und Jer 48,31 mit der Form *'ăyēlîl* (die allerdings in BHK³ und BHS nicht geändert wird) 8+8+8 und schließlich Ijob 24,21 mit *y^e^yēṭîb* (von der BHK³ auch nicht beanstandet) 8+8 Silben.

Hos 8,2

lî yizʿăqû 'ĕlōhê (MT *yizʿāqû 'ĕlōhay*)	7 Silben
y^e^daʿănûkā yiśrā'ēl	8

Zu mir schreien sie : „ Gott Israels,
wir anerkennen dich ! "

Zu dieser Lesung und Übersetzung vergleiche man zunächst A.C.M. Blommerde, Job S. 81 zu Ijob 17,11 [351]. Er bringt diese Stelle (und Hos 14,3 *kol tiśśā' ʿāwōn*) als Beispiel für eine durch ein Verbum unterbrochene Konstruktuskette. Andere Stellen, an denen diese stilistische Erscheinung möglicherweise vorliegt, sind nach Blommerde eben Ijob 17,11, nach M. Dahood [352] Ijob 23,17 und Ps 109,24. Bei Hosea finden wir auch sonst noch verschiedene Elemente in eine Konstruktusverbindung eingefügt [353].

Doch ist m.E. der Beobachtung Blommerdes zu Hos 8,2 noch etwas hinzuzufügen. Die VV. 1.3.4a, also die beiden V. 2 vorhergehenden und die beiden ihm folgenden Zeilen, weisen jeweils Akzent- und Silbengleichgewicht auf : 3+3 ; 3+3 ; 3+3 ; 3+3 Akzente und

---

[350] Siehe zu dieser und ähnlichen Formen von *yālal* und *ṭôb* die zweifelnde Besprechung bei GK § 70d S. 201 und BL § 55c' S. 382.

[351] Neuestens auch D.N. Freedman, Bib 53 (1972) 536 zu Hos 6,9 ; 8,2 und 14,3 ; siehe in dieser Arbeit zu Hos 6,8.9a S. 87.

[352] Zu Ijob 23,17 siehe UF 1 (1969) 18 ; zu Ps 109,24, Psalms III S. 108. — Allerdings hat Qimḥi zwar in Hos 14,3, aber nicht in 8,2 d i e s e Konstruktion gesehen, wie Dahood, Psalms III S. 108, angibt. Qimḥi hat die Stelle folgendermaßen gedeutet : *lî yizʿăqû yiśrā'ēl 'ĕlōhay y^e^daʿănûkā*, was man ja wohl übersetzen muß : „ Zu mir ruft Israel : , Mein Gott, wir kennen dich.' " Siehe W. Chomsky, David Ḳimḥi's Hebrew Grammar § 90c S. 359.

[353] *kī* in 5,8 und 8,5 ; Mem encliticum in 13,2b und 14,3 ; die Präposition *min* in 7,5 (siehe die Besprechung der Stellen).

6+7 ; 8+8 ; 6+6 ; 8+8 Silben[354]. Nur unser V. 2 macht nach der masoretischen Trennung eine Ausnahme : 2+4 Akzente und 4+11 Silben. Setzen wir den Atnach aber hinter *'ĕlōhê* (MT *'ĕlōhay*), so erhalten wir erstens ein besseres Gleichgewicht (3+3 Akzente und 7+8 Silben), und zweitens entdecken wir eine weitere poetische Feinheit, nämlich das, was Dahood „ breakup of composite divine names " [355] nennt. Hier ist also der geläufige Name *'ĕlōhê yiśrā'ēl* auf zwei Stichen verteilt. In der deutschen Übersetzung ist das aber nicht gut nachzumachen. Sie muß notwendig der Auflösung in die Prosa entsprechen, die in der BHS für das Hebräische vorgeschlagen und z.B. von der NEB angenommen wird.

Einen ähnlichen Fall eines breakup bei Hosea, allerdings nicht eines gottheitlichen Doppelnamens, sondern eines anderen Doppelausdrucks, hatten wir in 4,5 : *yômām wālaylâ*, eine Wendung, die sonst mehrfach verbunden begegnet, findet sich dort getrennt :

wᵉkāšaltâ yômām (MT *wᵉkāšaltā hayyôm*)
wᵉkāšal gam nabî' 'immᵉkā lāylâ

Du wirst stürzen bei Tage,
und stürzen wird auch der Prophet mit dir bei Nacht [356].

M. Dahood (RSP I S. 277f) weist auf ein breakup in Hos 11,1 hin, und zwar des Doppelausdrucks *bᵉnê yiśrā'ēl* (in umgekehrter Reihenfolge). Er liest und übersetzt die Stelle :

kî na'ar yiśrā'ēl wā'ōhābēhû
ûmimmiṣrayim qārā'tî lᵉbānê (MT *libnî*)

Als Israel (der Stammvater) ein Knecht war, gewann ich ihn lieb,
und aus Ägypten rief ich seine Söhne.

Das Suffix an *lᵉbānê* (MT *libnî*) „ seine Söhne " bezieht sich auf *yiśrā'ēl* zurück und läßt so den hier aufgespaltenen Doppelausdruck

---

[354] Zur Silbenverteilung in 8,3f siehe im folgenden die Besprechung der Verse.

[355] Siehe dazu Psalms II und III Index of Subjects s.v. Allerdings ist in Psalms II S. 390a s.v. die römische Seitenzahl XXI zu lesen, nicht XXIII.

[356] Weitere Beispiele zu *yômām wālaylâ* (verbunden und aufgespalten) bringt aus den Psalmen Dahood in Psalms III S. 413. — Zu dieser Erscheinung siehe auch Dahood, Psalms III Index of Subjects S. 480 s.v. Breakup of stereotyped phrase ; H.J. van Dijk, Tyre S. 82 ; Blommerde, Job S. 40 und 103.

b^enê yiśrā'ēl erkennen. Doch siehe im einzelnen noch die Besprechung von Hos 11,1 S. 127-129.

Ein weiteres Beispiel dieser Erscheinung bei Hosea liegt schließlich, wie H.J. van Dijk (Tyre S. 82) gezeigt hat, in 12,2 vor. *rûaḥ haqqādîm* bzw. *rûaḥ qādîm* begegnet als verbundener Doppelausdruck in Jer 18,17 ; Ez 17,10 ; 19,12 ; 27,26 ; Jon 4,8. In aufgespaltener Form findet er sich außer in Ijob 15,2 und Jes 27,8 auch in Hos 12,2a*α* :

'eprayim rō'eh rûaḥ
w^erōdēp qādîm kol hayyôm

Ephraim weidet Wind
und läuft dem Ostwind nach den ganzen Tag.

Im übrigen siehe die Besprechung von Hos 12,1f S. 142ff.

Hos 8,3(f)

zānaḥ yiśrā'ēl ṭôb	6 Silben
'ôyēb yirdōpû hēm (MT *yird^epô*)	6

Verworfen hat Israel den Gütigen,
dem Feind sind sie nachgelaufen.

So übersetzt M. Dahood [357]. Zu beachten ist folgendes : *zānaḥ* – *yirdōpû* bilden eine *qātal-yiqtōl*-Folge, die sich als Ganze letztlich auf die Vergangenheit bezieht [358]. *ṭôb* ist hier der auch sonst belegte Gottestitel [359], während *'ôyēb* Baal ist. *ṭôb* als Jahwetitel findet sich möglicherweise auch in Hos 14,3 (siehe S. 155). Daß *'ôyēb* hier im religiösen Sinne als Götzentitel zu verstehen ist, legt auch die Be-

[357] ETL 44 (1968) 45f und Psalms III S. 54 und 191. Psalms III S. 191 ist der englische Wortlaut der Übersetzung :

Israel rejected the Good One,
they followed the Foe.

Unwesentlich verschieden ist der Wortlaut an den beiden erstgenannten Stellen. Zu dieser Übersetzung vgl. auch die LXX und W. Rudolphs Diskussion z. St. S. 157.

[358] Siehe dazu Dahood, Psalms III Index of Subjects S. 487 s.v. *qtl–yqtl sequence*.

[359] Siehe außer ETL 44 (1968) 45 Anm. 38 auch M. Dahood, Psalms III Index of Hebrew Words S. 472a.

obachtung nahe, daß Hosea für Baal und die Götzen überhaupt gern verschiedene entehrende Titel gebraucht[360]. Dadurch schließlich, daß *hēm* vom Anfang von V. 4 noch hierhergezogen wird, erhalten wir sowohl hier wie in V. 4a gleiche Akzent- und Silbenzahl: siehe oben zu Hos 8,2.

Hos 8,4a

himlîkû w^elō' mimmennî	8 Silben
hēśîrû w^elō' yādā'tî	8

Sie machten Könige, aber ohne meine Einwilligung,
setzten Beamte ein/setzten (Könige) ab, aber ohne mein Wissen.

Zum Pronomen *hēm*, das nach dem MT am Anfang von V. 4a steht, siehe zu Hos 8,3(f).

Es ließ sich feststellen, daß Hosea sich gern doppeldeutig ausdrückt. In der Besprechung von Hos 5,1 (S. 57f) ist eine Übersicht der Beispiele gegeben. — Dafür, daß *hēśîrû* hier zwar wirklich „sie setzten Fürsten, Beamte ein" bedeutet, spricht die Schreibung mit Sin und der Parallelismus mit *himlîkû* zugleich mit der Tatsache, daß *melek* bei Hosea oft mit *śār* bzw. *śārîm* zusammensteht (3,4; 7,3.5; 8,10; 13,10b). Dafür aber, daß hier wohl auch die Bedeutung *hēsîrû* „sie setzten ab", das Hifil von *sûr*, mitgehört werden will, sprechen folgende Gründe: erstens, daß die Form hier nach 'ayin-Waw statt nach 'ayin-'ayin gebildet ist, zweitens, „daß die Masoreten die Form als abweichende Schreibung von *hēsîrû* verstehen (einzelne MSS schreiben auch das Samek) und jüdische Exegeten wie Raschi und Ibn Esra deshalb ‚sie entfernten (Könige)' übersetzen"[361], drittens paßt dieses Verständnis bestens in jene Zeit der Revolutionskönige[362], und schließlich läßt sich von der Ausdrucksweise her wohl auch 2 Sam 7,15 anführen: „Aber meine Huld wird nicht von ihm weichen (*yāsûr*), wie ich sie habe weichen lassen (*hăsīrōtî*) von Saul, *'ăšer hăsīrōtî mill^epānèkā* den ich vor dir beseitigt habe."

[360] Siehe zu 4,7 S. 42 die Zusammenstellung.
[361] W. Rudolph S. 157.
[362] Vgl. Hos 7,7, und siehe auch Rudolph S. 163.

Hos 8,5a

zānōaḥ ʿeglᵉ-kī (MT *zānaḥ ʿeglēk*) *šōmᵉrôn ḥārâ ʾappî bām*

Verworfen habe ich das Kalb von Samaria,
entbrannt ist mein Zorn gegen sie.

Zu dieser Lesung und Übersetzung siehe H.J. van Dijk, Tyre S. 70 [363]. Neben der längst erkannten [364] und z.B. von W. Rudolph (S. 157) auch anerkannten Lesung des Infinitivus absolutus statt finiter Verbform ist hier das emphatische *kī* in der Konstruktuskette zu beachten (demgegenüber in V. 6 *ʿēgel šōmᵉrôn*). Wie van Dijk richtig bemerkt, hätten wir, wenn wir die masoretische Suffixpunktierung beibehielten, hier die einzige Du-Anrede im ganzen Kapitel. Weitere Beispiele dieser Konstruktion mit emphatischem *kī* fanden wir in Hos 2,8 und 5,8b.

Hos 8,6b

kî šᵉbābîm yihyeh ʿēgel šōmᵉrôn

Vielmehr zu Splittern/Flammen wird das Kalb Samarias.

Bis heute ist man sich noch nicht ganz einig, wie das Hapaxlegomenon *šᵉbābîm* zu übersetzen ist. Zwar wird es jetzt meistens als „ Stücke, Splitter " verstanden [365]. Aber W.F. Albright [366] und E. Osty

---

[363] Vgl. auch M. Dahood, Psalms II S. XX und 147. — Allerdings vokalisiert van Dijk *ʿaglēkī*. Aber mir scheint die Punktierung *ʿeglᵉkī šōmᵉrôn* annehmbarer zu sein. Entsprechend habe ich auch in Hos 2,8 (siehe S. 14) *darkᵉkī* vokalisiert. Wenn es im MT *ʿeglēk* bzw. *darkēk* heißt, so versteht sich das m.E. eben daraus, daß das *kī* später als feminines Suffix betrachtet wurde. An einen Plural (etwa pluralis excellentiae) ist wegen 8,6 (*ʿēgel šōmᵉrôn*) kaum zu denken. Außerdem müßte es dann nach der tiberiensischen Tradition *ʿeglēkī* heißen, nicht *ʿaglēkī* (vgl. etwa Joüon, Grammaire § 96Ae S. 237). Aber natürlich muß man sich vor Augen halten, daß, sobald wir einmal von der Vokalisierung des MT abgehen, unsere Punktierung im letzten stets nur ein mehr oder weniger wahrscheinlicher Versuch bleibt.

[364] Von J. Huesman, Bib 37 (1956) 294.

[365] Zur Diskussion der Wurzel *šbb* (ugaritisch *ṯbb*) „ zerschlagen, zersplittern " siehe Anm. 10 die Literatur.

[366] BASOR 84 (1941) 17 Anm. 26.

(BJ) sind für „Flammen“ [367]. Sollte man aber nicht auch hier eine bewußte Doppeldeutigkeit Hoseas vermuten, da wir bereits eine ganze Reihe solcher Fälle bei ihm wenigstens als gut möglich entdeckt haben [368]? Das würde auch einigermaßen zur Geschichte vom goldenen Kalb passen, in der in Ex 32,20 von Mose berichtet wird: *wayyiqqaḥ 'et hāʿēgel 'ăšer ʿāśû wayyiśrōp bāʾēš wayyiṭḥan ʿad 'ăšer dāq* „Und er nahm das Kalb, das sie gemacht hatten, und verbrannte es im Feuer und zerstieß es, bis es fein zermahlen war“ (vgl. auch Dtn 9,21). Daß eine Beziehung zwischen den Stieren des Jerobeam und der Geschichte vom goldenen Kalb Ex 32 besteht, ist ja wohl sicher [369].

Hos 8,11

kî hirbâ 'eprayim mizbᵉḥōt lᵉḥaṭṭēʾ (MT *laḥăṭōʾ*)
hāyû lô mizbᵉḥôt laḥăṭōʾ

Mehrte auch Ephraim seine Altäre zum Zweck der Sühne,
sie sind ihm Altäre zum Sündigen geworden.

So liest und übersetzt neben anderen Autoren W. Rudolph (S.156). Indem man das erste *lḥṭʾ* als Piel privativum *lᵉḥaṭṭēʾ* oder um des Reimes willen als die entsprechende Form des Infinitivus absolutus *lᵉḥaṭṭōʾ* punktiert, erhält man statt bloßer Wiederholung ein Wortspiel. Diese Lösung wird m.E. einmal dadurch bestätigt, daß sich gerade in Kapitel 8 noch drei wortspielerische Doppeldeutigkeiten feststellen ließen, nämlich in den VV. 4a, 6b und 14, mag es sich in diesen Fällen auch nicht um genau die gleiche Erscheinung handeln. Zum andern scheint Hosea bereits in 4,8 mit einem Derivat der Wurzel *ḥṭʾ* einen bewußten Doppelsinn verbunden zu haben: In dem Satz *ḥaṭṭaʾt ʿammî yōʾkēlû* „die Sünde meines Volkes essen sie“ sollte vermutlich auch *ḥiṭṭâ* „Weizen“ mitgehört werden (siehe S. 45f). Schließlich entspricht das Vorkommen verschiedener Konjugationen desselben Verbs in einem Vers auch sonst geübtem poetischem Stil, im Bibel-

---

[367] Vgl. W. Rudolph S. 158. Neben der arabischen Wurzel *šbb* „anzünden“ und dem aramäischen *šᵉbîbāʾ* „Flamme“ darf man auch wohl auf das Vorkommen von *šābîb* „Flamme, Funke“ in Ijob 18,5 und Sir 8,10; 45,19 hinweisen; vgl. auch M. Wagner, Die lexikalischen und grammatikalischen Aramaismen S. 111f.

[368] Siehe zuletzt oben zu Hos 8,4a.

[369] Vgl. etwa M. Noth, Exodus S. 202f.

hebräischen wie auch bereits im Ugaritischen. Ein Beispiel dieser Art mit Nifal und Qal fanden wir in Hos 5,5b [370]. Die Folge Piel-Qal wie hier in 8,11 kommt beispielsweise in Ps 139,21a vor: *hălô' m^{e}śan^{e}'èkā yhwh 'eśnā'* „Siehe, die dich hassen, Jahwe, habe ich gehaßt" [371].

Angesichts aller dieser Beobachtungen halte ich es jedenfalls nicht für richtig, daß BHK³ und BHS hier in Hos 8,11 tilgen wollen.

Hos 8,14

wayyiškaḥ yiśrā'ēl 'et 'ōśēhû wayyiben hêkālôt
wîhûdâ hirbâ 'ārîm b^{e}ṣūrôt
w^{e}šillaḥtî 'ēš b^{e}'ārāyw w^{e}'āk^{e}lâ 'arm^{e}nōtèhā

Vergessen hat Israel seinen Schöpfer und Tempel/Paläste gebaut.
Und Juda machte zahlreich die befestigten Städte/Götter auf den Höhen.
Doch schicke ich Feuer gegen seine Städte/Götter; das wird seine Paläste (Tempel?) verzehren.

Mehrere Elemente scheinen darauf hinzudeuten, daß Hosea sich hier doppeldeutig ausdrückt. *hêkāl* kann bekanntlich sowohl Palast wie Tempel bedeuten [372]. Sind hier neben Palästen auch (Götter-) Tempel gemeint, versteht es sich leichter, daß vorher festgestellt wird, Israel habe seinen Schöpfer vergessen. Ferner: Das Verbum *hirbâ* ist schon in V. 11 gebraucht, dort aber mit dem kultischen Objekt *mizb^{e}ḥōt* (vgl. auch 10,1). Nun hat M. Dahood gefunden, daß *'ārîm* an mehreren Stellen der Bibel „Götter" heißt bzw. — in einem Wortspiel — a u c h heißen muß, wörtlich „Beschützer", von der schon im Ugaritischen belegten Wurzel *ġyr*/*'yr* „beschützen" [373]. So ein

[370] Siehe S. 66f; dort auch Literaturhinweise.

[371] Zu dieser Übersetzung siehe M. Dahood, Psalms III S. 284 und 298. Umgekehrte Reihenfolge, Qal-Piel, haben wir in Ps 29,5: *šōbēr – way^{e}šabbēr*. Eine Übersicht dieser und anderer Beispiele in den Psalmen gibt Dahood in Psalms III S. 414.

[372] H.W. Wolff (S. 188) schließt Tempelbauten hier nicht unbedingt aus. Anders W. Rudolph S. 161. Seinem Einwand, „wenn nicht Jahwe-, sondern Baalstempel gemeint wären, müßte das notwendig gesagt werden", versucht die im Text folgende Ausführung zu begegnen.

[373] Zu *'ārîm* „Götter" siehe Psalms I S. 55f. Zur Wurzel *ġyr*/*'yr* siehe etwa M. Dahood, Bib 50 (1969) 348 (dort weitere Literatur), und Psalms III

Wortspiel findet sich in Jer 2,28b: *kî mispar ʿārèkā hāyû ʾĕlōhèkā yehûdâ* „ denn nach der Zahl deiner Städte/Götter war die deiner Götter, Juda “ [374]. Das läßt vermuten, daß auch Hosea sich an unserer Stelle doppeldeutig ausdrückt, und zwar in V. 14a wie auch in V. 14b. — Was hat dann aber *beṣūrôt* bei angenommenem Doppelverständnis für eine Funktion? Stört es nicht? Ich meine, nein. Im Ugaritischen gibt es das Nomen *ẓr* „ Spitze, Höhe “. *bẓr*, wörtlich „ auf der Höhe “, wird präpositional gebraucht: „ oben auf “ [375]. So könnte *beṣūrôt* neben „ befestigt “ auch wohl „ auf den Höhen “ [376] heißen. Man vergleiche Hos 10,8: *wenišmedû bāmôt ʾāwen ḥaṭṭaʾt yiśrāʾēl* „ und vernichtet werden die Höhen des Frevels, Israels Sünde “. — Daß schließlich auch Götter verbrannt werden können (V. 14b), zeigen etwa Stellen wie Ex 32,20 (das goldene Kalb; vgl. auch die Besprechung von Hos 8,6b S. 106f) und Dtn 7,5.

Hos 9,1-4

V. 1	*ʾal tiśmaḥ yiśrāʾēl*	6 Silben
	ʾal gîl[ekā] kāʿammîm	7
(oder	*ʾal gîlekā ʿammî-m*)	(6)
(MT	*ʾel gîl kāʿammîm*)	
	kî zānîtā meʿal ʾĕlōhèkā	10
	ʾāhabtā ʾetnān	5
	ʿal kol gornôt dāgān	6
2	*gōren wāyeqeb lēʾê* (MT *lōʾ*)	7
	rōʿēm (MT *yirʿēm*) *wetîrôš yekaḥeš bāh*	9
3	*lōʾ yēšebû bāʾāreṣ* (MT *beʾereṣ*) *yhwh*	9
	wešāb ʾeprayim miṣrayim	8
	ûbeʾaššûr ṭāmēʾ yōʾkēlû	9
4	*lōʾ yissekû leyhwh yayin*	9
	welōʾ yaʿārībû (MT *yeʿerebû*) *lô zibḥêhem*	10
	keleḥem ʾônîm lāhem	7
	kol ʾōkelāyw yiṭammāʾû	8

S. 314. Zum Vorkommen dieser Wurzel bei Hosea und in Dtn 32,11 siehe die Übersicht im Exkurs „ Hosea und Dtn 32,1-43 “ S. 36.

[374] Siehe Dahood, Psalms I S. 56.

[375] Vgl. UT Glossary Nr. 1047 S. 407 und J. Aistleitner, Wörterbuch Nr. 2378 S. 272.

[376] Im Ugaritischen ist ein Plural von *ẓr* bisher noch nicht belegt, weder auf *-ūma* noch auf *-ātu* (= hebr. *-ôt*).

kî laḥmām lᵉnapšām 6
lō' yābô' bêt yhwh 6

V. 1 Freue dich nicht, Israel;
juble nicht wie die Völker (oder: mein Volk)!
Denn weggehurt bist du von deinem Gott,
hast geliebt Dirnenlohn,
auf allen Tennen den Dagan,
2 auf Tenne und Kelter den Starken/Schwachen (Baal).
Donnerer/der Verstörte und Tirosch thront in ihm,
3 nicht herrscht im Lande Jahwe.
So muß Ephraim nach Ägypten zurück,
und in Assur sollen sie Unreines essen.
4 Nicht werden sie Jahwe ihren Wein spenden,
und nicht werden sie ihm ihre Opfer darbringen.
Wie Trauerbrot gilt es ihnen;
alle, die es essen, verunreinigen sich.
Denn ihr Brot ist für ihre eigene Kehle;
nicht kommt es in Jahwes Haus.

Freue dich nicht...juble nicht: Der in der hebräischen Bibel nicht seltene[377] Parallelismus der Wurzeln *śmḥ//gyl* begegnet auch im Ugaritischen in UT 125:14f (//99):

bḥyk abn nšmḫ
blmtk ngln

Über dein Leben, unser Vater, freuen wir uns;
über deine Unsterblichkeit jubeln wir.

juble nicht wie die Völker (oder: mein Volk): Schon H.S. Nyberg (S. 67) vermutet hier eine (doppelte) Haplographie und liest *'al gîl lᵉkā kāʿammîm* „nicht (sei) dir Jubel!“. Er verweist dabei auf die Konstruktion in Ps 83,2 *'al dŏmî lāk* „hab keine Ruhe!“[378]. Aber eine doppelte Haplographie scheint mir gar nicht notwendig zu sein. Es genügt, *gîlᵉkā* zu lesen und das Suffix als Dativ zu fassen, um wie Nyberg wörtlich übersetzen zu können „nicht (sei)

[377] Siehe H.W. Wolff S. 197; M. Dahood, RSP I S. 354 mit weiterer Literatur.

[378] Ähnlich heißt es in Jes 62,6; vgl. auch 2 Sam 1,21: *'al ṭal wᵉ'al māṭār ʿalêkem* „nicht Tau und nicht Regen gebe es auf euch“ (vgl. Rudolph S. 171) und 1 Aqht: 44: *bl ṭl bl rbb* „es soll keinen Tau, es soll keinen Regen geben.“

dir Jubel!". Eine ähnlich prägnante Wendung findet sich in Ps 115,7: *y^e^dêhem w^e^lō' y^e^mîšûn raglêhem w^e^lō' y^e^hallēkû* „Hände haben sie und können nicht fühlen, Füße haben sie und können nicht gehen". — Was den Übergang von der verbalen in eine substantivische Konstruktion in den ersten beiden parallelen Stichen von V. 1 betrifft, so kann man auf Hos 6,10b verweisen, wo wir einen ähnlichen poetischen Wechsel haben, nur in umgekehrter Reihenfolge: *śām z^e^nût l^e^'eprayim niṭmā' yiśrā'ēl* „da geschieht die Hurerei Ephraims, verunreinigt sich Israel".

Aber eine andere Möglichkeit besteht darin, *'al gîl^e^kā 'ammî-m* statt *'el gîl kā'ammîm* zu lesen, „juble nicht, mein Volk", also das letzte Mem als enklitisch aufzufassen. Dann ersparen wir uns überhaupt eine Haplographie, und der Parallelismus im ersten Doppelstichus wird vollkommener: *yiśrā'ēl*//*'ammî-m*. In Hos 6,11b; 7,1aα stehen *'ammî* und *yiśrā'ēl* schon einmal in Parallele. Im Ugaritischen kommt ein solches Mem beim Vokativ wiederholt vor[379], und im Hebräischen kann man hier etwa Spr 5,7 anführen:

w^e^'attâ b^e^nî-m š^e^ma' (MT *bānîm šim'û*) *lî*
w^e^'al tāsûr (MT *tāśûrû*) *mē'imrê pî*

So nun, mein Sohn, höre auf mich,
und weiche nicht ab von den Worten meines Mundes.

Kontext, LXX und Vulgata haben hier den Singular. Der Plural des MT erklärt sich gut aus der mangelnden Vertrautheit der Masoreten mit dem enklitischen Mem. Auf ihr Konto geht dann auch die Pluralvokalisierung der Verbalformen. Ähnlich liegt die Sache in Spr 4,1 und 7,24[380].

von deinem Gott: Auf den ersten Blick könnte man versucht sein, in dem *(mē)'al* in V. 1aγ den Gottestitel zu sehen wie in 7,16 und 11,7. Aber dagegen spricht, daß *zānâ* an beiden Stellen, an denen es sonst noch bei Hosea in ähnlicher Konstruktion vorkommt, ebenfalls wie hier eine Doppelpräposition nach sich hat: in 1,2 *mē'aḥărê* und in 4,12 *mittaḥat*.

Dirnenlohn: *'etnan* findet sich jetzt auch in einem jüngst publizierten[381], noch recht schwierigen ugaritischen Text, RS 24.244,

[379] Siehe A.D. Singer, JCS 2 (1948) 1 und 5ff.

[380] Siehe dazu des weiteren W.A. van der Weiden, Proverbes S. 41-44; dort weitere Literaturhinweise.

[381] Von C. Virolleaud, Ugaritica V S. 564-574.

in dem es sich vermutlich um Schlangenbeschwörung handelt. Am Schluß[382], Zeile 73-76 heißt es : *yḫr tn km mhry w bn bṯn itnny ytt nḥšm mhrk bn bṯn itnnk* ; wohl zu übersetzen : „ Ein *yḫr* (?) gib mir als Mitgift und eine Otternbrut als Lohn. Ich gebe Schlangen dir als Mitgift, Otternbrut als Lohn “ [383].

D a g a n, T i r o s c h: Das Vorkommen dieser Bezeichnungen als Götternamen in 7,14 (siehe S. 97) wie auch der Zusammenhang hier und der sich ergebende Parallelismus machen es wahrscheinlich, daß auch hier die Gottheiten gemeint sind[384].

d e n S t a r k e n / S c h w a c h e n (B a a l). D o n n e r e r / d e r V e r s t ö r t e: Der masoretische Ausdruck *lō' yirʿēm* bereitet bis jetzt Kopfzerbrechen[385]. Ich möchte vorschlagen, *lē'ê rōʿēm* zu lesen und *rōʿēm* zum folgenden Stichus zu ziehen. *lē'ê* wäre der an anderen Bibelstellen[386] entdeckte Gottestitel, der Form nach Adjektiv oder statives Partizip der Wurzel *l'y* „ stark sein, überwinden “. Sonst trifft und vokalisiert man diesen Titel als *lē'*. Hier wäre der dritte Radikal erhalten geblieben wie im ugaritischen Personennamen *liy*[387]. *rōʿēm* wäre ebenfalls ein umschreibender Titel für Baal. Man vergleiche die ugaritischen Namen *yrǵm il* und *yrǵm bʿl* in der Liste RS 24.246 B[388], die etwa von C.H. Gordon[389] und M. Dahood[390] als „ Donnern möge El bzw. Baal “ gedeutet werden[391].

---

[382] a.a.O. S. 572 ; vgl. dazu jetzt auch Dahood, RSP I S. 257.

[383] Virolleaud gibt zu dieser Stelle keine eigentliche Übersetzung. C.H. Gordon, UT Glossary Nr. 415a S. 368b, übersetzt die letzten beiden Zeilen : „ a present of serpents is thy dowry ; yea of snakes, thy gift “. Allerdings ist *ytt* Verbalform, wie Gordon selbst im Supplement to UT (Nr 1169 S. 552) erklärt : *ytt* ... „ I have given “. — Die Genitivsuffixe an *mhry* usw. habe ich dativisch wiedergegeben : siehe zu Hos 2,7b S. 11 und dort die Anm. 37.

[384] Zum wahrscheinlichen Vorkommen von Dagan und Tirosch als Gottheiten in Gen 27,28 siehe Dahood, Or 39 (1970) 376, und RSP I S. 190.

[385] Siehe zum status quaestionis W. Rudolph S. 171.

[386] Siehe M. Dahood, Psalms I und II Index of Hebrew Words s.v. *lē'* „ the Victor “, und A.C.M. Blommerde, Job S. 28.

[387] Siehe UT Glossary Nr. 1342 S. 426. Vgl. auch den Namen *'bdl'y* in einer punischen Inschrift aus Karthago : KAI 81 : 7, und die dazugehörigen Angaben in KAI II S. 99. — Die Vokalisierung *lē'ê* wäre analog der des aktiven Partizips der Verba Lamed-Yod mit erhaltenem Yod, z.B. *bōnê* von *bānâ* „ bauen “, *'ōnê* von *'ānâ* „ triumphieren “ : siehe dazu M. Dahood, CBQ 30 (1968) 520, und B. Köhler, VT 21 (1971) 370.

[388] Ugaritica V S. 594f.

[389] UT Supplement Nr. 2343a S. 555.

[390] Bib 49 (1968) 368.

[391] Anders von J.C. de Moor, UF 2 (1970) 326f.

Nun könnte man sich vielleicht fragen, wieso Hosea hier so neutrale und sogar ehrende Titel für Baal gebraucht, er, der ihn sonst *bōšet* (9,10), *lō' ʿal* „ Nicht-Höchster “ (7,16) u.ä. nennt [392]. Wenn wir dagegen bedenken, wie gern sich der Prophet wortspielerisch, doppeldeutig ausdrückt [393], scheint es mir nicht Zufall zu sein, daß beide Titel, *lē'ê* und *rōʿēm*, auch noch nach je einer anderen, negativen Wurzel verstanden werden können, nach *lā'â* „ müde, machtlos sein “ und *rāʿam* „ verstört, bedrückt sein “. Hosea wird es schon verstanden haben, in seiner mündlichen Predigt diesen anderen Sinn entsprechend herauszukehren. Man bedenke auch, daß für damalige Hörer und Leser ein Wortspiel mehr war als ein geistreicher Scherz [394].

Donnerer ... und Tirosch thront ... nicht herrscht: *yᵉkaḥēš* leite ich hier vom ugaritischen *kḥṯ* „ Sitz, Thron “ ab; wahrscheinlich ist es Piel denominativum [395]. Daß *kiḥēš* hier „ thronen, herrschen “ bedeutet, legt sich wegen des folgenden *yēšᵉbû* nahe, das ja vielfach auch „ thronen “ heißt [396]. *yēšᵉbû* wäre hier singularisches *yaqtulu* [397] oder Majestätsplural [398]. Im Ugaritischen finden sich die beiden Wurzeln *kḥṯ* und *yṯb* im Parallelismus in UT 126 : V : 24f [399] :

ṯb bny lmṯb[*t*]*km*
lkḥṯ zblk[*m*]

Kehrt zurück, meine Söhne, zu euren Sitzen,
zu den Thronen eurer Fürstlichkeit.

---

[392] Siehe die Zusammenstellung der Schimpfnamen zu Hos 4,7 S. 42.

[393] Siehe zu Hos 5,1 S. 57f die Übersicht der Beispiele.

[394] Vgl. etwa E.A. Speiser, Genesis S. 16, zu Gen 2,5 (*'ādām – 'ădāmâ*).

[395] Vgl. S. und S. Rin, BZ 11 (1967) 182f, zu hebr. *kḥš*. Ein Wortspiel mit *kaḥaš* „ Lüge, Trug “ und *kḥš* „ Thron “ fanden wir in Hos 7,3 und 10,13 (S. 89f). — Trotz des nach obigem Vorschlag doppelten Subjekts braucht der Singular *yᵉqaḥeš* nicht geändert zu werden : vgl. Joüon, Grammaire § 150p S. 462.

[396] Siehe etwa M. Dahood, Psalms III Index of Hebrew Words S. 472 s.v. *yāšab* to sit enthroned.

[397] Siehe dazu Anm. 119 die Literatur.

[398] Siehe zu der doppelten Möglichkeit M. Dahood, Psalms III S. 350 zu Ps 147,20. Die erste dort angegebene Stelle, Ps 9,11, dürfte aber Druckfehler sein.

[399] Zu erwähnen ist hier auch UT 49 : I : 30 : *yṯb lkḥṯ aliyn bʿl* „ Er setzt sich auf den Thron des Aliyan Baal “.

i n i h m : *bāh* bezieht sich nach der soeben vorgetragenen Übersetzung der Zeile auf das im parallelen Stichus folgende *'ereṣ*. Jahwe ist dazu nicht Genitiv, sondern ist Subjekt des zweiten Stichus. Man beachte die chiastische Stellung der Glieder, die sich übrigens auch in der folgenden Zeile V. 3b findet [400], wie auch das bei unserer Lösung genaue Silbengleichgewicht 9+9 bei 4+4 Hebungen.

Ä g y p t e n . . . A s s u r : Diese beiden Völkernamen erscheinen zusammen auch schon in Ugarit : siehe zu Hos 7,11b S. 94.

i h r e n W e i n : Angesichts der Parallelität der beiden Stichen dürfte das Suffix von *zibḥêhem* nach dem stilistischen Prinzip des double-duty suffix auch für *yayin* gelten [401].

W e i n . . . O p f e r : Der Parallelismus *yayin//zebaḥ* findet in Krt : 163-165 (//70-72) in etwa seine Entsprechung [402]. Allerdings ist es wegen des Wortfeldes gut, das Zitat hier schon mit Zeile 159 (//65) zu beginnen [403] :

ʿrb bẓl ḫmt
lqḥ imr dbḥ bydh
lla klatnm
klt lḥmh dnzl
lqḥ msrr ʿṣr db[*ḥ*]
yṣq bgl ḥtṯ yn
bgl ḫrṣ nbt

Er tritt in den Schatten eines Zeltes,
nimmt ein Opferlamm in seine Hände,
ein Schafjunges in beide Hände,
– – – seines Brotes – – –
Er nimmt das Innere (?) eines Opfervogels,
gießt in [404] ein silbernes Gefäß Wein,
in ein goldenes Gefäß Honig.

---

[400] Zum Chiasmus bei Hosea siehe zu Hos 2,2a*a* S. 6 und dort Anm. 19.

[401] Zu dieser Stilerscheinung siehe Anm. 77 die Bibliographie.

[402] M. Dahood bringt in RSP I S. 207 nicht diese Stelle, dafür aber UT 2004 : 1f.

[403] Privater Hinweis von Dahood.

[404] Oder „a u s einem silbernen Gefäß" ? So C.H. Gordon, Ugarit and Minoan Crete S. 106. Aber mir scheint es hier natürlicher zu sein und näher zu liegen, daß gesagt wird, wohinein der Wein und der Honig zum Hinauftragen an die Opferstätte gegossen wird. H.L. Ginsberg, The Legend of King Keret S. 18, und ANET² S. 144b, sowie J. Aistleitner, Wörterbuch Nr. 1228

Folgende Wörter hat dieser Text mit Hos 9,4 gemeinsam: *ʿrb*, *dbḥ*, *lḥm*, *yn*. Dieses Wortfeld (wie auch etwa die Silbengleichheit in V. 4b) sollte bei der Beurteilung der Einheitlichkeit von V. 4 m.E mitsprechen [405].

d a r b r i n g e n: wörtlich „eintreten lassen". Zu dieser Vokalisierung und der Übersetzung von *ʿārab* im Hifil wie überhaupt zur Bedeutung der hebräischen Wurzeln *ʿrb* I und *ʿrb* II siehe W. A. van der Weiden, VD 44 (1966) 97-104, besonders S. 102 [406] (vgl. auch hier den voraufgehenden Abschnitt).

Hos 9,5

Zum Parallelismus *ym*//*ym* „Tag//Tag" im Ugaritischen siehe zu Hos 9,7a.

Hos 9,6a.7a

Bezüglich der Silbenzählung in diesen beiden Zeilen siehe zu Hos 2,8 S. 15.

Hos 9,7a

bāʾû yᵉmê happᵉquddâ
bāʾû yᵉmê haššillum ...

Gekommen sind die Tage der Heimsuchung,
gekommen sind die Tage der Vergeltung ...

Das in der Bibel nicht seltene Parallelpaar *bôʾ*//*bôʾ* hat im Ugaritischen in UT 127:3-5 und in 1 Aqht:213f seine Entsprechung. In UT 127:3-5 heißt es:

S. 135, übersetzen jedenfalls „in". — Zur Schwierigkeit, die Präposition *b* im Ugaritischen jeweils richtig zu verstehen, siehe Gordon, UT § 10.1 S. 92.

405 Vgl. außer den verschiedenen Meinungen von Wolff, Deissler und Rudolph auch Buss S. 18 und I. Willi-Plein, Vorformen S. 172f.

406 Vgl. auch W. Rudolph S. 172 und M. Dahood, Psalms III S. 47 zu Ps 104,34.

bt krt bu tbu
bkt tgly wtbu
nṣrt tbu pnm

Ins Haus des Kret tritt sie geradewegs ein,
weinend geht sie und tritt ein,
schluchzend tritt sie hinein.

Des weiteren siehe Dahood, RSP I S. 141f.

Das Parallelpaar *yôm//yôm*, das bei Hosea noch in 6,2 und in 9,5 und auch sonst in der Bibel häufiger begegnet, kommt im Ugaritischen ebenfalls nicht selten vor. So heißt es z.B. in 2 Aqht : II : 22f:

ṯḫ ggy bym ṭiṭ
rḥṣ npṣy bym rṯ

Der mein Dach verputzt am Schlammtag,
der meine Kleidung wäscht am Schmutztag.

Des weiteren siehe Dahood, RSP I S. 142 und S. 202.

Hos 9,7b

'ěwîl hannābî' m^e^šuggā' 'îš hārûaḥ
'al rōb 'ăwōn^e^kā w^e^rōb hammaśṭēmâ (MT *w^e^rabbâ maśṭēmâ*)

Ein Tor ist der Prophet, verrückt der Geistesmann;
wegen deiner großen Schuld, wegen deiner großen Feindseligkeit.

Zu dieser Lesung und Übersetzung siehe M. Dahood, Bib 52 (1971) 353. Er nimmt die von der BHK³ als wahrscheinlich vorgeschlagene Lesung wieder auf und bringt für sie zwei neue Argumente: Die kausale Präposition *'al* vor *rōb* gilt auch für *w^e^rōb*, zumal in einem solchen Falle, da dem zweiten parallelen Glied die Konjunktion Waw voraufgeht. Der Parallelismus zwischen *'ăwōn^e^kā* und *hammaśṭēmâ* läßt den Artikel als stilistischen Ersatz eines Suffixes erscheinen.

Dahood erläutert diese Übersetzung des Tetrakolon: „The foolish prophet and the mad man of spirit got that way because of the size of Israel's iniquity and the enormity of her hostility."

Hos 10,1

gepen bôqaq (MT *bôqēq*) *yiśrāʾēl*	7 Silben
p^{e}*rî y*^{e}*šawweh llô*	6
k^{e}*rōb l*^{e}*piryô*	5
hirbâ lammizb^{e}*ḥôt*	6
k^{e}*ṭôb l*^{e}*ʾarṣô*	5
hêṭîb ûmaṣṣēbôt (MT *hêṭîbû maṣṣēbôt*)	6

Wie ein Weinstock wurde Israel bewässert,
Frucht ließ es reifen.
Entsprechend dem Regen auf seine Frucht
machte es zahlreich ausgerechnet die Altäre;
entsprechend dem Niederschlag auf sein Land
machte es prächtig gerade die Bildsäulen.

Die Probleme dieses Verses behandeln mit zureichender Ausführlichkeit die Kommentare von H.W. Wolff und W. Rudolph. Auf sie sei wie immer verwiesen. Hier möchte ich nur einige Lösungsvorschläge und Beobachtungen anführen, die sich m.E. aus der Anwendung der neuen Möglichkeiten und Erkenntnisse in der nordwestsemitischen Philologie ergeben:

b e w ä s s e r t: Ich lese versuchsweise *bôqaq* statt *bôqēq*, Perfekt Poal von *bûq*, einer Nebenform der ugaritischen Wurzel *pwq* I „trinken“ (UT Glossary Nr. 2029). *b* und *p* finden sich ja im Hebräischen, Ugaritischen und in den anderen semitischen Sprachen nicht selten in gegenseitigem Wechsel [407]. Diese Bedeutung „getränkt, bewässert“ paßt gut zu V. 1b entsprechend der hier gegebenen Übersetzung. Man vergleiche im übrigen auch die Wiedergabe des Aquila, *enhydros*, mag Hieronymus diese auch als Tadel verstehen [408]. Bei dieser Lösung ist *gepen* doch wohl am besten mit G.R. Driver [409] als Accusativus modi zu verstehen [410].

---

407 Siehe dazu A.C.M. Blommerde, Job S. 5f (dort weitere Literatur), und ferner Dahood, Psalms II und III Index of Subjects s.v. Interchange of *b* and *p*, sowie GP S. 372f.

408 Commentariorum in Osee prophetam liber II: CC 76 S. 105: „Pro vite frondosa, Aquila interpretatus est, *enhydron*, quam nos aquosam, vel *eksitēlon*, possumus dicere, eo quod vini perdat saporem.“

409 Festschrift F. Nötscher, BBB 1 (1950) 55.

410 Allerdings ließe sich m.E. auch erwägen, ob wir nicht doch an einer Wurzel *bqq* festhalten können, da die Grenzen zwischen den Wurzeln ʿAyin-

l i e ß e s r e i f e n : Siehe dazu W. Rudolph und A. Deissler.

R e g e n , N i e d e r s c h l a g : Zu dieser Bedeutung von *rōb* und *ṭôb*, gerade auch in Hos 10,1, siehe M. Dahood, Bib 45 (1964) 411 [411]. Doch siehe auch im folgenden die stilistische Besprechung.

a u s g e r e c h n e t d i e A l t ä r e : Sicherlich läßt sich *lammizbeḥôt* wohl auch als echten Dativ erklären und übersetzen [412], wenn man *rōb* mehr im Sinne von „ Menge " faßt (siehe unten zum Wortspiel). Aber der genaue Parallelismus zwischen V. 1bα und V. 1bβ, zumal zwischen *mizbeḥôt* und *maṣṣēbôt*, sprechen m.E. doch eher für *mizbeḥôt* als Akkusativ, so daß es verständlich ist, wenn die BHS notiert : „ fortasse legendum *mizbeḥôt* ". Darum fasse ich das Lamed als emphatische Partikel [413], parallel zum emphatischen Waw im letzten Stichus.

g e r a d e d i e B i l d s ä u l e n : Ich lese *hêṭîb ûmaṣṣēbôt* statt *hêṭîbû maṣṣēbôt*. Das Waw vor *maṣṣēbôt* ist dann als emphatisch zu assen [414]. Der Singular des Verbs entspricht dem Parallelismus.

Es ist nun noch auf folgende Sprachfeinheiten in V. 1bα und V. 1bβ hinzuweisen :

Waw/Yod und 'Ayin-'Ayin ja fließend sind (vgl. R. Meyer, Grammatik II § 80,1d S. 149, und P. Joüon, Grammaire § 82o S. 183). So könnte man *gepen beqūqā* lesen, „ ein wohlgetränkter Weinstock ". *beqūqā* wäre feminines Partizip Passiv, defektiv geschrieben. Vgl. z.B. Ijob 20,26, wo die BHK³ eine gleiche Defektivschreibung annimmt, und siehe auch in der vorliegenden Arbeit zu Hos 4,5b S. 33f (*'ēmā*) und dort Anm. 118 am Ende.

411 Ferner zu *ṭôb* „ Regen " siehe Dahood, Psalms I und II je Index of Hebrew Words s.v., und zu *rōb* „ Regen, Niederschlag " Dahood, Or 39 (1970) 376 sowie RSP I S. 190 und W.A. van der Weiden, Proverbes S. 73. — Dahood, selbst darauf aufmerksam gemacht durch S. Kaufman, weist mich auf M. Bittner, Studien zur Laut- und Formenlehre der Mehri-Sprache in Südarabien (Sitzungsberichte der philosoph.-histor. Klasse der kaiserlichen Akademie der Wissenschaften 162/5). Wien 1909, S. 39f. Da wird erwähnt, daß in jenem Dialekt *raḥmât*, seiner Grundbedeutung nach wohl „ Erbarmen " als Gottesgabe, einfach „ Regen " bedeutet, und ebenso nenne das Tunesisch-Arabische den Regen *ḫēir róbbī*, „ das Gute meines Herrn ", d.h. Gottes.

412 Siehe W. Rudolph und H.W. Wolff z. St.

413 Zum emphatischen Lamed siehe Blommerde, Job S. 31, mit weiterer Bibliographie ; ferner Dahood, Psalms II und III Index of Subjects s.v. Emphatic *lamedh*. Siehe auch in der vorliegenden Arbeit zu Hos 11,5 S. 134 und dort die Anm. 479.

414 Zum Waw emphaticum siehe Blommerde, Job S. 29, mit weiterer Literatur ; ferner Dahood, Psalms II und III Index of Subjects s.v.

a) 2+2 : 2+2 Wörter und Akzente ;
b) 5+6 : 5+6 Silben ;
c) Anfangsreim und Endreim : *rōb-ṭôb*, *piryô-'arṣô*, *mizbeḥôt-maṣṣēbôt* ;
d) doppeltes Wortspiel zwischen den Substantiven *rōb*, *ṭôb* „ Regen, Niederschlag " auf der einen Seite und den Verben auf der anderen [415]. Dabei ist allerdings noch zu überlegen, ob *rōb* und *ṭôb* hier nicht bewußt mehrdeutig sind, wie Hosea ja auch sonst Doppeldeutigkeiten liebt [416]. Jedenfalls könnten dem Zusammenhang nach sehr gut die Menge der Frucht und die Güte des Landes mitklingen, zumal ja eine unmittelbare Kausalbeziehung besteht zwischen *rōb lepiryô* „ Regen auf seine Frucht " bzw. auf sein Land und *rōb lepiryô* „ Menge seiner Frucht ". Diese Beziehung erwähnt Hosea auch selbst in 2,23f.

Dadurch, daß wir das Waw des masoretischen *hêṭîbû* als emphatisch zum folgenden Wort gezogen haben, vergrößert sich noch die Gleichmäßigkeit der Struktur :

e) Beide Verben, *hirbâ* und *hêṭîb*, sind jetzt singularisch ;
f) jedes der vier Wörter in V. 1bα hat genau die gleiche Silbenzahl wie je sein Parallelwort in V. 1bβ, mit dem Wortakzent je auf der letzten Silbe ;
g) das Lamed emphaticum vor *mizbeḥôt* hat ein Gegenüber im Waw emphaticum vor *maṣṣēbôt*.

Wir haben hier also einen Vers, der sich in seiner Prägnanz tief im Gedächtnis seiner Hörer einprägen mußte.

Hos 10,2a

ḥālaq libbām ʿattâ yeʾšāmû

Erstorben ist ihr Herz,
nun mögen sie (selbst) zugrunde gehen.

---

[415] Der Parallelismus zwischen *hêṭîb* und *hirbâ* begegnet auch in Jes 23,16b, nur in umgekehrter Reihenfolge : *hêṭîbî naggēn harbî šîr* „ Spiele schön, singe fleißig ! ". — In Ps 51 bilden *rbb* und *yṭb* eine Inklusion : V. 4 *hāribbâ* (MT *harbēh* [*k*]) „ laß regnen " und V. 20 *hêṭîbâ* „ mach schön " (siehe M. Dahood, Psalms III [sic !] S. XXXIf).

[416] Siehe zu Hos 5,1 S. 57f die Übersicht der Beispiele.

Zu dieser Übersetzung siehe M. Dahood, Psalms I S. 35f, sowie die Besprechung von Hos 14,1 S. 153f. In *ḥālaq* sieht er die ugaritische Wurzel *ḫlq* „ zugrunde gehen, sterben " [417], und *'āšam* „ zugrunde gehen " postuliert er anhand verschiedener Texte. Zum Ausdruck *ḥālaq libbām* im besonderen führt er 1 Sam 25,37 an, wo es heißt : *wayyāmot libbô b^eqirbô* „ Und sein Herz erstarb in ihm ". Man beachte dazu, daß im Ugaritischen *ḫlq* parallel zu *mt* „ sterben " gebraucht wird [418].

Allerdings wird sich schlecht bestreiten lassen, daß auch die andern beiden Übersetzungsmöglichkeiten von *ḥālaq*, zwischen denen man bisher schwankt [419], nämlich „ geteilt " und „ glatt = falsch ", je ihren guten Sinn geben. Ob nicht auch hier bewußte Mehrdeutigkeit vorliegt wie im voraufgehenden Vers [420] ? Das gäbe dieser kurzen Feststellung *ḥālaq libbām* einen wahrhaft hintergründigen Sinn, der sicher der Sache gemäß ist : Geteiltes, falsches, erstorbenes Herz verstehen sich ja als nur verschiedene Aspekte eines und desselben Bösen. Auch so gilt sicherlich W. Rudolphs Erklärung : „ Wir dürfen überzeugt sein, daß Hosea, wenn er mit dieser Verkündigung vor die Öffentlichkeit trat, die beiden Worte [scil. *ḥālaq libbām*] so erläuterte, daß niemand im Zweifel sein konnte, was gemeint war " (S. 192). Im übrigen vergleiche man, was später Hoseas Schüler Jeremia feststellt (17,9) : *'āqōb hallēb mikkōl w^e'ānūš hû' mî yēdā'ennû* „ Arglistig ist das Herz mehr als alles, und heillos ist es, wer kann es durchschauen ? "

Hos 10,6a

gam 'ôtô l^e'aššûr yûbāl minḥâ l^emelek yārēb

Auch es selbst (das Kalb) wird nach Assur gebracht
als Tribut für den Großkönig [421].

---

[417] Zu *ḥālaq* III „ sterben, zugrunde gehen " siehe auch HALAT S. 310a sowie N.J. Tromp, Primitive Conceptions S. 11f und S. 83f.

[418] Siehe UT Glossary Nr. 969 S. 402 die Textstellen. — Vgl. jetzt auch Dahood, RSP I S. 271 mit weiterer Literatur zu Ps 17,14.

[419] Siehe H.W. Wolff S. 222 ; HALAT S. 309b s.v. *ḥlq* I und besonders W. Rudolph S. 191f.

[420] Schon in Hos 5,7 (*ḥelqêhem*) scheint ein Wortspiel vorzuliegen mit den Wurzeln *ḥlq* „ teilen " und *ḫlq* „ zugrunde gehen " (vgl. die Besprechung S. 70).

[421] Zu *melek yārēb* siehe Rudolph S. 124f zu 5,13. — Oder ist hier und in 5,13 doch *malkî rab* zu lesen und das Yod von *malkî* mit M. Dahood, Psalms

Wie schon M. Dahood (Psalms III S. 94f) angibt, hat der Ausdruck *yûbal/yôbîl minḥâ* außer in Zef 3,10 in UT 137 : 37f eine Entsprechung :

hw ybl argmnk kilm
[ ] *ybl kbn qdš mnḥyk*

Er selbst wird dir [422] eine Abgabe bringen wie die Götter,
... er wird dir wie die Gottheiten [423] Tribut bringen.

Wie Dahood (ebenda) weiter feststellt, bedeutet der Parallelismus zwischen *yōbīlēnî* und *nāḥanî* in Ps 60,11 (//108,11) ein gewichtiges Argument für die Ableitung des Substantivs *minḥâ* von *nāḥâ* „ führen, bringen " und gegen die Herleitung von der Wurzel *mnḥ* (arabisch *manaḥa* „ schenken ") [424].

Hos 10,11f

V. 11	*w^{e}ʾeprayim ʿeglâ m^{e}lummādâ*	10 Silben
	ʾōhabtî lādûš	5
	(*wa*)*ʾănî ʿibbartî ʿōl* (MT *ʿābartî ʿal*)	7/6
	ṭûb ṣawwāʾrāh ʾarkîb	6
	ʾeprayim yaḥărôš	6
	y^{e}hûdâ y^{e}śaddēd (MT *y^{e}śadded*)	6
	l^{e}yaʿăqōb (MT *lô yaʿăqōb*)	4
V. 12	*zirʿû lākem liṣdāqâ*	7
	qiṣrû l^{e}pî ḥesed	6
	nîrû lākem nîr	5
	w^{e}ʿēt lidrôš ʾet yhwh	7
	ʿad yābôʾ w^{e}yōreh ṣedeq lākem	10

I S. 11, als Suffix der 3. Person Singular zu erklären und also zu übersetzen „ für seinen (scil. Assyriens) Großkönig " ? Yod als Suffix der 3. Person Singular kommt bei Hosea mit mehr oder weniger Sicherheit noch in 11,1.7 und 14,9 vor : siehe die Besprechung der Stellen.

[422] Zur Wiedergabe des Genitivsuffixes als Dativ siehe zu Hos 2,7b S. 11 und dort die Anm. 37. — Zu dieser Stelle im besonderen siehe Dahood, Psalms III S. 95, und auch J. Avishur bei J. Blau - S.E. Loewenstamm, UF 2 (1970) 28 Anm. 58 (mit Hinweis auf *ybl//nḥh* in Ps 60,11).

[423] Wörtlich „ Söhne der Heiligkeit " ; aber siehe noch Anm. 43.

[424] Vgl. GB S. 437a s.v. *minḥâ* und J. Blau - S.E. Loewenstamm, UF 2 (1970) 28 Anm. 57. — Siehe zu diesem Parallelpaar jetzt auch Dahood, RSP I S. 191f, besonders seine Bemerkung zu Ijob 29,25.

V. 11 Und Ephraim war eine geübte Jungkuh,
die zu dreschen liebte.
Da brachte ich ein Joch über sie,
ihren schönen Hals spannte ich ein.
Ephraim sollte pflügen,
Juda sollte eggen.
O Jakob,
12 säet euch, wie es recht ist/in Fülle;
erntet nach Maßgabe der Bundestreue!
Brecht euch einen Neubruch,
ja, eine Furche, indem ihr Jahwe sucht,
bis er kommt und euch zur rechten Zeit/in Fülle Regen sendet.

D a b r a c h t e i c h e i n J o c h ü b e r s i e: Statt des masoretischen *ʿābartî ʿal* lese ich mit W. Rudolph und A. Deissler *ʿibbartî ʿōl*, allerdings ohne Haplographie des *ʿl* anzunehmen. Möglicherweise ist das Waw vor *ʾănî* sekundär, so daß wir 6 Silben hätten wie in den drei folgenden Stichen [425]. — *ʿibbartî ʿōl* habe ich mit „ich brachte ein Joch ü b e r s i e" wiedergegeben, denn das Suffix von *ṣawwāʾrāh* im parallelen Stichus kann nach dem poetischen Grundsatz des double-duty suffix [426] auch für den ersten Stichus gelten, in diesem Falle im akkusativischen Sinne, wenn wir *ʿibbartî* als Verbum induendi auffassen (vgl. GK § 117cc S. 386).

i h r e n s c h ö n e n H a l s: *ṭûb sawwāʾrāh* ist hier sicherlich mit einer Wendung in UT 51 : IV : 13-15 zu vergleichen: „Qadisch-und-Amrar umgreift und setzt Aschera auf den Rücken des Esels, *lysmsmt bmt pḥl* auf den schönen Rücken [427] des Grautiers."

b r a c h t e i c h ... s p a n n t e i c h e i n: Man beachte die *qātal-yiqtōl*-Folge der parallelen Verben *ʿibbartî* - *ʾarkîb* in diesen beiden Stichen. Beide Verben sind wohl im deutschen Erzähltempus wiederzugeben [428].

O J a k o b: *lᵉyaʿăqōb*, das ich statt *lô yaʿăqōb* vorschlage, wäre

[425] Vier Stichen hintereinander mit gleicher Silbenzahl fanden wir bei Hosea in 7,14 und mit einiger Wahrscheinlichkeit in 4,6 und 5,8 (siehe die Besprechung der Stellen).

[426] Zu dieser Stilerscheinung siehe Anm. 77.

[427] Wörtlich „auf die Schönheit, Anmut des Rückens". In 1 Aqht : 60 findet sich die gleiche Wendung mit einer kleinen Variante: *lysmsm* (sic!) *bmt pḥl*.

[428] Siehe zu Hos 8,3(f) S. 104 sowie die Anm. 330.

Ephraim und Juda zusammenfassende Anrede [429] vor den folgenden Imperativen, mit dem Lamed als Lamed vocativum [430]. Als Anrede dürfte es wohl einen Kurzstichus für sich bilden.

w i e e s r e c h t i s t / i n F ü l l e . . . z u r r e c h t e n Z e i t : Es handelt sich in dieser ohne *lēʾmōr* o.ä. einsetzenden, bei der Auserwählung an Israel ergangenen Gottesrede vermutlich um ein Wortspiel [431] mit den verschiedenen Bedeutungen von *ṣedeq/ṣᵉdāqâ* : „ Recht/Gerechtigkeit, Fülle/Fruchtbarkeit, Rechtzeitigkeit “. Zu *ṣedeq* „ Fülle, Überfluß “ siehe M. Dahood, Psalms I S. 146 ; zu *ṣedeq* „ Rechtzeitigkeit “ siehe denselben Autor, Psalms II S. 289f zu Joel 2,23 *kî nātan lākem ʾet hammôreh liṣdāqâ*, das er übersetzt : „ For he has given you the early rain at the right time.“ *ṣedeq* und *ṣᵉdāqâ* bilden im übrigen auch eine Inklusion dieser Erwählungsrede V. 12. V. 13 bringt dann ohne Konjunktion einen starken Gegensatz : „ Ihr aber habt Bosheit gepflügt ...“.

j a, e i n e F u r c h e : Mit *wᵉʿēt* nach dem traditionellen Verständnis — „ und es ist Zeit “ — ist man vielfach nicht zufrieden. Entweder folgt man deshalb der LXX-Vorlage (*phōs gnōseōs*) und liest *nîr daʿat* oder man schlägt nach anderen alten Übersetzungen *kî ʿēt* vor [432]. Nun findet sich in Ps 129,3, wahrscheinlich auch in 1 Sam 14,14, und im Mittelhebräischen das Wort *maʿănâ*, das mit „ Pflugbahn, Furche “ wiedergegeben wird. Dem dürften im Ugaritischen die *ʿnt šdm* bzw. *ʿnt mḥrṯt*, die „ Furchen der Felder “, „ Furchen des Acker-

[429] Vgl. H.W. Wolff S. 240 zum alten gesamtisraelitischen Stämmebund unter dem Namen Jakob.

[430] Dazu siehe M. Dahood, Psalms I-III Index of Subjects s.v. Vocative *lamedh* ; ferner H.J. van Dijk, Tyre S. 29 (dort weitere Literatur). — Ein weiteres Vokativ-Lamed mit Jakob und Imperativen im Plural sieht Dahood in Jer 31,7 : *ronnû lᵉyaʿăqōb śimḥâ*, was er in Psalms II S. 6 übersetzt : „ Sing aloud, O Jacob, songs of gladness.“

[431] Bezüglich Wortspielen dieser Art bei Hosea siehe zu Hos 5,1 S. 57f, wo eine Übersicht der Stellen gegeben ist.

[432] Vgl. etwa Wolff S. 234 und die BHS.

[433] So übersetzen diese Wendungen in UT 49 : IV : 25-27.36-38 : H.L. Ginsberg, ANET² S. 141a (er faßt allerdings *ʿnt* als Singular auf : *ʿnt šdm* „ the furrow of Soil/Soil's furrow “ ; *ʿnt mḥrṯt* „ furrow of his tillage “) ; C.H. Gordon, Ugaritic Literature S. 46, und Ugarit and Minoan Crete S. 85 („ the furrows of the fields “, „ the Plowed Furrows/the Furrows of his plowing “ ; „ furrows ” ist allerdings jeweils in Kursivdruck gesetzt) ; und M. Dahood, Psalms I S. XLII, und Psalms III S. 231 (*ʿnt mḥrṯt* „ the furrows of the plowland “). — J. Aistleitner, Wörterbuch Nr. 2056 S. 236, deutet *ʿnt* als „ Quellen “.

landes "[433] entsprechen. H.L. Ginsberg[434] hat diese Wurzel seinerzeit auch in UT 126 : III : 4.9 angesetzt, und *nr-*[435] in Zeile 10 hat er mit hebräisch *nîr* „Neubruch" zusammengebracht. Was hat nun das ugaritische Wort *ʿnt* „Furchen" mit unserem *ʿēt* in Hos 10,12 zu tun? *ʿēt* wird heute schon in der Bedeutung „Zeit" von *ʿānâ* III „sich beschäftigen, mühen" abgeleitet, und als ursprüngliche Form wird **ʿēnet* angenommen[436]. Zu den in KBL² angeführten Angaben sollte man auch ugaritisch *ʿnt* I „nun" = hebräisch *ʿattâ* hinzufügen[437]. Es gibt ja auch sonst noch eine Reihe von Bildungen dieser Art, etwa *bat* „Tochter" (aus **bint*), *gat* „Kelter" (aus **gint*), phönizisch *št* „Jahr" (= hebräisch *šānâ*). Unser Wort *ʿēt* hier (oder vielleicht *ʿat* zu vokalisieren) könnte also, wie es scheint, gut mit den im Ugaritischen belegten *ʿnt* „Furchen" zusammenhängen als assimilierte Bildung.

Zu erwähnen ist, daß M. Dahood[438] in Ps 129,3 statt *heʾĕrîkû lᵉmaʿănôtām* (*k*) liest *heʾĕrîkû lāmō ʿănôtām* „upon it [scil. *gabbî* „meinem Rücken"] they made their furrows long". Zu erwähnen ist ferner, daß nach KBL² wie auch schon nach GB[439] *maʿănâ/maʿănît* „Furche" von *ʿānâ* III „sich beschäftigen, mühen" abgeleitet wird, ebenso wie *ʿēt* „Zeit".

Hos 10,13

Zum Wortspiel *kaḥaš* „Trug/Thron" in diesem Vers siehe zu Hos 7,3 S. 89.

---

[434] The Legend of King Keret S. 29; vgl. ebendort den Kommentar S. 47; siehe auch ANET² S. 148a.

[435] A. Herdner, Corpus S. 74, liest den letzten unleserlichen Buchstaben als *t*, also *nrt*. *nr-* faßt auch Gordon, Ugarit and Minoan Crete S. 116, als „tillage" auf, während er *ʿn* in Zeile 4 und 9 mit „well, Quelle" übersetzt (ebenso Aistleitner, Wörterbuch Nr. 1851 und Nr. 2056).

[436] Siehe KBL² S. 745b. Anders etwa Zorell, Lexicon S. 636b; vgl. auch KBL² S. 746a oben.

[437] Vgl. UT Glossary Nr. 1888 S. 458.

[438] Psalms I S. XLII und Psalms III S. 231.

[439] KBL² S. 549b; GB S. 447a.

Hos 10,14a*α*

w^{e}qā'm šā'ôn b^{e}'ammekā	8 Silben
w^{e}kol mibṣārèkā yûššad	8

Und Kriegslärm wird sich erheben gegen deine Festung,
und alle deine Befestigungen werden zerstört.

So übersetzt H.J. van Dijk [440], der um des strikten Parallelismus willen m.E. richtig *'ammekā* als „ your fortress, town " versteht. Zugrunde liegt die Wurzel *'mm* „ stark, tief, weise sein ", die mit *'mq* verwandt ist [441]. *'mm* in dieser Bedeutung legt sich in verschiedenen ugaritischen und hebräischen Texten nahe [442].

W. Zimmerli [443] ist von van Dijks Beispielen für *'am* „ Festung, Stadt " nicht überzeugt worden. Mögen nun auch nicht alle von ihm gebrachten Texte annehmbar sein, so sprechen doch verschiedene Stellen dadurch für sich, daß sie wirklich einen besseren, ja, den bereits vermuteten Sinn ergeben. Hier in Hos 10,14a*α* haben J. Wellhausen und nach ihm viele Autoren [444] den zu wenig scharf gebauten Parallelismuse mpfunden und deshalb *'ārèkā* „ deine Städte " vorgeschlagen. In der Tat sprechen neben dem Parallelismus auch zwei andere, von van Dijk noch nicht notierte stilistische Feinheiten dafür, daß Hosea den Vers wirklich präzise konstruiert hat : Einmal besteht genaue Akzent- und Silbengleichheit zwischen den beiden Stichen : 3+3 und 8+8. Das bedeutet, daß statt *yûššad* nicht etwa *yûšaddû* zu lesen ist, wie die BHS als lectio probabilis vorschlägt [445]. Silbengleichheit findet sich ja häufiger bei Hosea, so daß man nicht gut von Zufall sprechen kann [446]. Ferner — und darin besteht die zweite

---

[440] Tyre S. 5 ; der englische Wortlaut seiner Übersetzung ist :
And the tumult of war will arise against your fortress,
and all your towers will be destroyed.

[441] Tyre S. 100f.

[442] Siehe M. Dahood, Psalms I und III Index of Hebrew Words s.v. *'ām* „ strong " bzw. „ Strong One " ; Psalms II Index of Hebrew Words s.vv. *'ām* „ Strong One " und " fortress " ; *'āmam* „ to be strong, wise " und *'ammîm* „ Strong Ones ".

[443] Bib 51 (1970) 148 ; siehe auch M. Greenberg, JAOS 90 (1970) 538.

[444] Siehe van Dijk, Tyre S. 5, wie auch BHK^2, BHK^3 und BHS.

[445] Zur Erklärung des festzuhaltenden Singulars siehe die Kommentare von Wolff und Rudolph.

[446] Siehe Anm. 20.

stilistische Feinheit — sind die Glieder der beiden Stichen chiastisch aufgebaut [447].

Hos 10,14aβb

Zum double-duty modifier in diesem Versteil siehe S. 76.

Hos 11,1-4

V. 1 *kî naʿar yiśrāʾēl wāʾōhăbēhû*
ûmimmiṣrayim qārāʾtî l^{e}bānê (MT *libnî*)
2 *qārāʾû* (MT *qār^{e}ʾû*) *lāhem*
kēn hāl^{e}kû mippānāy (MT *mipp^{e}nê-*)
hēm (MT *-hem*) *labb^{e}ʿālîm y^{e}zabbēḥû*
w^{e}lapp^{e}sīlîm y^{e}qaṭṭērûn
3 *w^{e}ʾānōkî tirgaltî l^{e}ʾeprayim*
qāḥām ʿal z^{e}rôʿōtāy (MT *z^{e}rôʿōtāyw*)
w^{e}lōʾ yād^{e}ʿû kî r^{e}pāʾtîm
4 *baḥăbālay ʾādēm* (MT *b^{e}ḥablê ʾādām*)
ʾemš^{e}kēm
baʿăbōtôt ʾahăbâ
wāʾehyeh lāhem
kimrîmî (MT *kimrîmê*) *ʿōl ʿal l^{e}ḥêhem*
wāʾaṭ ʾēlay wāʾôkîl (MT *w^{e}ʾaṭ ʾēlāyw ʾôkîl*)

V. 1 Als Israel ein Knecht war, gewann ich ihn lieb;
und aus Ägypten rief ich seine Söhne.
2 Doch je mehr ich sie rief,
umso mehr wichen sie von mir.
Sie opferten den Baalen
und räucherten den Bildern.
3 Ich aber hatte Ephraim das Laufen gelehrt,
sie auf meine Arme genommen;
doch sie wollten nicht wissen, daß ich ihr Arzt war.
4 Mit meinen Seilen, mit beiden Händen
zog ich sie,
mit Stricken der Liebe.
Und ich war ihnen
wie einer, der ihnen das Joch von den Kinnbacken nimmt;
und ich wandte sie zu mir und speiste sie.

---

[447] Zum Chiasmus bei Hosea siehe zu Hos 2,2aα S. 6 und dort Anm. 19.

Israel ein Knecht ... seine Söhne: Die Übersetzung von V. 1 entspricht der von M. Dahood in RSP I S. 277f gegebenen[448]. Im Gegensatz zum traditionellen Verständnis, nach dem *naʿar* hier „ Kind, jung “ heißt, wird es in dieser Wiedergabe als „ Knecht “ gedeutet und deutlich von *bēn* „ Sohn “ abgesetzt. Zu vergleichen ist hier einmal eine ugaritische Liste, UT 2068, in der Leute vom Personal des Königs aufgeführt sind. Wie Gordon (UT S. 445) bemerkt, ist darin *nʿr* von *bn* unterschieden und bedeutet „ Diener, Knecht “ („ servant “) o.ä. In Zeile 25f sind dort *nʿr* und *bn* direkt parallel: *annmn w ṯlṯ nʿrh rpan wṯn bnh* „ Annmn und seine drei Knechte, Rpan und seine zwei Söhne “. — Was das Hebräische betrifft, so führt Dahood hier Koh 10,16f an, wo *naʿar* ausdrücklich einem *ben ḥôrîm*, einem „ Sohn von Freien “ gegenübersteht:

> Wehe dir, Stadt, dessen König ein Knecht (*naʿar*) war
> und dessen Fürsten vom Morgen an essen.
> Wohl dir, Stadt, dessen König ein Sohn von Freien (*ben ḥôrîm*) ist
> und dessen Fürsten zur rechten Zeit essen ...[449].

Eine Bestätigung dafür, daß man Koh 10,16f im nordwestsemitischen Rahmen in dieser Weise deuten darf, sieht Dahood (RSP I S. 83) dort gleich im folgenden Vers, der die kanaanäischen Wortpaare *mkk//dlp* „ sich senken//niedersinken “ [450], ein Hapaxlegomenon in der Bibel, und *qryt//bt* (*ḥbr*) [451] aufweist.

Mit Israel in Hos 11,1 wäre demnach der Stammvater Jakob gemeint, daher das Singularsuffix an *wāʾōhăbēhû*. Die Übersetzung „ seine Söhne “ entspricht der Wiedergabe der LXX (*ta tekna au-*

---

[448] Der englische Wortlaut heißt: „ When Israel was a slave I loved him, and from Egypt I called his sons.“ Vgl. dazu auch Dahood, RSP I S. 82f, und L.R. Fisher, RSP I S. XX.

[449] Zu *'ereṣ* „ Stadt “ in diesen Versen siehe Dahood, Bib 47 (1966) 280; zu *babbōqer* „ vom Morgen an “ UHP S. 26f. — H.W. Hertzberg, Prediger S. 193 und 196f, zieht aus der von ihm angeführten Antithese *ʿebed – ḥōrīm* in Sir 10,24 nicht den Schluß, *naʿar* könnte hier *ʿebed* gleichkommen, sondern ändert nach andern *ben ḥôrîm* in *ben bᵉḥûrîm* „ Angehöriger des mannbaren Alters, junger Mann “ (abgesehen davon, daß er V. 15b zwischen V. 16a und 16b setzt); *naʿar* übersetzt er mit „ Knabe “.

[450] Vgl. RSP I S. 261 mit weiterer Literatur. Zu *dālap* „ niedersinken, absacken “ siehe etwa W.A. van der Weiden, Proverbes S. 129f, und Dahood, Psalms III S. 177.

[451] Vgl. RSP I S. 330 (*mᵉqāreh//bayit* „ Balken//Haus “).

tou)[452]. Sie scheint den Vorzug zu verdienen vor „ meinen Sohn ", denn es folgen ja gleich Plurale : *lāhem*, *hālᵉkû* usw. Diese Sicht der Dinge wird bestätigt durch einen Vergleich mit Hos 12,13f[453]. Auch da ist zunächst die Rede davon, wie der Stammvater Jakob-Israel im Gefilde von Aram Knechtsdienst leistet (*wayyaʿăbōd*), und daran anschließend spricht Hosea von der Heraufführung Israels (des Volkes) aus Ägypten. Man kann vielleicht noch einen Schritt weiter gehen und 12,14b (*ûbᵉnābîʾ nišmār*) zur in 11,3f beschriebenen liebevollen Fürsorge Jahwes in Beziehung setzen.

Wenn man nun, wie gesagt, „ ihre Söhne " übersetzt statt „ meinen Sohn ", braucht man die Konsonanten von *lbny* nicht zu ändern und wohl auch nicht unbedingt einen anderen Konsonantenbestand als den masoretischen als Vorlage der LXX anzusetzen. Denn Yod kann auch (phönizisches) Suffix der 3. Person Singular sein, auch an Substantiven im Plural[454]. Setzt man doch eine andere LXX-Vorlage voraus, nämlich *bānāyw*, so könnte diese eine spätere bzw. in einem anderen (südlichen ?) Dialektbereich entstandene verdeutlichende Variante sein[455]. Der Kodex 86 gibt uns glücklicherweise fünf Kolumnen der Hexapla von Hos 11,1, also auch die Secunda, den hebräischen Text in griechischer Umschrift[456]. Dort wird *lbny* mit *labani* transkribiert. Frage : Ist es ganz sicher, daß *bani* hier eine Singularform des Substantivs *bēn* wiedergibt, also dem masoretischen *bᵉnî* entspricht ? Der Vokal *a* erinnert doch mehr an den Plural, auch nach der angenommenen ursprünglichen Vokalisation[457]. Jedenfalls hat *bani* auffällige Ähnlichkeit mit *bānê*, der wahrscheinlichen Vokalisierung des Plurals von *bēn* mit Suffix der 3. Person Singular maskulin[458].

M. Dahood (RSP I S. 278) weist schließlich noch auf eine stilisti-

[452] Vgl. auch das Targum : *qᵉrêtî lᵉhôn bᵉnîn* „ ich nannte sie Söhne " (A. Sperber, The Bible in Aramaic III S. 403).

[453] Darauf machte mich M. Dahood privatim aufmerksam.

[454] Siehe A.C.M. Blommerde, Job S. 8, mit weiterer Literatur ; ferner Dahood, Psalms II und III Index of Subjects s.v. Third person singular suffix *-i/y*. — Weitere Beispiele eines solchen Suffixes bei Hosea haben wir mit mehr oder weniger Sicherheit in 5,13//10,6 ; 11,7 und 14,9.

[455] Das scheint mir eine Erklärungsmöglichkeit zu sein, wenn sich zu einem Yod-Suffix in anderen Handschriften die Variante Waw findet (gegen R. Tournay, RB 77 [1970] 619).

[456] Siehe J. Ziegler, Duodecim prophetae (Septuaginta) S. 172.

[457] Vgl. R. Meyer, Grammatik II § 58,4 S. 80, und K. Beyer, Althebräische Grammatik S. 43.

[458] Siehe M. Dahood, Psalms I S. 115, und Psalms III S. 375f.

sche Feinheit in V. 1 hin. Das Suffix an *l^{e}bānê* (MT *libnî*) „ seine Söhne " bezieht sich zurück auf *yiśrā'ēl.* So zeigt sich in diesem Vers ein „ breakup " des Doppelausdrucks *b^{e}nê yiśrā'ēl* „ die Söhne Israels ", und zwar in umgekehrter Reihenfolge. Drei weitere Beispiele eines breakup haben wir bei Hosea in 4,5 ; 8,2 und 12,2a*α* (siehe zu Hos 8,2 S. 102-104).

i c h s i e r i e f : W. Rudolph (S. 209) liest hier in V. 2 m.E. mit Recht den Infinitivus absolutus statt *qār^{e}'û.* Nur scheint es mir fraglich, ob man wirklich *qārô'* zu vokalisieren hat. Im Ugaritischen, in dem das Verbum *qr'* übrigens auch mehrfach belegt ist, hieße die Form vokalisiert *qarā'û* [459], und so steht sie der masoretischen Punktierung *qār^{e}'û* zweifellos näher als *qārô'*. Wir hätten im Hoseabuch damit drei verschiedene Vokalisierungen des Infinitivus absolutus Qal : die für uns geläufige *qātôl* (vgl. 4,2), ferner *qātûl* in 2,10 und hier *qatālû* [460].

i c h s i e r i e f . . . w i c h e n s i e : Zum Nebeneinander von *qārā'* und *hālak*, das sich auch im Ugaritischen findet, siehe zu Hos 7,11b S. 94.

v o n m i r. S i e . . . I c h a b e r : Lies, wie allgemein anerkannt, *mippānāy hēm* statt *mipp^{e}nêhem.* Wie W. Rudolph (S. 209) richtig bemerkt, steht das betonte *hēm* dem betonten *w^{e}'ānōkî* in V. 3 gegenüber. Zu vergleichen ist hier etwa Dtn 32, das ja auch sonst viele Elemente mit Hosea gemeinsam hat [461]. Dort heißt es in V. 21 : *hēm qin^{e}'ûnî b^{e}lō' 'ēl ... wa'ănî 'aqnî'ēm b^{e}lō' 'ām* „ Sie erregten meinen Eifer durch einen Nicht-Gott ... und ich werde sie eifersüchtig machen durch ein Nicht-Volk " [462]. Diese Gegenüberstellung „ ich – sie " begegnet auch in der phönizischen Inschrift des Kilamuwa von Zincirli (KAI 24) in Zeile 13 : *w'nk tmkt mškbm lyd whmt št nbš km nbš ytm b'm* „ Und ich nahm die Mškbm bei der Hand, und sie hegten eine Zuneigung wie die Zuneigung eines Vaterlosen zu seiner Mutter " [463].

---

[459] Vgl. UT § 9.27 S. 79.

[460] Vgl. hier auch den in 4,7 mit einiger Wahrscheinlichkeit zu lesenden Infinitivus absolutus Afel *'āmêr* sowie die Form *ḥakkê* in 6,9, bei der es sich vermutlich um einen dem ugaritischen Formensystem nahestehenden Infinitivus constructus Piel von *ḥākâ* „ warten " handelt (siehe die Besprechung der Stellen S. 43f und S. 86).

[461] Siehe den Exkurs „ Hosea und Dtn 32,1-43 " S. 35ff.

[462] Zum Gebrauch des Verbs *qn'* in demselben Vers in zwei verschiedenen Konjugationen siehe zu Hos 5,5 S. 66f.

[463] Übersetzung und Erklärung der Inschrift findet sich auch in ANET²

s i e a u f m e i n e A r m e g e n o m m e n : Man kann mit H.S. Nyberg (S. 85) und W. Rudolph (S. 209) *miqqāḥām* lesen statt *qāḥām*. Es läge dann Einmalschreibung eines Mem vor : *l*^{e}*'eprayim* [*miq*]*qāḥām* [464]. Das Substantiv *miqqāḥām* stände im Accusativus modi. Nun liest Nyberg dazu *z*^{e}*rôʿōtāy* statt *z*^{e}*rôʿōtāyw* (vgl. BHS) und übersetzt also : „ ein sie Nehmen auf meine Arme " = „ indem ich sie auf meine Arme nahm ". Rudolph erklärt aber in seiner Diskussion mit Recht, man könne Kinder nicht dadurch gehen lehren, daß man sie auf den Arm nimmt, und so beläßt er das im Zusammenhang harte Singularsuffix *z*^{e}*rôʿōtāyw*, versteht hier also die Arme der Kinder und übersetzt : „ indem ich es bei den Armen nahm ". Aber ich meine, man kann Rudolph folgen und doch sich des unangenehmen Suffixes entledigen. Zumal in der Poesie können die Bezeichnungen für Körperteile sowohl im Ugaritischen wie im Hebräischen ohne Suffix gebraucht werden [465]. Aber auch in der soeben zitierten Kilamuwa-Inschrift fehlte bei *lyd* „ bei der (ihrer) Hand " das entsprechende Pluralsuffix. Abgesehen davon wäre auch nach der Regel des double-duty suffix ein Suffix nicht erforderlich, da ja *miqqāḥām* schon mit einem versehen ist [466]. Ganz ähnlich liegen die Dinge übrigens auch bei *'ādēm* „ mit beiden Händen " in V. 4. Davon wird noch die Rede sein. Darum würde ich bei der hier besprochenen Lösung in V. 3 *z*^{e}*rôʿōtî* statt *z*^{e}*rôʿōtāyw* lesen. Das Waw, das ja von den alten Versionen nicht bezeugt wird und in einigen Handschriften fehlt, ließe sich als Dittographie erklären. Das Yod aber könnte alte Kasusendung sein. Eine Präposition, wie hier *ʿal*, hat ja das Substantiv im Genitiv nach sich [467]. Einen ähnlichen Fall haben wir gleich in V. 4, wo ich *kimrîmî* statt *kimrîmê* lesen möchte (siehe unten).

Aber m.E. gibt es noch eine andere Lösungsmöglichkeit, bei der wir auf die Annahme einer Haplographie verzichten können. F.I. Andersen führt in seiner kurzen Studie über zweikonsonantige Nebenformen schwacher hebräischer Wurzeln [468] u.a. *qāḥ* „ er nahm " in Ez

---

S. 500f. — Auf diese Stelle der Inschrift weist M. Dahood, Psalms III S. 198 zu Ps 120,7 hin.

[464] Zur Einmalschreibung einzelner Konsonanten, die als eine Möglichkeit auch sonst noch bei Hosea vorkommt, siehe zu Hos 5,4a S. 59f sowie den dort anschließenden Exkurs.

[465] Siehe dazu Anm. 319 die Literatur.

[466] Siehe dazu Anm. 77.

[467] Vgl. R. Meyer, Grammatik II § 87,1 ; BL § 81a ; GK § 101a. Zu erhaltenen Kasusendungen siehe Anm. 318 die Literatur.

[468] ZAW 82 (1970) 270-274. — Dreimal wurde in dieser Arbeit bereits ver-

17,5 und auch unser *qāḥām* in Hos 11,3 als solche Nebenformen auf, die aber bisher von den Grammatikern als fehlerhaft angesehen würden (a.a.O. S. 272). M. E. könnte *qāḥām* hier Infinitiv mit Suffix der 3. Person Plural sein, der für eine finite Verbform steht, und zwar entweder Infinitivus constructus oder absolutus.

Für einen Infinitivus constructus spricht zunächst — so sind wir es von den Grammatiken und dem üblichen Gebrauch her gewohnt — das Suffix. Es ist zwar richtig, daß diese Form normalerweise *qaḥat* heißt, mit Anfügung des Taw, wir also in unserem Falle *qaḥtām* zu erwarten hätten. Aber vielleicht muß das bei solchen zweiradikaligen Nebenformen nicht so sein. Einen Infinitiv hält übrigens in unserem Falle auch Qimḥi [469] für möglich. Ich möchte hier auf folgende zwei Beispiele hinweisen, die vielleicht hierhergehören :

In der ugaritischen Liste UT 1117 erscheint zweimal, in Zeile 18 und 20, *l.qḥ*. Ist es so sicher, daß es sich hier um eine Perfektform handelt — tempus afformativum Plural 3. Person maskulin, wie J. Aistleitner in seinem Wörterbuch Nr. 1482 angibt —, daß also das Lamed ein Radikal ist, der seltsamerweise durch einen Trenner von den zwei übrigen Radikalen abgesetzt ist ? Zeile 17f lautet : *ṯṯm ?.lmd.bʿln l.qḥ. ḫpnt* [470]. Faßt man *l.qḥ* als Perfekt auf, so ist zu übersetzen : „ Sechzig (?) Lehrlinge des Bʿln erhielten Ḫpnt (Kleidungsstücke) “. Aber syntaktisch, meine ich, könnte *l.qḥ* wohl auch *lᵉ* mit Infinitiv sein, und dann würde man übersetzen : „ Sechzig Lehrlinge des Bʿln haben zu erhalten Ḫpnt “ [471]. Aber andererseits darf man diesem Trenner bei *l.qḥ* wohl auch nicht zu viel Bedeutung beimessen, denn in dieser Liste sind noch zwei andere Trenner auffällig gesetzt, in Zeile 12 *n.rn* und in Zeile 19 *l.md*, wo in der parallelen Zeile 17 *lmd* ohne Trenner steht.

In der hebräischen Bibel könnten wir einen zweiradikaligen Infinitivus constructus in Jes 32,19 vor uns haben :

---

sucht, die in diesem Artikel gegebenen Anregungen fruchtbar zu machen : siehe S. 44f und S. 71f.

[469] Siehe W. Chomsky, David Ḳimḥi's Hebrew Grammar § 34m S. 124.

[470] Ähnlich Zeile 19f : *ṯṯm ? l.md.ʿṯtr[t](?) l.qḥ.ḫpnt* „ Sechzig Lehrlinge der Aṯtart erhielten/haben zu erhalten Ḫpnt “.

[471] Zu dieser Konstruktion vgl. etwa 2 Kön 13,19 : *lᵉhakkôt ḥāmēš ʾô šēš pᵉʿāmîm* „ Es war zu schlagen fünf- oder sechsmal “ ; siehe GK § 114hk S. 363f.

ûbārad b^{e}*redet hayyāʿar*
ûbaššiplâ tišpal hāʿîr

Und wenn fällt, wenn niederfällt der Wald,
und in Niedrigkeit niedersinkt die Stadt, ...

Könnte hier nicht *rad* (Vokalisierung unsicher) Nebenform des folgenden *redet* sein? Siehe dazu S. 45.

Kehren wir zu *qāḥām* in Hos 11,3 zurück: Sieht man diese Form als Infinitivus constructus an, so besteht noch die Schwierigkeit, daß nach den Regeln der klassischen Grammatik ein solcher Infinitiv ein *l*^{e} vor sich haben müßte [472]. Diese Schwierigkeit hätten wir nicht, wenn wir *qāḥām* als Infinitivus absolutus ansähen. Dem naheliegenden Einwand, ein solcher könne doch kein Suffix tragen, läßt sich heutzutage guten Gewissens begegnen. Sowohl im Phönizischen wie im Ugaritischen finden wir verschiedene Formen, die sich am wahrscheinlichsten und natürlichsten als Infinitivi absoluti mit Objektssuffix erklären lassen. Beispielsweise haben wir in der phönizischen Inschrift von Karatepe, KAI 26 : II : 11, *wbny 'nk* „und ich baute sie (die Stadt)" und im Ugaritischen in UT 49 : II : 22 *ʿdbnn ank kimr bpy* „ich machte ihn (Aliyan Baal) gleich einem Lamm in meinem Munde" [473].

Bei diesem zweiten Lösungsvorschlag, in dem also *qāḥām* als Infinitiv betrachtet wird, läßt sich *z*^{e}*rôʿōtāy* „meine Arme" durchaus vertreten, denn da sind das Laufenlernen und das Auf-den-Arm-Nehmen ja nicht mehr als zwei gleichzeitige Tätigkeiten aufzufassen (siehe S. 126 die Übersetzung).

m i t b e i d e n H ä n d e n: *'ādēm*, das ich in V. 4 statt des vielfach diskutierten *'ādām* lesen möchte, wäre ein kontrahierter Dual (nordisraelitischer Dialekt) von *'ād*, einer Nebenform von *yād* [474]. Ein anderer kontrahierter Dual bei Hosea findet sich wohl in 7,16 (*l*^{e}*šônēm* „Doppelzüngigkeit", siehe S. 101). *'ādēm* stände als Accusativus medii auch hier bei Hosea, wie so oft in den Psalmen [475], seinem Verb voran.

---

[472] Vgl. etwa GK § 114pS. 365f und Joüon, Grammaire § 124p S. 364, wo nur der Gebrauch mit *l*^{e} genannt ist.

[473] Siehe zu dieser Erscheinung: J. Friedrich – W. Röllig, Phönizisch-Punische Grammatik § 267 S. 135f; C.H. Gordon, UT § 13.57 S. 121, sowie J.M. Solá-Solé, L'infinitif sémitique S. 115 und S. 161f.

[474] Zu *yād* = *'ād* vgl. UT Glossary Nr. 1072 S. 408f, und siehe M. Dahood, Psalms II S. 143; ferner, auch zur kontrahierten Dualform, siehe in der vorliegenden Arbeit Anm. 346.

[475] Siehe Dahood, Psalms III S. 427f.

z o g i c h s i e : Zu *'emš^{e}kēm* als double-duty modifier in V. 4a*α* siehe S. 76.

w i e e i n e r, d e r i h n e n d a s J o c h v o n d e n K i n n b a c k e n n i m m t : Nach M. Dahood (Psalms II S. 112) ist zu lesen *kimrîmî* statt *kimrîmê*. Das End-Yod ist dann alte Genitivendung, denn wie andere Präpositionen regiert auch *k^{e}* den Genitiv (siehe Anm. 467). — Daß die Präposition *'al*, wie sonst häufiger[476], auch hier am besten mit „ von " zu übersetzen ist, darauf hat Dahood schon früher[477] hingewiesen.

u n d i c h w a n d t e s i e z u m i r u n d s p e i s t e s i e : Ich lese *wā'aṭ 'ēlay wā'ôkîl* statt des umstrittenen *w^{e}'aṭ 'ēlāyw 'ôkîl*. Für das von mir in der Übersetzung wiedergegebene Objekt „ sie " können m.E. nach der Regel des double-duty suffix (siehe Anm. 77) hier noch die Suffixe von V. 4a gelten (*'emš^{e}kēm*, *lāhem*, *l^{e}ḥêhem*). Zum Gedanken, daß Jahwe Israel nach der Befreiung aus Ägypten an sich zog und sich zuwenden ließ, vgl. etwa Hos 2,16f sowie Jer 2,2. Weitere Beispiele eines double-duty suffix bei Hosea fanden wir in 6,5 ; 7,16 ; 9,4 und 10,11.

Hos 11,5

l' (MT *lō'*) *yāšûb 'el 'ereṣ miṣrayim*
w^{e}'aššûr hû' malkô
kî mē'ănû lāšûb

Fürwahr, es (Israel) muß ins Land Ägypten zurück,
und Assur, der wird sein König sein,
denn sie weigern sich, umzukehren.

---

[476] Siehe M. Dahood, Psalms III S. 396 ; A.C.M. Blommerde, Job S. 22f, mit weiterer Literatur. — Diesen Sinn, „ von ", muß *'al* offenbar auch in der bibelaramäischen Stelle Dan 6,19b haben. *šintēh naddat 'ălôhî* wird von E. Vogt, Lexicon Linguae Aramaicae Veteris Testamenti S. 129a, so wiedergegeben : „ , somnus eius fugit in eo ' i.e. insomnia erat in eo ". Aber natürlicher ist m.E. die Übersetzung : „ somnus eius fugit a b eo " (vgl. auch E. König, Wörterbuch S. 594a, und GB S. 919a). Mehrfach wird in der Bibel von einem Tiefschlaf gesagt, er falle auf jemanden, in einer stereotypen Wendung, z.B. in Gen 15,12 : *w^{e}tardēmâ nāp^{e}lâ 'al 'abrām* (ähnlich in Gen 2,21 ; 1 Sam 26, 12 ; Ijob 4,13 ; 33,15 ; vgl. auch Jes 29,10). Entsprechend dürfte es sich in Dan 6,19b um die Gegenbewegung des Schlafes handeln.

[477] CBQ 17 (1955) 104.

F ü r w a h r : Ein emphatisches Lamed statt des auffälligen *lōʾ* hat hier bereits J.A. Soggin [478] angenommen. Das emphatische *hûʾ* im mittleren Stichus scheint es in etwa zu bestätigen und weiterzuführen. Diese Partikel ist hier mit Alef geschrieben, anders als in 10,1 [479]. Da sie gewöhnlich ohne Alef geschrieben wird, möchte ich fragen, ob ihre Schreibung hier nicht vielleicht mehr ist als Laune oder Zufall. *yāšûb* am Anfang und *lāšûb* am Ende des Verses bilden eine klare Inklusion. Nun geht aber dem Infinitiv *lāšûb* ein verneinendes Verbum finitum voraus : *mēʾănû* „ sie wollen nicht, weigern sich “. Ob da nicht auch die dem *yāšûb* vorangestellte Partikel *lʾ* von Hosea bewußt mit einem ironiegeladenen Anklang an die Negation *lōʾ* gesprochen wurde ? Das läge in einer Linie mit den nicht seltenen Fällen, in denen der Prophet sich bewußt doppeldeutig auszudrücken scheint[480]. Im Deutschen könnte man diese Feinheit dann in etwa mit Hilfe eines als Interjektion gebrauchten Nein herausbringen : „ Nein, umkehren muß es ins Ägypterland ... denn sie sagen nein zur Umkehr “.

Ä g y p t e n . . . A s s u r : Diese beiden Namen erscheinen zusammen auch schon in Ugarit : Siehe zu Hos 7,11b S. 94.

Hos 11,6f

V. 6	*w*^{e}*ḥōllâ* (MT *w*^{e}*ḥālâ*) *ḥereb b*^{eʿ}*ārāyw*	8	Silben
	w^{e}*kill*^{e}*tâ baddāyw*	6	
	w^{e}*ʾāk*^{e}*lâ* (MT *w*^{e}*ʾākālâ*) *mimmōʿăṣôtêhem*	10	
7	*w*^{e}*ʿammî tillāʾū-m* (MT *t*^{e}*lûʾîm*) *limšûbātî*	10	
	w^{e}*ʾēl* (MT *w*^{e}*ʾel*) *ʿal yiqrāʾūhû*	7	
	yāḥīd (MT *yaḥad*) *lōʾ y*^{e}*rôm*^{e}*mū* (MT *y*^{e}*rômēm*)	7	

V. 6 So wird losgelassen das Schwert gegen seine Prinzen,
wird vertilgen seine Orakelpriester
und wird fressen unter ihren Ratgebern.
7 Und mein Volk macht sich stark in seinem Abfall,
und El-Al nennen sie ihn,
doch den Einzigen erheben sie nicht.

---

478 BibOr 9 (1967) 42.

479 Siehe S. 118. Zur Schreibung des Lamed emphaticum mit Alef siehe zuletzt D.N. Freedman, Bib 52 (1971) 536 ; dort weitere Literatur.

480 Siehe zu Hos 5,1 S. 57f.

S o w i r d l o s g e l a s s e n d a s S c h w e r t : Lies *w^{e}ḥōllâ* statt *w^{e}ḥālâ*, Perfekt Qal Passiv der Wurzel *ḥll* „ loslassen ". Diese Wurzel, die mit arabisch *ḥalla* „ loslassen, lösen, gehen lassen " verwandt ist, hat T.F. McDaniel [481] durch Vergleich mit Qumrantexten in Klgl 4,6 identifiziert. So liest er statt *w^{e}lō' ḥālû bāh yādāyim* als erste Möglichkeit *w^{e}lu' ḥīlû bāh yādāw-m* [482], das er übersetzt : „ als wirklich Seine Hände gegen sie losgelassen wurden " [483]. Weist McDaniel in seiner Diskussion auf die Synonymität zwischen *šālaḥ* „ schikken, loslassen " und *ḥālal* in den Wendungen *ḥl* + *yād* usw. und *šlḥ* + *yād* usw. (a.a.O. S. 46f), so kann man das auch von *ḥālal ḥereb* und *šālaḥ ḥereb* sagen. Findet sich bei Annahme der von mir hier gegebenen Vokalisierung und Übersetzung der erstere Ausdruck hier in Hos 11,6, so haben wir den letzteren in Jer 25,16.27 : *haḥereb 'ăšer 'ānōkî šōlēaḥ* „ das Schwert, das ich schicke " sowie in Jer 9,15b (//49,37b) : *w^{e}šillaḥtî 'aḥărêhem 'et haḥereb 'ad kallôtî 'ôtām* „ und ich sende hinter ihnen drein das Schwert, bis ich sie vertilgt habe ". Zu beachten ist in diesem letzten Satz auch das Nebeneinander von *šillaḥ* und *killâ*, dem nach meiner Lösung in Hos 11,6 *ḥālal*//*killâ* entspricht.

Ein Fragezeichen möchte ich allerdings hinter McDaniels Punktierung des Passiv Qal von *ḥālal* als *hīlû* setzen. Das wäre doch die normale Punktierung bei einem Verbum ʿAyin-Waw. Von *ḥālal* würde ich die Form *hōllû* erwarten [484]. Andererseits ist es natürlich wahr, daß die Grenzen zwischen ʿAyin-ʿAyin und ʿAyin-Waw/Yod fließend sind [485].

g e g e n s e i n e P r i n z e n : Zu *ʿārîm* „ Fürsten, Prinzen ", von der Wurzel *ʿyr* II „ beschützen " (ugaritisch *ģyr*), siehe H.J. van Dijk (Tyre S. 103), der dieses Substantiv auch in Hos 13,10 findet [486].

---

[481] Bib 49 (1968) 45-48. — Etwa gleichzeitig brachte G.R. Driver, In Memoriam Paul Kahle, BZAW 103 (1968) 100, das Verbum *ḥillâ* in Dtn 29,21b mit dieser arabischen Wurzel zusammen : *taḥălūʾèhā 'ăšer ḥillâ yhwh bāh*, was er übersetzt : „ its extreme prostration which the Lord let loose upon it (sc. the land of Israel) ".

[482] Bib 49 (1968) 48 steht *ḥilû*, aber der Autor meint *hīlû* : vgl. a.a.O. S. 216. Auf diese seine Vokalisierung als Passiv Qal komme ich im Text gleich zu sprechen. — Als weitere Vorschläge stellt McDaniel zur Wahl : *yādāyim* zu belassen bzw. zu lesen : *w^{e}lu' ḥal* (oder *ḥālal*) *bāh yādāw-m* „ when verily He let loose his hands against her ".

[483] Englisch : „ when verily His hands were let loose against her ".

[484] Vgl. etwa P. Joüon, Grammaire § 82 l S. 182.

[485] Siehe etwa Joüon, Grammaire § 82o S. 183, sowie R. Meyer, Grammatik II § 80,1d S. 149.

[486] Siehe bezüglich Literatur zur Wurzel *ģyr*/*ʿyr* und deren Vorkommen bei Hosea Anm. 373 und den Exkurs „ Hosea und Dtn 32,1-43 " S. 36.

wird vertilgen...wird fressen: Dem Parallelismus zwischen *killâ* und *'ākal* entspricht der in UT 49 : II : 35-37, nur in umgekehrter Reihenfolge :

> *širh ltikl 'ṣrm*
> *mnth ltkly npr*
>
> Sein Fleisch fressen die Vögel nicht,
> seinen Teil vertilgen die Flügelwesen nicht [487].

unter ihren Ratgebern: *mō'ēṣôt* „ Ratschläge " ist hier wohl abstractum pro concreto wegen des Parallelismus mit *'ārîm* „ Prinzen " und *baddîm* „ Orakelpriester " [488].

Zum ganzen V. 6 vergleiche man Jer 50,35f, wo es u.a. heißt :

V. 35 *ḥereb ...*
w^{e}*'el śārèhā w*^{e}*'el ḥăkāmèhā*
36 *ḥereb 'el habbaddîm w*^{e}*nō'ālû ...*
V. 35 Schwert ...
auch wider seine (Babels) Fürsten und wider seine Weisen.
36 Schwert wider die Orakelpriester, daß sie zu Toren werden ...

Den *śārîm* in Jer 50 entsprechen in Hos 11,6 die *'ārîm*, den *ḥăkāmîm* antworten die *mō'ēṣôt*, und die *baddîm* finden sich in beiden Texten wörtlich wieder.

Hos 11,7 wird als besonders schwierig empfunden, und viele haben sich schon an diesem Vers versucht. Man vergleiche nur die Diskussion H.W. Wolffs und W. Rudolphs. Der hier gegebene Übersetzungsvorschlag kann auch nicht mehr sein als ein neuer Versuch entsprechend den neuen philologischen Möglichkeiten.

macht sich stark: Lies vielleicht *tillā'ū-m* statt *t*^{e}*lû'îm*, nämlich 3. Person Plural maskulin Nifal mit Mem encliticum von *lā'â* II „ stark sein " [489]. Zum Präformativ Taw in der 3. Person Plural maskulin des Imperfekts siehe T.F. McDaniel, Bib 49 (1968) 213f sowie A.C.M. Blommerde, Job S. 15f (jeweils mit weiterer Literatur) und M. Dahood, Psalms III S. 387.

---

[487] So nach C.H. Gordon, Ugarit and Minoan Crete S. 84. Weiteres zu diesem Parallelpaar siehe bei Dahood, RSP I S. 107f.

[488] Siehe zu dieser Stileigentümlichkeit etwa die Übersicht der Beispiele aus den Psalmen bei M. Dahood, Psalms III S. 411f.

[489] Siehe zu dieser Wurzel etwa Dahood, Psalms III S. 288 (dort weitere Hinweise), und auch in dieser Arbeit zu Hos 9,2 S. 112 und dort Anm. 386.

i n s e i n e m A b f a l l : Das Suffix Yod an *m^{e}šûbātî* fasse ich als Suffix der 3. Person Singular auf [490]. Sollte aber das Singularsuffix neben dem Verbum im kollektiven Plural doch als zu hart erscheinen, so könnte man das Yod auch als Genitivendung erklären, wie wir es bereits in Hos 11,3f gesehen haben (siehe S. 130 und S. 133). Ein Suffix ist hier im Zusammenhang ja wohl nicht unbedingt notwendig.

Man vergleiche zu dieser Übersetzung von Hos 11,7a auch Jer 9,4b.5a, wo ich folgendermaßen lesen und übersetzen möchte (vgl. BHS):

V. 4b *limm^{e}dû l^{e}šônām dabber šeqer*
ha'ăwēh nil'û
5a *šūbū tōk* (MT *šibt^{e}kā*) *b^{e}tôk*
mirmâ b^{e}mirmâ

V. 4b Ans Lügenreden gewöhnt haben sie ihre Zunge,
im Verkehrthandeln sind sie stark geworden.
5a Sie wenden sich von Gewalttat zu Gewalttat,
von Betrug zu Betrug [491].

Zum Gedanken „ stark, tüchtig sein zum Bösen " vergleiche man etwa auch Jes 5,22f und Jer 4,22b sowie 1 Kor 14,20.

E l - A l : Zu *'al* als Gottestitel siehe zu 7,16 S. 100 und zu dieser Stelle hier schon H.S. Nyberg (S. 88f). Es scheint mir aber doch auch *'el* hier als *'ēl* zu lesen zu sein, so daß wir einen Doppelnamen haben. Das paßt erstens syntaktisch besser — man beachte das Suffix *-hû* beim Verbum —, zweitens darf hier wohl Gen 14,18-20 mit dem dreimaligen Vorkommen des *'ēl 'elyôn* [492] als gewisse Parallele herangezogen werden, zumal hier auch das Wortfeld auffällig ist: In Gen 14,20 finden sich die beiden Verben *miggēn* und *nātan*; in Hos 11,8a begegnen sie ebenfalls, hier in strenger poetischer Parallele. Dabei kommt *miggēn* außer an diesen beiden Stellen in der Bibel nur noch einmal vor, nämlich in Spr 4,9, ebenfalls parallel mit *nātan* [493]. Mit El-Al ist

[490] Siehe dazu Anm. 454.

[491] Zur Wendung *šūbū tōk b^{e}tôk* usw. vgl. 1 Kön 22,25 (//2 Chr 18,24; ähnlich 1 Kön 20,30): *tābō' ḥeder b^{e}ḥeder* „ Du wirst von Zimmer zu Zimmer gehen ".

[492] Vgl. H. Cazelles, Mélanges André Robert S. 133, der nach anderen *'al* in 2 Sam 23,1 als eine Kurzform für *'elyôn* erklärt.

[493] Zum virtuellen Parallelismus zwischen *māgān* (MT *māgēn*) „ Wohltäter, Lehensherr " und *nātan* in Ps 84,12 sowie zum Vorkommen von *mgn* mit *ytn*

hier bei Hosea wohl der kanaanäische El gemeint, das Haupt des Pantheon (siehe zu Hos 12,1 S. 143f).

d e n E i n z i g e n e r h e b e n s i e n i c h t : Ich lese *yāḥīd lō' y^{e}rôm^{e}mū* statt *yaḥad lō' y^{e}rômēm. yāḥīd* wäre Jahwetitel, der durchaus nicht unerhört ist für das AT. C.H. Gordon zitiert in seinem kurzen Artikel „ His Name is , One ' " [494] Sach 14,9 ; Ijob 23,13 und auch Dtn 6,4. Darüber hinaus weist er darauf hin, wie die Eins und überhaupt Zahlen als Bezeichnungen für Gottheiten ein gemeinsames Erbe des alten Orients sind, einschließlich der griechischen Philosophie. — In unserem Zusammenhang kann man wohl auch auf Hos 13,4 verweisen, wo es heißt : ... *wē'lōhîm zûlātî lō' tēdā'* „ ... und einen Gott außer mir kennst du nicht ", und dazu auf das Moselied, Dtn 32,39a : *r^{e}'û 'attâ kî 'ănî 'ănî hû' w^{e}'ên 'ĕlōhîm 'immādî* „ Sehet also, daß ich, ich es bin und kein Gott neben mir ist " [495].

Nach dem MT und auch nach der eben vorgetragenen Lösung wird auf den andern Gott nur mit einem Suffix hingewiesen : *yiqrā'ūhû* „ rufen sie ihn ". Zweifellos verstanden die Hörer auch so, um wen es ging [496]. Man könnte aber auch erwägen, ob das *-hû* nicht vielleicht durch falsche Wortabtrennung und Pleneschreibung zum Suffix wurde. So ließe sich möglicherweise auch lesen :

w^e'ēl 'al yiqrā'ū hayyāḥīd lō' y^{e}rôm^{e}mū 6+8 Silben

Und „ El-Al " rufen sie,
den Einzigen aber erheben sie nicht.

yāḥīd kommt auch in Sach 12,10 mit Artikel vor. Eine falsche Pleneschreibung bei Hosea hätten wir auch in V. 7a (*t^{e}lû'îm* statt *tillā'ū-m*) und ferner in 10,11, wo ich *l^{e}ya'ăqōb* „ o Jakob " statt *lô ya'ăqōb* gelesen habe. Eine falsche Wortabtrennung fand sich in 10,1 und 11,2 [497]. Nach diesem letztgenannten Vorschlag hätten wir in 11,6f in der Silbenzählung einen Chiasmus : 8+6+10+10+6+8 [498].

---

im Ugaritischen und Phönizischen siehe zu Hos 11,8a S. 139f und dort die Anm. 499.

[494] JNES 29 (1970) 198f.

[495] Siehe dazu den Exkurs „ Hosea und Dtn 32,1-43 " S. 35-39, besonders S. 39.

[496] Vgl. den analogen Fall in Hos 10,2b, wo für Jahwe nur das selbständige Personalpronomen *hû'* steht (dazu siehe etwa W. Rudolph S. 192).

[497] In 10,1 hat der MT *hêṭîbû maṣṣēbôt* statt *hêṭîb ûmaṣṣēbôt* ; in 11,2 liest er *mipp^{e}nêhem* statt *mippānay hēm*.

[498] Chiastische Silbenverhältnisse findet M. Dahood auch in den Psalmen : siehe Psalms III Index of Subjects S. 481 s.v. Chiasmus, syllabic.

Hos 11,8a

'êk 'ettenkā 'eprayim 7 Silben
'ămaggenkā yiśrā'ēl 7
'êk 'ettenkā k^{e}'admâ 7
'ăśîm^{e}kā kiṣbō'īm 7

Wie sollte ich dich hingeben, Ephraim,
dich ausliefern, Israel?
Wie sollte ich dich hingeben wie Admah,
dich behandeln wie Seboim?

W i e . . . W i e : Dieses Parallelpaar begegnet mehrfach in der Bibel und in Ugarit. In UT 49 : VI : 24-27 z.B. heißt es :

ik tmtḫṣ ʿm aliyn bʿl
ik al yšmʿk ṯr il abk

Wie kannst du kämpfen mit Aliyan Baal;
wie sollte Thor-El, dein Vater, dich nicht hören?

Des weiteren siehe Dahood, RSP I S. 106.

h i n g e b e n . . . a u s l i e f e r n : Der Parallelismus zwischen *nātan* und *miggēn*, der auch noch in Spr 4,9 begegnet [499], erinnert etwas an UT 51 : frag. : 1-4 :

ik mgn rbt aṯrt [ym]
mǵẓ qnyt ilm
w ?tn bt lbʿl km [i]lm ...

Wie soll man beschenken die Herrin Aschera von der See,
ersuchend die Schöpferin der Götter,
daß dem Baal ein Haus gegeben wird wie den (andern) Göttern ...[500] ?

[499] Vgl. aber auch den virtuellen Parallelismus zwischen *māgān* (MT *māgēn*) „Wohltäter, Lehensherr, (König)" und *nātan* in Ps 84,12 : siehe M. Dahood, Mélanges Eugène Tisserant I S. 94, sowie Psalms I S. 16f, und Psalms II S. 283.

[500] So nach C.H. Gordon, Ugarit and Minoan Crete S. 74. Die Form (*w* ?) *tn* mag auch zu den Nebenformen der zweiradikaligen Wurzelvariante *tn* gehören, von denen F.I. Andersen, ZAW 82 (1970) 273f, spricht. J. Aistleitner, Wörterbuch Nr. 1255 S. 138f, zählt *tn* hier zu den Formen, die er nicht erklären kann.

Daß hier *mgn* und *ytn* vielleicht doch nicht völlig unabhängig voneinander vorkommen, mag etwa das lateinische Sprichwort „ Do ut des “ nahelegen.

Im Phönizischen begegnet das Parallelpaar der Wurzeln *mgn* und *ytn* in der Inschrift auf einem Kästchen aus Ur aus dem siebten Jahrhundert v. Chr. (KAI 29 : 1-2a) : *’rn [z]n mgn ’mtbʿl bt pṭ’s ’mt* ’[ ] *mtt lʿštrt ’dty* „ Dieses Kästchen schenkte ’mtbʿl, die Tochter des Pṭ’s, die Dienerin des ... als Geschenk der Aschtart, ihrer Herrin “.

h i n g e b e n . . . h i n g e b e n : Dieses Parallelpaar kommt wiederholt in der Bibel und in den ugaritischen Texten vor ; beispielsweise in Krt : 142f (//287-289) :

pd in bbty ttn
tn ly mṯt ḥry

Aber was nicht in meinem Hause ist, sollst du geben :
gib mir das Mädchen Ḥurrai.

Des weiteren siehe Dahood, RSP I S. 217, wo allerdings unter den Bibelstellen Hos 11,8 noch nicht genannt ist.

w i e . . . w i e : Zum Parallelpaar *k*//*k* „ wie//wie “ (vergleichend) im Ugaritischen siehe zu Hos 5,14 S. 74.

Hos 11,9bα

kî ’ēl ’ānōkî w^{e}*lō’ ’îš* b^{e}*qirb*^{e}*kā qādôš*

Denn Gott bin ich und nicht Mensch,
in deiner Mitte ein Heiliger.

Der Parallelismus zwischen *’ēl* und *qādôš*, der in 12,1 wiederkehrt, hat in den ugaritischen poetischen Texten seine Entsprechung in dem häufigeren Vorkommen des Paares *ilm*//*bn qdš* „ Götter//Söhne der Heiligkeit “ [501], mit dem die Mitglieder des von El präsidierten Pantheons gemeint sind. So heißt es z.B. in UT 137 : 20f :

---

[501] Zur Wiedergabe von *bn qdš* siehe die Anm. 43.

ap ilm l- [502] *yṯb*
bn qdš lṯrm

Und die Götter setzten sich ...,
die Söhne der Heiligkeit, um zu essen [503].

Hos 11,11

yeḥerᵉdû kᵉṣippôr mimmiṣrayim
ûkᵉyônâ mēʾereṣ ʾaššûr
wahăšîbōtîm (MT *wᵉhôšabtîm*) *ʿal bottêhem* [504]
nᵉʾum yhwh

Sie kommen zitternd wie Vögel aus Ägypten
und wie Tauben aus dem Lande Assur.
Und ich lasse sie heimkehren zu ihren Häusern,
Spruch Jahwes.

Ägypten ... Assur: Die beiden Völkernamen finden sich in adjektivischer Form als Gentilicia in UT 1089 wieder: Siehe zu Hos 7,11b S. 94.

Lande ... Häusern: Das Parallelpaar *ʾereṣ//bayit* hat im Ugaritischen wohl seine Entsprechung in UT 67 : V : 14-16 (//51 : VIII : 7-9); allerdings hat *arṣ* dort die Bedeutungsschattierung „Unterwelt“:

wrd bt ḫpṯt arṣ
tspr byrdm arṣ

Steige hinab in das Leichenhaus der Erde/Unterwelt;
lasse dich zählen unter die, welche zur Erde/Unterwelt hinabsteigen [505].

Des weiteren siehe Dahood, RSP I S. 152.

---

[502] A. Herdner, Corpus S. 7, ergänzt und korrigiert nach 3 Aqht : obv : 19.29 *l*<*l*>*ḥ*[*m*] „um zu speisen“; so übersetzt auch H.L. Ginsberg, ANET² S. 130a. C.H. Gordon, UT S. 197b, liest „*la*?“ und sieht darin offenbar die Negation, denn er übersetzt in Ugarit and Minoan Crete S. 44: „The gods had not even sat down, the deities to dine ...“

[503] Weitere Texte mit dem Parallelismus *ilm//bn qdš* siehe S. 12 und S. 121 sowie bei M. Dahood, RSP I S. 110; dort auch weitere Literatur. Unter den Bibeltexten sind dort Hos 11,9 und 12,1 noch nicht genannt.

[504] Zu dieser Transkription, *bottêhem*, nach dem ugaritischen Plural *bwtm* siehe Gordon, UT Glossary Nr. 463 S. 372 und Nr. 453a S. 550 sowie Blommerde, Job S. 42.

[505] Zu dieser Übersetzung siehe M.H. Pope in: Wörterbuch der Mythologie

Hos 12,1f

V. 1	*s^ebābūnî b^ekaḥaš 'eprayim*	10 Silben
	ûb^emirmâ bêt yiśrā'ēl	8
	wîhûdâ 'ōd rād 'im 'ēl	7
	w^e'im q^edôšîm ne'ĕmān	8
V. 2	*'eprayim rō'eh rûaḥ*	7/6
	w^erōdēp qādîm kol hayyôm	8
	kāzāb wāšēd (MT *wāšōd*) *yarbeh*	6
	ûb^erît 'im 'aššûr yikrōtû	9
	w^ešemen l^emiṣrayim yûbāl	9

V. 1 Umgeben hat mich mit Lüge Ephraim
und mit Trug das Haus Israel.
Auch Juda gibt sich weiterhin mit El ab,
und den „ Heiligen " hält es die Treue.
2 Ephraim weidet Wind
und läuft dem Ostwind nach den ganzen Tag.
Lügnerische Dämonen läßt es zahlreich sein.
Einen Bund mit Assur schließen sie,
und zugleich bringt man Öl nach Ägypten.

Unsere Lage angesichts des Kapitels 12 kennzeichnet W. Rudolph (S. 223) folgendermaßen : „ Der Text ist hier, wenn man von V. 1b u. 12a absieht, wesentlich besser als in den vorhergehenden Kapiteln. Trotzdem besteht Martis [S. 91] Urteil zu Recht : ‚ Kap. 12 gehört zu den schwierigsten Abschnitten des Buches Hosea '." Und H. Donner [506] urteilt : „ Kap. 12 ist ein Trümmerfeld von Fragmenten." Entsprechend möchten die folgenden Ausführungen nur einige Beobachtungen und Überlegungen bieten, die vielleicht weiterhelfen könnten [507].

U m g e b e n h a t m i c h m i t L ü g e . . . m i t T r u g : *mirmâ* meint nach M. Dahood [508] zuweilen konkret „ Götzen(bilder) ". Auch hier ließe sich m.E. fragen, ob *kaḥaš* und *mirmâ* nicht Ausdrücke für Götzen sind, mit deren Bildern u.ä. man die Jahweheilig-

(hg. von H.W. Haussig) I/1 s.v. Mot S. 300f und zur Diskussion um *bt ḫpṯt* N.J. Tromp, Primitive Conceptions S. 157-159.

[506] Israel unter den Völkern S. 92.

[507] Einige neue Anregungen, Kapitel 12 als Einheit zu begreifen, bietet R.B. Coote, VT 21 (1971) 389-402.

[508] Psalms I S. 32 und 151 ; Psalms II S. 39.

tümer des Nordreiches umgeben hat. Politische Beziehungen, Verträge mit bzw. Abhängigkeit von anderen Völkern wie Assur und Ägypten (V. 2b) haben ja immer wieder den heidnischen Kult begünstigt [509]. Darum wäre es verständlich, wenn beides hier in 12,1f verbunden wäre. Daß *mirmâ* in V. 8 noch einmal im gewöhnlichen abstrakten Sinne „Falschheit" erscheint (sonst kommt *mirmâ* bei Hosea nicht mehr vor), spricht m.E. nicht gegen ein Verständnis als Götzen in V. 1; denn dort wird es ja in ganz anderer Funktion und Konstruktion gebraucht: *mō'zᵉnê mirmâ* „betrügerische Waage". — Zu der Formulierung „mit Götzen umgeben" vergleiche man etwa Ez 8,10: *... kol tabnît remeś ûbᵉhēmâ šeqeṣ wᵉkol gillûlê bêt yiśrā'ēl mᵉḥuqqeh 'al haqqîr sābîb sābîb* „.. allerlei Gebilde von Gewürm und Getier, Greuel, und allerlei Götzenbilder des Hauses Israel auf der Wand ringsum eingezeichnet" (vgl. auch 2 Kön 21,3-5; 23,5). Siehe im übrigen unten zu *kāzāb wāšēd* (MT *wāšōd*) in V. 2.

m i t E l . . . u n d d e n „H e i l i g e n": Daß es sich bei *'ēl* und den *qᵉdôšîm* wohl um den kanaanäischen El und die Mitglieder des Pantheons handelt, ist schon mehrfach angenommen worden [510]. Diese Annahme erscheint mir nach allem am einleuchtendsten, da der Gedankengang der ersten drei Verse so auch ohne große Änderungen glatt läuft. Wir erhalten eine negative Aussage über Juda in V. 1, die der in V. 3 entspricht. Es erklärt sich auch, warum innerhalb der Jahwerede hier El erscheint, und man braucht ihn nicht durch Konjektur zu entfernen (so W. Rudolph). Daß der hier angenommene Gebrauch von *'ēl* bei Hosea einzig sein soll (H.W. Wolff S. 271f), stimmt vielleicht gar nicht. 11,7b *wᵉ'ēl* (MT *wᵉ'el*) *'al yiqrā'ūhû yāḥīd* (MT *yaḥad*) *lō' yᵉrômᵉmū* (MT *yᵉrômēm*) ist mit gewisser Wahrscheinlichkeit zu übersetzen: „Und El-Al nennen sie ihn, den Einzigen aber erheben sie nicht" [511]. Hier würde Hosea einen anderen Gebrauch des Titels *'ēl* immerhin referieren. Sonst kommt nach dem MT *'ēl* bei ihm nur noch zweimal vor, in 2,1 in dem vielsagenden Ausdruck *'ēl ḥay* und in 11,9 [512]. An der letztgenannten Stelle erscheint das Wort zwar auch in Parallele mit *qādôš*, aber dieses letzte

---

[509] Vgl. etwa 1 Kön 11,1-8 (Salomo); 1 Kön 16,29-33 (Achab); 2 Kön 16,10-18 (Achas) und dazu J. Bright, Geschichte Israels S. 278; 2 Kön 21,3-7 (Manasse) und dazu Bright, a.a.O. S. 314f.

[510] Siehe R.B. Coote, VT 21 (1971) 390; dort weitere Literatur.

[511] Siehe aber noch die Besprechung dieser Stelle S. 137f.

[512] Falls meine Lesung und Übersetzung von Hos 4,4a stimmt (siehe S. 29f), käme die Bezeichnung El, für Jahwe gebraucht, auch dort vor.

Wort steht eben im Singular, und *'ēl* ist dort Appellativ [513]. Außerdem gilt Kapitel 12 nicht als einfache Fortsetzung von Kapitel 11; es beginnt eher einen neuen Teil des Hoseabuches [514].

Wolff (S. 272) möchte als Götterkönig Kanaans bei Hosea nicht *'ēl*, sondern *baʿal* erwarten. Aber an der Spitze des kanaanäischen Pantheons wurde normalerweise eben doch El gedacht, nicht Baal [515].

Eine gewisse Schwierigkeit könnte es m.E. bedeuten, daß Hosea die beiden Bezeichnungen *'ēl* und *qᵉdôšîm* hier so verhältnismäßig neutral hinstellt, während er sonst deutlicher ein negatives Vorzeichen setzt. So spricht er vom *lō' ʿal*, dem „Nicht-Höchsten", in 7,16 und spielt mit Doppeldeutigkeit in 9,2: *lē'ê* „Starker/Schwacher" und *rōʿēm* „Donnerer/Verstörter" [516]. Auch in Dtn 32,21 heißt es *lō' 'ēl* „Nicht-Gott" [517]. Andererseits ist eine gewisse Ambivalenz der Bezeichnung *'ēl* bei Hosea nicht zu verkennen. Entsprechend lautet auch die Verheißung an die Söhne Israels in 2,1 nicht einfach, daß sie *bᵉnê 'ēl*, sondern daß sie *bᵉnê 'ēl ḥay* heißen werden. Auch im Moselied, in Dtn 32,4, wird Jahwe als *'ēl 'ĕmûnâ* „Gott der Treue" gepriesen.

Zu den *qᵉdôšîm* als kanaanäischen Gottheiten in Ps 16,3 siehe M. Dahood, Psalms I S. 87f mit weiterer Literatur.

Zum Parallelismus *ilm//bn qdš* in den ugaritischen Texten siehe zu Hos 11,9b*α* S. 140f.

Zum Parallelismus *ʿim//(wᵉ)ʿim*, der auch im Ugaritischen vorkommt, siehe zu Hos 2,20a S. 24.

W i n d . . . O s t w i n d: Zur stilistischen Technik der Aufspaltung des Doppelausdrucks *rûaḥ qādîm* siehe zu Hos 8,2 S. 104.

d e n g a n z e n T a g: Man ist sich unter den Autoren nicht einig, wohin man *kol hayyôm* ziehen soll, zum vorhergehenden oder zum folgenden Stichus. Während beispielsweise H.W. Wolff und die BHS den Ausdruck zum vorhergehenden ziehen, rechnen A. Deissler und W. Rudolph ihn zum folgenden. Ich möchte ihn aus zwei Grün-

---

[513] R.B. Coote, VT 21 (1971) 390, sieht in dem doppelten Vorkommen des Wortpaares *'ēl//qādôš* bzw. *qᵉdôšîm* bei Hosea ein Wortspiel.

[514] Siehe H.W. Wolff S. 270; W. Rudolph S. 26.

[515] Zu Baal-Šamēm als Ausnahme siehe KAI II S. 6f zur Jeḥīmilk-Inschrift wie auch M.H. Pope in: Wörterbuch der Mythologie (hg. von H.W. Haussig) I/1 s.v. S. 273.

[516] Siehe die Besprechung der Stellen S. 100f und S. 112f und vgl. auch die Zusammenstellung der Schimpfnamen S. 42.

[517] Zur Verwandtschaft des Moseliedes mit dem Hoseabuch siehe den Exkurs „Hosea und Dtn 32,1-43" S. 35ff.

den zum vorhergehenden rechnen. Erstens bildet er versbaumäßig ein gutes ausgleichendes Gegenstück zu *'eprayim* im parallelen Stichus („ ballast variant “) [518]. Daraus ergibt sich unmittelbar der zweite Grund: Ein Blick auf das Silbensystem, wie es sich in den beiden Versen darbietet, legt m.E. auch nahe, *kol hayyôm* zum vorhergehenden Stichus zu ziehen, obgleich im anderen Falle nicht nur die beiden letzten, sondern auch der drittletzte Stichus 9 Silben aufwiese. Siehe im übrigen unten die Gesamtbesprechung der Silbenverhältnisse in Hos 12,1f.

L ü g n e r i s c h e D ä m o n e n: Das masoretische *šōd* „ Gewalttat “ wird von Rudolph und Deissler nach der LXX in *šāw*(') geändert, weil es nicht in den Zusammenhang passe. Wolff und Buss (S. 23) sehen *kāzāb wāšōd yarbeh* überhaupt als sekundär an. Ich möchte versuchsweise *šēd* statt *šōd* lesen und *kāzāb wāšēd* als kollektives Hendiadyoin auffassen. *kāzāb* kommt auch sonst schon in der Bedeutung „ Falschheit = Götze “ vor [519]. *šēd* „ Dämon “ begegnet in der Bibel außer in Ps 106,37 nur noch in Dtn 32,17, hier wie in der Psalmstelle allerdings im Plural [520]. Vielleicht ist hier allerdings zu beachten, daß noch in diesem Hoseakapitel, in 12,12, aus verschiedenen Gründen vielfach statt *baggilgāl š^ewārîm zibbēḥû* „ in Gilgal opfern sie Stiere “ die Lesung *baggilgāl laššēdîm zibbēḥû* „ in Gilgal opfern sie den Dämonen “ zum mindesten als Variante angenommen wird [521]. Ferner findet sich in einem apokryphen aramäischen Danielfragment aus der Qumranhöhle 4 der Ausdruck *šydy ṭ'wt'* „ Dämonen der Falschheit “ in dem Satz: „ [und sie opfer]ten ihre Söhne den Dämonen der Falschheit “ [522].

---

[518] Zu dieser stilistischen Erscheinung der hebräischen Poetik siehe W.A. van der Weiden, Proverbes, Index analytique S. 173a s.v., und M. Dahood, Psalms I und III Index of Subjects s.v.

[519] Siehe bereits Zorell, Lexicon S. 351b zu Am 2,4, und ferner M. Dahood, Psalms I S. 23f.

[520] Eine Beziehung zwischen Ps 106 und Hosea haben wir bereits in Hos 4,7 bemerkt: siehe S. 41. Zum Moselied siehe den Exkurs „ Hosea und Dtn 32,1-43 “ S. 35ff, besonders S. 36. — Eine andere Lesung und Übersetzung dieses Stichus Hos 12,2aβ schlägt neuestens M. Dahood, Bib 52 (1971) 354, vor.

[521] Siehe etwa BHK^3; BHS; W. Nowack S. 73f; W. Rudolph S. 223 und 232 sowie M. Herranz, EstBíb 27 (1968) 302f. Aber vgl. die Besprechung von Hos 12,12aβb S. 148.

[522] Siehe J.T. Milik, RB 63 (1956) 413, und dazu M. Herranz, EstBíb 27 (1968) 311-313. — Zu *šēd*-haltigen Personennamen in der Bibel, im Ugaritischen und im Phönizischen siehe Herranz a.a.O. S. 306f.

A s s u r . . . Ä g y p t e n : Diese Namen erscheinen als Gentilicia auch schon in Ugarit zusammen : Siehe zu Hos 7,11b S. 94.

b r i n g t m a n : Das masoretische *yûbāl* wird häufig in *yôbīlû* geändert [523] Allerdings geht dadurch die Silbengleichheit der beiden letzten Stichen von V. 2 verloren, die im MT in 9+9 Silben besteht. Außerdem findet man einen Konstruktionswechsel bei parallelen Stichen auch wohl sonst im Hoseabuch [524].

Schaut man sich schließlich die Silbenzahlenfolge der einzelnen Stichen von Hos 12,1f an : 10+8+7+8+7+8+6+9+9, so läßt sich eine gewisse Regelmäßigkeit nicht übersehen. Vielleicht ist in V. 2a*α* das Wort *rûaḥ* doch einsilbig zu lesen, also ohne Berücksichtigung des Patach furtivum. Dann ergäbe sich in der Mitte die Folge : 8+7+8 +6+8+6, also zwei Dreiergruppen, die auch mit den Sinnabschnitten harmonieren. Daß wir es hier jedenfalls nicht mit einer Zufallserscheinung zu tun haben, zeigt m.E. ein Vergleich mit Hos 4,4b-6 mit dieser Silbenfolge : 10+6+11+6+11+9+9+9+8/9 (der nach oben verlängerte Längsstrich des Plus-Zeichens markiert gewisse — auch inhaltliche — Zäsuren). Auch 7,14-16 ist hier heranzuziehen : 10+10+10+10+7+8+5+8+9+6+9 [525] ; und schließlich 10,1 : 7+6+5+6+5+6 Silben. Ich möchte aus diesen Erscheinungen keine großen Schlüsse ziehen. Aber es wird wohl auch hier zu gelten haben, was W.G.E. Watson [526] schreibt : „ If the scribes were careful, the biblical writers, especially the poets, can only be described as meticulous. They painstakingly tailored their verse in accordance with canons we are gradually beginning to reconstruct.“

Hos 12,5

Zum Parallelismus der Präpositionen *l* und *ʿm* im Ugaritischen siehe zu Hos 1,9b S. 5. Zum masoretischen *ʿimmānû*, das *ʿimmānnû* (aus *ʿimmān-hû*) „ mit ihm “ zu lesen ist, siehe Dahood, UHP S. 32 und Psalms II S. 275, der auf die ugaritische Präposition *ʿm* mit angefügtem *-n* hinweist.

---

[523] Z.B. von der BHK^3, der BHS, Wolff, Deissler, Buss S. 23.

[524] Siehe zu Hos 9,1a*α* S. 111.

[525] Vielleicht ist die Silbenzahlenfolge der letzten zwei Dreiergruppen 8+6+8+9+6+9 : siehe dazu S. 96 und S. 100.

[526] Bib 52 (1971) 50.

Hos 12,7a

w^{e}*'attâ bĕ'lōhèkā tāšûb*

Du aber wirst zu deinem Gott zurückkehren.

Die Bedeutung der Präposition *b*^{e} vor *'ĕlōhèkā* ist umstritten. So übersetzt beispielsweise W. Rudolph : „ ... so bestimmt wirst du mit Hilfe deines Gottes zurückkehren " und A. Deissler : „ Tu pourras t'en retourner chez toi, grâce à ton Dieu " ; andererseits H.W. Wolff : „ Du aber sollst (voll Vertrauen) zu deinem Gott zurückkehren " und A. Weiser schlicht : „ Du aber sollst umkehren zu deinem Gott ". Die BHS schließlich notiert : „ Fortasse legendum *b*^{e}*'ōhālèkā*." Gegen die Übersetzung „ zurückkehren zu " schreibt Deissler [527] : „ ... il n'y a en effet aucun exemple à l'appui d'une telle interprétation de *šûb b*^{e} et, en pareil cas, Osée emploie toujours *šûb 'el* ..." Entsprechend hilft sich Wolff (S. 268) hier mit der Annahme einer constructio praegnans : mit *šûb* sei ein weiteres, mit *b*^{e} konstruiertes Verb wie *he'ĕmîn* oder *bāṭaḥ* zusammengedacht.

M. Dahood [528] weist mich nun auf einen Text hin, der wohl zugunsten der schlichten Übersetzung „ zurückkehren zu " spricht. Ijob 24,13 lautet nach dem MT :

hēmmâ hāyû b^{e}*mōr*^{e}*dê 'ôr*
lō' hikkîrû d^{e}*rākāyw*
w^{e}*lō' yāš*^{e}*bû bintîbōtāyw*

Jene sind unter den Rebellen gegen das Licht,
nichts wollen sie wissen von seinen Wegen
und bleiben nicht auf seinen Pfaden.

Aber einige Manuskripte haben in V. 13b *yāsûbû*, und entsprechend übersetzt auch die Vulgata : „ nec reversi sunt " ; und die Wiedergabe der LXX *eporeuthēsan* und des Syrers *hlkw* ist wahrscheinlich auch von daher zu erklären. Die Verschiedenheit *yāš*^{e}*bû* und *yāšûbû* erklärt sich aus ursprünglicher Defektivschreibung. — Dahood entscheidet sich für *yāšûbû* und übersetzt : „ Sie kehren nicht zu seinen Pfaden zurück." Diese Wiedergabe hat m.E. den Vorteil klareren Fortschreitens im Gedankengang des ganzen Verses. Wie Dahood mir

---

[527] S. 113 ; vgl. auch Rudolph S. 222.
[528] Private Mitteilung.

mitteilte, entspreche es kaum der Stilart Ijobs, dreimal das gleiche zu sagen. Ferner begegnet in UT 1001 : rev : 7 die Wendung *waṯb lntbt.* Der Text ist wegen seines fragmentarischen Zustandes zu dunkel, als daß man von daher groß argumentieren könnte, aber er läßt nach M. Dahood doch eine Verbindung zwischen „ zurückkehren " und „ Pfade " naheliegend erscheinen [529].

Hos 12,12aβb

baggilgāl šᵉwārîm zibbēḥû
gam mizbᵉḥôtām kᵉgallîm
ʿal talmê śāḏāy

In Gilgal opfern sie Stiere ;
so werden auch ihre Altäre wie Steinhaufen
an den Furchen des Feldes.

Das gemeinsame Vorkommen von *šôr*, *zibbaḥ* und *mizbēaḥ* erinnert an zwei Stellen im Krt-Epos, wo wir ebenfalls neben *ṯr* zweimal die Wurzel *dbḥ* vorfinden [530]. In Krt : 76-78 (ähnlich in Krt : 168-170) heißt es :

dbḥ lṯr abk il
šrd bʿl bdbḥk
Opfere dem Stier, deinem Vater, El ;
laß Baal herniedersteigen durch deine Opfer.

Dieser ugaritische Text spricht m.E. für die Ursprünglichkeit der *šᵉwārîm* des MT gegenüber der möglichen Variante *laššēdîm* [531]. Dagegen kann man wohl ernstlich fragen, ob man nicht unter Annahme des letzten Lamed von *baggilgāl* als shared consonant [532] *baggilgāl laššᵉwārîm zibbēḥû* lesen muß. So entspricht es der Vulgata (erant in Galgal bobus immolantes), der u.a. Deissler folgt.

---

[529] Auch J. Aistleitner, Wörterbuch Nr. 2828 S. 330f, deutet die Form *aṯb* dieser Stelle als tempus praeformativum 1. Person Singular von *ṯb* „ sich wenden ".

[530] Privater Hinweis von M. Dahood.

[531] Siehe zu Hos 12,1f S. 145 und dort die Anm. 521.

[532] Siehe diesbezüglich zu Hos 5,4a S. 59ff.

Hos 12,15b

Zum Parallelismus der Präpositionen *ʿal* und *lᵉ*, der auch im Ugaritischen begegnet, siehe zu Hos 4,9b S. 46f.

Hos 13,2b

lāhem hēm ʾimmārê-m zabḥî (MT *ʾōmᵉrîm zōbᵉḥê*)
ʾādām ʿăgālîm yiššāqûn

Für sie sind diese die Opferlämmer,
Menschen küssen Kälber.

Diese Lesung und Übersetzung hat M. Dahood vor einiger Zeit [533] als Möglichkeit vorgeschlagen. *ʾimmārê-m zabḥî* ist dabei Konstruktuskette mit eingefügtem enklitischem Mem [534], wobei das Nomen rectum *zabḥî* außerdem die alte Genitivendung trägt [535]. Anregung zu diesem Vorschlag bot der Ausdruck *imr dbḥ* in Krt 160 : *lqḥ imr dbḥ bydh* „ Er nimmt ein Opferlamm in seine Hände “. W. Rudolph (S. 237) lehnt *ʾimmārîm* „ Lämmer “ an dieser Stelle als unangebracht ab. Die Tatsache jedoch, daß u.a. in UT 51 : VI : 42-43 *ʿglm* und *imrm* nebeneinander begegnen wie hier bei Hosea nach Dahoods Lösung, scheint mir wiederum ein Argument für diese zu sein. Die Stelle heißt :

šql ...
ʿglm d[t] šnt
imr qmṣ l[l]im

Er sticht ab ...
einjährige Kälber
kleine (?) Lämmer (und) Zicklein.

Dahood, RSP I S. 289, führt hier außerdem UT 49 : II: 7f (//28f) an.

---

[533] Bib 44 (1963) 296 ; wohlwollend aufgenommen von J.C. Greenfield, ActOr 29 (1965) 12 Anm. 38. Der englische Wortlaut von Dahoods Übersetzung ist :

For them these are the sacrificial lambs,
with men kissing calves.

[534] Siehe diesbezüglich in dieser Arbeit zu Hos 14,3b S. 155f und dort Anm. 551.

[535] Zur Genitivendung siehe Anm. 318 die Literatur. Weitere Beispiele einer Genitivendung bei Hosea fanden wir mit größerer oder geringerer Wahrscheinlichkeit in Hos 11,3.4.7 : siehe S. 130; 133 und S. 137.

Hos 13,8b

wa'ăkālām šām kōl bā' (MT *we'ōkelēm šām kelābî'*)
ḥayyat haśśādeh tebaqqe'ēm

Da wird sie fressen alles, was daherkommt,
das Getier des Feldes wird sie zerreißen.

Die Schwierigkeit des MT erklärt W. Rudolph (S. 238) : „ ... der Rückgriff auf das Löwenbild ist stilistisch störend, außerdem ist dann V. 8b*α* keine gute Parallele zu 8b*β*, wo nicht mehr Jahwe Subjekt ist, sondern die Tiere, und wo kein *ke* mehr steht.“ Man vergleiche schon V. 7a : “ Da wurde ich für sie wie ein Löwe “. So lesen Rudolph, Wolff, Deissler u.a. nach Duhms Vorschlag [536] statt *kelābî' kelābîm*.

Die hier gegebene Lösung knüpft an Ps 80,13b an : *we'ārûhā kol 'ōberê dārek* „ alle Vorübergehenden pflücken an ihm (dem Weinstock Israel) “. Zu *bô'* im Sinne von „ daherkommen “ siehe 2 Sam 2,23b (ähnlich 2 Sam 20,12) : *wayehî kol habbā' 'el hammāqôm ... wayya'ămōdû* „ Alle nun, die an die Stelle kamen, ... blieben stehen “. Das Partizip kann nach *kol* mit und ohne Artikel stehen [537]. Wenn auch gewöhnlich die Wendung *kol habbā'* vorkommt, so findet sich in Num 4,3 doch auch *kol bā' laṣṣābā'* „ jeder, der in den Dienst eintritt “ [538].

kōl bā' entspräche also in unserem Vers chiastisch dem *ḥayyat haśśādeh* [539].

Hos 13,10

'ayyēh (MT *'ěhî*) *malkekā 'ēpô' weyôšî'ăkā*
bekol 'ārèkā wešōpeṭèkā
'ăšer 'āmartā tenâ llî melek weśārîm

Wo ist denn dein König, daß er dir helfe,
wo sind alle deine Prinzen und deine Herrscher,
von denen du gesagt hast : „ Gib mir König und Fürsten ! “ ?

---

[536] B. Duhm, ZAW 31 (1911) 40.

[537] Siehe etwa P. Joüon, Grammaire § 139i S. 43.

[538] Die BHK[3] will hier zwar ändern, aber das scheint mir durchaus nicht nötig zu sein. Die stereotypen Formeln in Num 4,3.23.30.35.39.43.47 sind keineswegs alle stereotyp gleich. So liegt m.E. kein hinreichender Grund vor, in 4,3 den Unterschied gegenüber den übrigen Formeln zu verwischen.

[539] Zum Chiasmus bei Hosea siehe zu Hos 2,2a*α* S. 6 und dort Anm. 19.

So liest und übersetzt H.J. van Dijk [540]. Das *b^e^* vor *kol* versteht er als emphatische Partikel [541]; *'ārèkā* „ deine Prinzen " leitet er ab von der ugaritisch-hebräischen Wurzel *ģyr/'yr* „ beschützen ". Die *'ārîm* „ Prinzen " fanden wir bei Hosea schon in 11,6, und das Verbum *'îr* II „ beschützen " kommt auch in Dtn 32,11 vor [542]. — Ob nun *'ěhî* hier (und in V. 14) wirklich mit den meisten in *'ayyēh* zu ändern oder vielleicht doch Dialektform ist, wie W. Rudolph (S. 238) nach der Vermutung von GK § 150 l annimmt, bleibt unsicher.

van Dijk gibt das emphatische Bet in der Übersetzung nicht eigens wieder. Im Deutschen läßt es sich hier etwa bei folgender Übersetzung ausdrücken: „ Wo ist denn dein König, daß er dir helfe; ja, alle deine Prinzen und deine Herrscher ... ? " Das Fragepronomen „ Wo " gilt auch hier, wie im Hebräischen das *'ayyēh*, für beide Stichen [543].

Zum Parallelismus von *melek* und *šōpēṭ*, der auch im Ugaritischen begegnet, siehe oben zu Hos 5,1 S. 58.

Der Parallelismus *mlk//mlk* begegnet im Ugaritischen außer in UT 77:2f und 1007:5-7 in UT 1005:6-9: *mišmn nqmd mlk ugrt nqmd mlk ugrt ktb spr hnd* „ Siegel Niqmads, des Königs von Ugarit. Niqmad, König von Ugarit, hat dieses Dokument geschrieben."

Weitere Bibeltexte zu diesem Parallelpaar siehe bei Dahood, RSP I S. 265.

Hos 13,11

'etten l^e^kā melek b^e'^appî
w^e'^eqqaḥ b^e'^ebrātî

Ich gab dir einen König in meinem Zorn,
und ich nahm ihn fort in meinem Grimm.

---

[540] Tyre S. 83 und 103. Der englische Wortlaut S. 83 (ähnlich S. 103) ist:
Where, then, is your king, that he may save you,
where are all your princes and rulers,
of whom you said, „ give me a king and princes " ?

[541] Siehe dazu neben van Dijks Angaben auch M. Dahood, Psalms III S. 399f.

[542] Siehe bezüglich Literatur zur Wurzel *ģyr/'yr* und zum Vorkommen dieser Wurzel bei Hosea und in Dtn 32,11: Anm. 373 und den Exkurs „ Hosea und Dtn 32,1-43 " S. 36. — Ich meine, in diesem weiteren Rahmen betrachtet, gewinnt van Dijks Übersetzung von Hos 13,10 an Wahrscheinlichkeit (gegen M. Greenberg, JAOS 90 [1970] 539).

[543] So van Dijk, Tyre S. 103: „ Where, then, is your king ... All your princes ..."

Der Parallelismus zwischen *nātan* und *lāqaḥ* hat in etwa eine Entsprechung in Krt : 203-206 :

hm ḥry bty iqḥ
ašʿrb ǵlmt ḥẓry
ṯnh kspm atn ...

Wenn ich Ḫurrai in mein Haus nehmen,
das Mädchen in meinen Hof führen darf,
gebe ich ihren doppelten Preis in Silber ...

Weitere ugaritische Stellen und auch Bibeltexte u.a. siehe bei Dahood, RSP I S. 218. Dort ist allerdings Krt : 203-206 noch nicht aufgeführt.

Hos 13,14aβbα

mimmāwet ʾegʾālēm
ʾěhî dᵉbārèkā māwet

Vom Tode soll ich sie erlösen ?
Wo sind deine Stacheln (?), Tod ?

Die Wiederholung *mt//mt* begegnet in 2 Aqht : VI : 38 :

[w]mt kl amt
wan mtm amt

Und ich werde den Tod aller sterben,
ja, ich werde gewiß sterben.

Des weiteren siehe Dahood, RSP I S. 271.

Zur möglichen Wiedergabe von *dᵉbārîm* mit „ Stacheln " siehe zu Hos 4,16 S. 52f (Anspielung auf den Tod als Schafhirten).

Hos 13,15bβ

wᵉyībaš (MT *wᵉyēbôš*) *mᵉqôrô*
wᵉyeḥěrab maʿyānô

Da versiegt sein Brunnen,
da vertrocknet sein Quell.

Die Wurzeln *qr* und *ʿn* begegnen in dieser Reihenfolge nebeneinander in UT 125 : 26f : *al tkl bn qr ʿnk* „ Erschöpfe nicht, mein Sohn, den Quell deiner Augen “. Des weiteren siehe Dahood, RSP I S. 328f und S. 299.

Hos 14,1

teʾšam šōmᵉrôn
kî mārᵉtâ bēʾlōhèhā
baḥereb yippōlû
ʿōlᵉlêhem yᵉruṭṭāšû
wᵉhāriyyôtāyw yᵉbuqqāʿû

Zugrunde geht Samaria,
denn empört hat es sich gegen seinen Gott.
Durch das Schwert werden sie fallen.
Ihre Säuglinge werden zerschmettert
und ihre Schwangeren werden aufgeschlitzt.

Zugrunde geht: M. Dahood (Psalms I S. 35f) zieht aus verschiedenen Texten, unter ihnen Hos 5,15 ; 10,2 und 14,1, den Schluß, daß es im Hebräischen eine Wurzel *ʾšm* „ zugrunde gehen “ gibt. Als Argumente bringt er entsprechende Wiedergaben der alten Versionen und die Tatsache, daß durch diese Annahme verschiedentlich der Parallelismus genauer wird. So steht beispielsweise in Hos 10,2a *ʾāšam* parallel mit *ḥālaq* III „ sterben, zugrunde gehen “ [544], und hier in 14,1ab*α* begegnet es zusammen mit *baḥereb yippōlû* (vgl. auch den Rest des Verses !). P. Joüon sagt in seiner lexikographischen Studie zur Wurzel *ʾšm* [545] von den hier genannten und noch einigen anderen Stellen, es gebe da noch eine gewisse Anzahl dunkler oder sogar entstellter Texte, bei denen es schwierig oder unmöglich sei, den Sinn des Verbs *ʾāšam* zu erfassen. Er verweist auch auf G.R. Driver, der diese und andere Texte in seinem Artikel „ Confused Hebrew Roots “ [546] behandelt und dort die Bedeutung „ was made desolate, was appalled “ annimmt.

Zu den von M. Dahood wegen Raummangels nur beispielshalber

---

544 Siehe aber noch oben die Besprechung S. 119f.
545 Bib 19 (1938) 454-459, besonders S. 457.
546 M. Gaster Anniversary Volume S. 73-82, im besonderen S. 75-77.

aufgeführten Argumenten mag noch folgendes hinzugefügt werden [547]: Die LXX übersetzt in den drei genannten Hoseastellen 5,15; 10,2 und 14,1 sowie in Joel 1,18 und Spr 30,10 *'āšam* mit einer Form von *aphanizesthai* „vergehen, zugrunde gehen". In Joel 1,18; Ez 6,6 und Jes 24,6 gibt das Targum das Verbum mit einer Form von *ṣdy* „verwüsten" wieder. Die Vulgata hat in Hos 10,2 und in Ez 6,6 „interibunt", in Hos 14,1 „pereat", in Joel 1,18 „disperierunt" und in Spr 30,10 „corruas". Es dürfte wohl zu gewagt sein, zu behaupten, diese Übersetzungen hätten in ihrer Vorlage jeweils an allen Stellen eine Form von *šāmam* gelesen, wie etwa die BHK³ es zu den Hoseastellen u.a. noch annimmt, auch wenn 1QJesᵃ 24,6 *wyšmw* aufweist, wo der MT *wayye'šᵉmû* liest. — Zweimal kommt *'āšam* zusammen mit *šāmam* vor: in Ez 6,6 (*tîšāmnâ* [548] und *wᵉye'šᵉmû*) und in Joel 1,17f (*nāšammû* und *ne'šāmû*; die LXX gibt hier beide Formen mit *ēphanisthēsan* wieder).

So ist wohl anzunehmen, daß die Wurzel *'šm* „zugrunde gehen" eine Nebenform zu *šmm* ist.

Durch das Schwert ... aufgeschlitzt: M. Dahood machte mich privatim auf UT 49 : II : 31f aufmerksam, wo beide Wörter nebeneinander vorkommen: *bḥrb tbq'nn* „mit dem Schwert spaltet sie ihn" (Anath den Mot).

Hos 14,3

qᵉḥû 'immākem dᵉbārîm
wᵉšûbû 'el yhwh
'imrû 'ēlāyw
kol tiśśā' 'āwōn
wᵉqaḥ ṭôb
ûnᵉšallᵉmâ pᵉrî-m (MT *pārîm*) *śᵉpātênû*

Nehmt Worte mit euch
und kehrt zurück zu Jahwe.
Sprecht zu ihm:
„Nimm alle Schuld hinweg;
und nimm an, Du Gütiger,
wenn wir die Frucht unserer Lippen entrichten."

[547] Siehe im übrigen auch schon Driver a.a.O. S. 76f.

[548] Bei *tîšamnâ* in Ez 6,6 handelt es sich wohl um eine Nebenform nach Pe-Yod/Waw: siehe BL § 58p' S. 439.

N e h m t . . . n i m m a n : Das Parallelpaar *lqḥ*//*lqḥ* findet sich häufiger in der Bibel und auch im Ugaritischen. Dort heißt es z.B. in 2 Aqht : VI : 35f :

mt uḫryt mh yqḥ
mh yqḥ mt aṯryt

Der Mensch — was wird er als Künftiges empfangen?
Was wird der Mensch empfangen als Bestimmung?

Des weiteren siehe Dahood, RSP I S. 254.

N i m m a l l e S c h u l d h i n w e g : Zu dieser ungewöhnlichen Wortstellung *kol tiśśāʾ ʿāwōn* siehe zu Hos 8,2 S. 102.

D u G ü t i g e r : Zur grammatischen wie auch lexikalischen Deutung von *ṭôb* gibt es verschiedene Vorschläge, von denen aber noch keiner als endgültige Lösung angenommen ist [549]. In Anbetracht dessen, daß Hosea schon in 8,3 Jahwe als den Guten bezeichnet (siehe S. 104), scheint mir durchaus die Möglichkeit zu bestehen, daß wir auch hier diesen Gottestitel vor uns haben, nur im Vokativ.

d i e F r u c h t u n s e r e r L i p p e n : Das enklitische Mem hier ist schon seit langem erkannt [550]. Die LXX hat ja hier *antapodōsomen karpon cheileōn hēmōn*. Da inzwischen so viele Beispiele für diese Erscheinung in der Bibel gefunden sind [551], daß man kaum mehr im Ernst daran zweifeln kann, deutet es wohl auf ein relativ hohes Alter des Manuskripts zum Zwölf-Propheten-Faszikel der BHS, wenn in ihm zwar gemäß dem *karpon* der LXX (und des Syrers) die Lesung *pᵉrî* statt *pārîm* verlangt, das überschießende Mem aber in keiner Weise berücksichtigt wird.

Nun glaubt aber W. Rudolph (S. 248) nach anderen Autoren, auf die *pārîm*, die Farren, nicht verzichten zu dürfen, und so schlägt er eine Lesung vor, in der sowohl die *pārîm* als auch *pᵉrî* ihren Platz

---

549 Siehe etwa H.W. Wolff S. 301; W. Rudolph S. 247f; I. Willi-Plein, Vorformen S. 229.

550 Siehe R.T. O'Callaghan, VT 4 (1954) 170f, und R. Gordis, VT 5 (1955) 88f.

551 Siehe A.C.M. Blommerde, Job S. 32, mit weiterer Literatur und mit Beispielen; ferner M. Dahood, Psalms II Index of Subjects S. 392a und 394b; Psalms III Index of Subjects S. 482b und GP S. 408f sowie insbesondere S. 382f. — Ein weiteres Beispiel dieser Konstruktion bei Hosea haben wir möglicherweise in 13,2b (siehe S. 149); andere Beispiele für enklitisches Mem bei Hosea lassen sich wenigstens als Möglichkeit annehmen in 5,7; 9,1 und 11,7. Siehe die Besprechung der Stellen.

haben : *ûn^ešall^emâ mēhappārîm p^erî ś^epātênû* „ wenn wir danken statt mit Farren mit der Frucht unserer Lippen “. Damit gewinne man, so schließt er, wieder ein gut hoseanisches Wortspiel. Aber nachdem wir festgestellt haben, wie Hosea sich häufiger gerade in der Weise wortspielerisch ausdrückt, daß er in einem einzigen Wort einen Doppelsinn verbirgt [552], dürfen wir das, meine ich, auch hier annehmen. Das enklitische Mem soll hier wohl zur Klangähnlichkeit mit *pārîm* beitragen : *p^erî-m – pārîm*. Hosea hätte demnach mit der Formulierung *w^eqaḥ ṭôb ûn^ešall^emâ p^erî-m ś^epātênû* prägnant das Anliegen von Ps 50,7-15 ausgedrückt. Man vergleiche besonders V. 9a : *lō' 'eqqaḥ mibbêt^ekā pār* „ Nicht nehme ich aus deinem Hause einen Farren an “ und ebenda V. 14 : *z^ebaḥ lē'lōhîm tôdâ w^ešallēm l^e'elyôn n^edārèkā* „ Opfere Gott deinen Dank [553], und entrichte dem Höchsten deine Gelübde “. Zu beachten ist dabei auch das Wortfeld.

Hos 14,9abα

'eprayim mah llî 'ôd lā'ăṣabbîm
'ănî 'ānîtî wa'ăšûrennû

Ephraim — was hat es noch mit den Götzen zu schaffen ?
Ich antworte und erscheine ihm.

w a s h a t e s n o c h : Daß das Yod an *lî* Suffix der 3. Person Singular ist und sich also auf Ephraim bezieht, hat schon M. Dahood (Psalms I S. 11) notiert. Man kann also den Stichus genau wie W. Rudolph übersetzen und doch auf die Änderung in *lô* verzichten. Weitere Beispiele dieses Suffixes bei Hosea finden sich mit mehr oder weniger Sicherheit in 5,13//10,6 ; 11,1 und 11,7 (siehe die jeweilige Besprechung). Bei dieser Übersetzung und Erklärung, der auch A.C.M. Blommerde (siehe unten) folgt, ist es wohl nicht nötig, mit S. Bartina [554] hier eine frase hecha, eine feste Redensart anzunehmen, die ohne Rücksicht auf Geschlecht und Person gebraucht werde.

u n d e r s c h e i n e i h m : Zu dieser Wiedergabe von *wa'ăšûrennû* siehe A.C.M. Blommerde, Job S. 119f. *šûr* „ sehen “ faßt er hier wie auch in Ijob 33,14 und Hld 4,8 intransitiv auf. Dem Parallelis-

---

[552] Siehe zu Hos 5,1 S. 57f.
[553] Zum double-duty suffix, *tôdâ – n^edārèkā*, siehe Anm. 77 die Literatur.
[554] EstBíb 27 (1968) 247-249.

mus in Ijob 33,14 zwischen *dibber* „reden“ und *šûr* „erscheinen“ entspricht hier bei Hosea der zwischen *ʿānâ* „antworten“ und *šûr* „erscheinen“. Das Suffix an *ʾăšûrennû* ist dativisch zu verstehen: „ihm“. Das hindert aber nicht, es nach dem Prinzip des double-duty suffix auch für *ʿānîtî* gelten zu lassen, ob man es nun im Deutschen doppelt wiedergibt oder nicht [555]. Ein weiteres Beispiel eines Dativsuffixes bei Hosea haben wir sehr wahrscheinlich in 5,7 (siehe S. 69). — Das hebräische *šûr* „sehen, erscheinen“ ist von derselben Wurzel wie ugaritisch *ḏrt* „Erscheinung, Traum“ [556].

Hos 14,10

mî ḥākām wᵉyābēn ʾēlleh
nābôn wᵉyēdāʿēm
kî yᵉšārîm darkê yhwh
wᵉṣaddīqîm yēlᵉkû bām
ûpōšᵉʿîm yikkāšᵉlû bām

Wer immer weise ist, verstehe dieses,
wer verständig, erkenne es.
Denn gerade sind die Wege Jahwes,
und Rechtschaffene gehen darauf.
Aber Abtrünnige kommen auf ihnen zu Fall.

W e r i m m e r: So wird man das Pronomen hier wohl am besten verstehen [557]. Anerkanntermaßen gilt es auch für den zweiten Stichus.

v e r s t e h e . . . e r k e n n e: Der Parallelismus zwischen *bîn* und *yādaʿ* findet sich im Ugaritischen [558] u.a. in ʿnt : III : 23-25 :

abn brq dl tdʿ šmm
rgm ltdʿ nšm
wltbn hmlt arṣ

Ich verstehe den Blitz, den der Himmel nicht erkennt,
den Donner, den die Menschen nicht erkennen,
noch die Scharen der Unterwelt verstehen [559].

---

555 Vgl. W. Rudolph S. 249 Anm. b zu V. 9.

556 Siehe Blommerde, Job S. 119 Anm. 272, den Literaturhinweis.

557 Vgl. KBL² S. 518b; R. Meyer, Grammatik II S. 16, sowie Blommerde, Job S. 138.

558 Siehe M. Dahood, RSP I S. 197f; dort weitere Literatur.

559 So nach Dahood, UF 1 (1969) 25. Die chiastische Anordnung der

g e r a d e . . . R e c h t s c h a f f e n e : Der Parallelismus *yāšār* // *ṣaddîq* hat seine Entsprechung im Ugaritischen in Krt : 12f [560] :

aṯt ṣdqh lypq mtrḫt yšrh
Seine legitime Frau
fand er in der Tat,
seine rechtmäßige Braut [561].

Es sei hier noch auf den double-duty modifier *lypq* in dieser Zeile hingewiesen [562].

Verben bot den Schlüssel zur richtigen Deutung der Form *abn*, die orthographisch mehrdeutig ist.

560 Siehe Dahood, RSP I S. 320 ; dort weitere Literatur und weitere Bibelstellen. Auch im Phönizischen findet sich dieser Parallelismus, und zwar in der Jeḥīmilk-Inschrift, KAI 4 : 6f : siehe Dahood, Psalms I S. 57 und Psalms II S. 57 (allerdings spricht er beidemale versehentlich von der Jeḥawmilk-Inschrift ; diese wäre KAI 10).

561 Wörtlich : „die Frau seiner Legitimität ... die durch den Brautpreis Erworbene seiner Rechtmäßigkeit". — Wie oben übersetzen H.L. Ginsberg, The Legend of King Keret S. 14, und ANET² S. 143 ; M. Dahood, Psalms I S. 56, und Psalms II S. 57 ; und C.H. Gordon, UT Glossary Nr. 2030 S. 467. In Ugaritic Literature S. 67 sowie in Ugarit and Minoan Crete S. 101f allerdings faßt Gordon das Lamed vor *ypq* als Negation auf. Zur Schwierigkeit, das emphatische Lamed von der Negation zu unterscheiden, siehe Gordon, UT § 9.16 S. 76.

562 Dazu siehe S. 75ff.

Register

1) Personen

Aistleitner, J., 17, 19, 24, 29, 32, 48, 49, 89, 90, 109, 114, 123, 124, 131, 139, 148
Albright, W.F., 106
Andersen, F.I., 14, 15, 44f, 71, 130, 139
Aquila, 117
Avishur, J., 121

Bach, R., 38
Bartina, S., 156
Bauer, H. – Leander, P., 44, 54, 86, 102, 130, 154
Baumann, E., 35, 38, 39
Baumgartner, W., siehe Koehler, L. – Baumgartner, W.
Beyer, K., 128
Bittner, M., 118
Blau, J., 52, 121
Blommerde, A.C.M., v, 3, 4, 6, 11, 14, 21, 22, 33, 35, 48, 59, 65, 73, 81, 82, 88, 91, 92, 96, 100, 101, 102, 103, 112, 117, 118, 128, 133, 136, 155, 156, 157
Brekelmans, C., 96
Bright, J., 143
Brockelmann, C., 92, 97, 100
Brongers, H.A., 23, 69
Buber, M., 2
Budde, K., 7, 33, 60
Buhl, F., siehe Gesenius, W. – Buhl, F.
Buss, M.J., 11, 15, 27, 33, 35, 37, 38, 39, 66, 72, 83, 85, 88, 89, 91, 97, 100, 115, 145, 146

Cazelles, H., 137
Chomsky, W., 102, 131
Coote, R.B., 46, 142, 143, 144

Dahood, M., v, vi, 1, 2, 3, 4, 5, 6, 8, 9, 10, 11, 12, 14, 15, 16, 18, 19, 20, 21, 22, 24, 25, 26, 27, 28, 29, 30, 35, 36, 40, 41, 43, 44, 45, 46, 47, 48, 49, 50, 51, 52, 54, 55, 56, 57, 59, 60, 62, 63, 65, 66, 67, 68, 72, 73, 74, 75, 76, 77, 79, 81, 82, 83, 87, 88, 89, 91, 92, 93, 94, 95, 96, 97, 98, 99, 100, 101, 102, 103, 104, 106, 108, 109, 110, 112, 113, 114, 115, 116, 117, 118, 119, 120, 121, 123, 124, 125, 127, 128, 130, 132, 133, 136, 138, 139, 140, 141, 142, 144, 145, 146, 147, 148, 149, 151, 152, 153, 154, 155, 156, 157, 158
Dante Alighieri, 18
Deissler, A., 4, 29, 32, 40, 43, 50, 52, 66, 72, 83, 91, 115, 118, 122, 144, 145, 146, 147, 148, 150
Delcor, M., 64
van Dijk, H.J., v, 3, 11, 14, 15, 19, 20, 40, 55, 73, 100, 103, 104, 106, 123, 125, 135, 151
Donner, H., 142
Donner, H. – Röllig, W., 12, 112, 144
Driver, G.R., 53, 62, 98, 99, 117, 135, 153, 154
Duhm, B., 78, 150

Ehrlich, A.B., 7
Eichrodt, W., 53, 56, 64, 78
Elliger, K., 57

Feldmann, F., 53, 64, 78
Fischer, J., 56
Fisher, L.R., 127
Fitzmyer, J.A., 11

Fohrer, G., 7
Freedman, D.N., 6, 70, 87, 103, 134
Friedrich, J., 20
Friedrich, J. – Röllig, W., 20, 92, 132

Galbiati, E., 13
Galling, K., 80
Gaster, T.H., 52
van Gelderen, C., 15
Gerleman, G., 62
Gesenius, W. – Buhl, F., 27, 121, 124, 133
Gesenius, W. – Kautzsch, E., 14, 54, 61, 91, 102, 122, 130, 131, 132, 151
Ginsberg, H.L., 17, 19, 24, 32, 49, 93 114, 123, 124, 141, 158
Glück, J.J., 58
Good, E.M., 39
Gordis, R., 155
Gordon, C.H., VI, 1, 2, 12, 16, 17, 19, 24, 29, 30, 32, 42, 48, 49, 60, 64, 74, 86, 94, 97, 100, 112, 114, 115, 123, 124, 127, 132, 136, 138, 139, 141, 158
Greenberg, M., 125, 151
Greenfield, J.C., 149

Harris, Z.S., 92
Held, M., 24, 66
Herdner, A., 57, 124, 141
Herranz, M., 145
Hertzberg, H.W., 65, 71, 80, 127
Hieronymus, S. Presbyter, 117
Hillers, D.R., 64
Holladay, W.L., 6, 9
Holman, J., 26
Huesman, J., 20, 54, 106

Ibn Esra, 105

Jastrow, M., 28, 92
Jerobeam II, 40
Joüon, P., 4, 14, 34, 51, 65, 66, 69, 91, 106, 113, 118, 132, 135, 150, 153
Junker, H., 32

Kaiser, O., 62
Kaufman, S., 118
Kautzsch, E., siehe Gesenius, W. – Kautzsch, E.
Kimḥi, D., 102, 131
Köhler, B., 112
Koehler, L. – Baumgartner, W., 9, 27, 33, 37, 52, 54, 65, 67, 73, 81, 83, 87, 92, 96, 101, 120, 124, 157
König, E., 62, 86, 133
Kraus, H.J., 15, 51, 72
Krinetzki, L., 62, 63
Krszyna, H., 13, 20

Lambert, M., 9
Leander, P., siehe Bauer, H. – Leander, P.
Loewenstamm, S.E., 121
Lohfink, N., 31, 32f, 39

Macdonald, J., 71
Mandelkern, S., 85
Marti, K., 142
McCarthy, D.J., 38, 83
McDaniel, T.F., 83f, 135, 136
Meyer, R., 4, 28, 86, 91, 118, 128, 130, 135, 157
Milik, J.T., 145
de Moor, J.C., 83f, 112

Noth, M., 107
Nowack, W., 60, 87, 145
Nyberg, H.S., V, VII, 43, 86, 100, 110, 130, 137

O'Callaghan, R.T., 155
Osty, E., 106

Paul, S.M., 91, 93
Payne Smith, R., 92
Perles, F., 7
Pope, M.H., 25, 56, 70, 141, 144
Procksch, O., 75

Qimḥi, D., 102, 131

von Rad, G., 35, 38, 39
Raschi, 105
Rin, S. und S., 89, 113

Robinson, T.H., 33, 87
Röllig, W., siehe Donner, H. – Röllig, W. und Friedrich, J. – Röllig, W.
Rudolph, W., v, vii, 2, 3, 4, 5, 6, 7, 8, 10, 11, 15, 20, 21, 29, 32, 33, 36, 38, 42, 46, 50, 51, 52, 53, 57, 59, 62, 66, 69, 70, 72, 83, 86, 87, 91, 94, 97, 98, 100, 101, 104, 105, 106, 107, 108, 110, 112, 115, 117, 118, 120, 122, 125, 129, 130, 136, 138, 142, 143, 144, 145, 147, 149, 150, 151, 155, 156, 157
Rupprecht, K., 9

Sabottka, L., 6, 18, 83
Schegg, P., 16
Schlatter, A., 53
Singer, A.D., 111
Soggin, J.A., 71, 134
Solá-Solé, J.M., 132
Speiser, E.A., 92, 113
Sperber, A., 71, 128

Thomas, D.W., 76
Tournay, R., 128
Tromp, N.J., 9, 16, 17, 18, 50f, 52f, 54, 77, 95, 120
Tsevat, M., 32

van Uchelen, N.A., 27f

Vannorsdall, A.O., 35, 38, 39
Virolleaud, C., 111f
Vogt, E., 8, 133

Wagner, M., 107
Watson, W.G.E., 32, 59, 61, 62, 63, 65, 146
van der Weiden, W.A., 6, 21, 22, 33f, 75, 96, 111, 115, 118, 127, 145
Weiser, A., 51, 66, 83, 147
Wellhausen, J., 125
Wendland, H.-D., 53
Westermann, C., 32, 51, 60
Willi-Plein, I., 66, 115, 155
Wolff, H.W., vii, 2, 3, 4, 5, 11, 15, 29, 31, 32, 33, 38, 39, 40, 41, 43, 46, 48, 50, 52, 57, 59, 66, 69, 72, 83, 85, 87, 91, 94, 100, 108, 110, 115, 117, 118, 120, 123, 125, 136, 143, 144, 145, 146, 147, 150, 155

Yoder, P.B., 67
Young, D.W., 71

Ziegler, J., 128
Zimmerli, W., 3, 10, 19, 62, 63, 125
Zorell, F., 4, 22, 27, 28, 32, 61, 65, 67, 71, 81, 92, 101, 124, 145

2) Sachen

Abstractum pro concreto, 40, 47, 92, 136, 142f
Afel-Kausativ, 43-45, 129
Akkusativ, adverbieller, 33
Akkusativ der Art und Weise (modi), 117
Akkusativ des Materials oder Mittels, 12, 30, 132
Akkusativ des Mittels, der dem Verb vorangeht, 132
Akkusativendung, alte phönizische, 46, 92
Aquila, Übersetzung, 117
Arabische Bibelübersetzung, 62
Aramäisch, 11f, 20, 98, 133, 145
Aramaismus, 43, 98
Artikel statt Suffix, 116
Aschera, Els Frau, Mutter der Götter, 12
Assonanz, 64, 67, 88
Asyndese, 84, 123
Atnach, 103

b/p, nichtphonemischer Wechsel, 117
Baal, Gott der Fruchtbarkeit, 56
Baal, Vermeidung des Namens, siehe auch „ Götzentitel, abfällige “, 42
Baal-Šamēm, 144

Ballast variant, 145
Bible de Jérusalem, siehe auch „ Jerusalemer Bibel, deutsche ", 40, 43, 53, 64, 78, 83, 97, 107
Biblia Hebraica (hg. von Kittel), 2. Auflage, 63, 125
Biblia Hebraica (hg. von Kittel), 3. Auflage, 22, 37, 43, 44, 45, 60, 61, 62, 63, 64, 65, 66, 71, 75, 78, 79, 80, 102, 108, 116, 118, 125, 145, 146, 150, 154
Biblia Hebraica Stuttgartensia, 4, 5, 8, 32, 47, 48, 56, 61, 62, 63, 64, 66, 71, 72, 75, 76, 78, 79, 83, 86, 93, 98, 102, 103, 108, 118, 123, 125, 130, 137, 144, 145, 146, 147, 155
„ Breakup " von Doppelausdrücken, 32, 102-104, 128f, 144
„ Breakup " von Gottesnamen (Doppelnamen), 103
„ Breakup " in umgekehrter Reihenfolge, 128f

Chiasmus, 6, 7, 13, 41, 63, 73, 81, 96f, 114, 126, 150, 157f
Chiasmus der Silbenzahlen, 138
Concretum pro abstracto, 22

Dagan, 97, 112
Dativsuffix, siehe auch „ Genitivsuffix in Dativfunktion ", 22, 48, 60, 69, 157
Dativus incommodi, 69
Defektivschreibung, 33, 34, 118, 147
Denominative Verben, siehe auch „ Piel denominativum ", 6, 113
Dialekt, nordisraelitischer, kanaanäischer, siehe auch „ Phönizisch " und „ Nordisraelitisch ", V, 60, 86, 88, 101, 132
Dialektale Nebenform, 151
Dittographie, 130
Doppelausdrücke, aufgespalten, siehe „ Breakup von Doppelausdrücken "
Doppeldeutigkeiten, siehe „ Wortspiele "
Dornröschen, 18
„ Double-duty interrogatives ", 75, 151, 157
„ Double-duty modifiers ", 75-80, 126, 133, 158
„ Double-duty prepositions ", 32, 55, 75, 116
„ Double-duty suffixes ", 22, 59, 75, 81, 83, 101, 114, 122, 130, 133, 156
Dual, kontrahierter, 82, 101, 132

El, Bezeichnung für Jahwe, 30, 144
El, Haupt des kanaan. Pantheons, 12, 137f, 140, 143f
El-Al, Titel des kanaan. El, 137f
Ellipse, siehe „ Double-duty interrogatives, modifiers " usw.
Enjambement, 98, 100
Eschmunazor-Inschrift, 54, 55f
Euphonie, 100

Feminin Singular auf *-ōt*, 88

Genitivendung, 130, 133, 137, 149
Genitivsuffix in Dativfunktion, siehe auch „ Dativsuffix", 11, 12, 16, 110f, 112, 121
Götzentitel, abfällige, 40f, 42, 47, 104f, 113, 142f, 144f
Gottestitel, 42, 100, 104, 155

Haplographie, siehe auch „ Shared Consonants ", 32, 33, 59f, 73, 100, 110f
Haplophonie, 65
Hendiadyoin, 145
Hifil intransitivum (oder durativ-superlativisches Hifil), 91f

Infinitiv statt finiter Verbform, 20, 43f, 92, 106, 129, 131f
Infinitivus absolutus, Nebenformen 20, 54, 88, 129, 131, 132
Infinitivus absolutus mit Objektssuffix, 132
Infinitivus constructus, Sonderformen, 45, 86, 129, 131f
Inklusion, 64, 67, 77, 119, 123, 134

Jeḥīmilk-Inschrift, 144, 158

Jerobeam II, wirtschaftl. Blüte, 40
Jerusalemer Bibel, deutsche, 11, 84

Karatepe-Inschriften, 132
Kasusendungen, erhaltene, siehe „ Akkusativendung, alte phönizische " und „ Genitivendung "
kī emphaticum, 14f, 31f, 72f, 106
Kilamuwa-Inschrift, 129
Komposita, 100
Konstruktuskette mit eingefügten Elementen, 14f, 29, 66, 72f, 87, 92, 102, 106, 149, 155f

Lamed auctoris, 4
Lamed emphaticum, 118f, 134
Lamed vocativum, 122f
Lehreröffnungsformel, 38, 57

Majestätsplural, 106, 113
Mehri-Sprache (Südarabien), 118
Mem encliticum, 14, 22, 31f, 45, 69, 102, 111, 135, 136, 149, 155f
Mem encliticum, das einem Suffix entspricht, 14
Mem encliticum am Vokativ, 111
Mischnahebräisch, siehe „ Mittelhebräisch "
Mittelhebräisch, 28, 92, 123
Mot, Gott des Todes, der Dürre, 56

Nebenformen, zweiradikalige, zu schwachen dreiradikaligen Wurzeln, 44f, 71, 130-132, 139
New English Bible, 2, 4, 11, 33, 44, 60, 72, 83, 87f, 91, 103
Nomina, verketzernde Aussprache, 70
Nordisraelitisch, siehe auch „ Dialekt, nordisraelitischer, kanaanäischer ", V, 88, 98, 132

p/b, nichtphonemischer Wechsel, 117
Passiv Qal, siehe " Qal passiv "
Patach furtivum in der Silbenzählung, 6, 146
Pattloch-Bibel, 83, 91, 97
Philister, 64
Phönizisch, V, 20, 46, 74, 88, 92, 128, 132, 138
Phönizische Feminin-Singular-Endung *-ōt*, 88
Piel denominativum, 21, 90, 93, 113
Piel privativum, 21-23, 107
Pleneschreibung, falsche, 30, 33, 64, 65, 138
Plural der Verallgemeinerung, 91
Pluralis excellentiae, maiestatis, 106, 113

Qal passiv, 4, 33, 50, 55, 68f, 71f, 135
qātal-yiqtōl-Folge, 16, 43f, 54, 97, 104, 122
qatala-Form der 3. Sing. mask., 71f
Qumranhebräisch, 20, 135

Reim, 63, 67, 107, 119
Revised Standard Version, 60, 64, 83, 91, 97

Samaritanische Tradition, Chronik, 71
Scheol als Gefängnis, 16f, 54
Schewa compositum und mobile in der Silbenzählung, 6
Schimpfnamen für Baal u.a. Götzen, siehe „ Götzentitel, abfällige "
Schlafgemach, Ort für tiefste Gemütsbewegungen, 98
Secunda (Hexapla), 128
Sefîre-Inschriften, 11
Septuaginta (LXX), 14, 15, 36f, 48, 61, 62, 65, 71, 72f, 76, 84, 86, 87, 98, 104, 111, 123, 127f, 145, 147, 154, 155
„ Shared consonants ", 8, 59-66, 130, 148
Silbenzählung, 6, 15, 43f, 146 und passim
Silbenzahl, abnehmende, 15
Silbenzahl, zunehmende, 14f, 57
Silbenzahlen, chiastische Ordnung, 138
Suffix der 3. Pers. Sing. *-y*, 82, 120f, 128, 137, 156
Suffix, fehlend bei Namen von Körperteilen, 92f, 130
Syrisch, 92

Syrische Bibelübersetzung, 14, 15, 62, 83, 87, 147, 155

Targum, 62, 71, 80, 83, 128, 154
Tirosch, Gottheit, 97, 112f
Tod als Gefangenschaft, Gefängnis, 16f, 55f
Tod als Schafhirte, Viehtreiber, 10, 52f, 152
Tod als Vogelfänger, 54, 95
t-Präformativ der 3. Pers. Plur. mask., 136

Ugaritisch, sprachliche Klassifizierung, 1
Unterwelt als ausgedehntes Land, Weite, 50f
Unterwelt, euphemistische Bezeichnung dafür, 10

Versbrechung, 98, 100

Vulgata, 65, 72, 80, 87, 111, 147, 148, 154

Wandel von *ā* zu *ô* (phönizisch), 46, 87f, 92
Wandel von *ō* zu *û* (phönizisch), 20
Waw emphaticum, 91f, 118f
Wortfelder, 17, 22, 28f, 38, 54, 55f, 69, 99, 114f, 137, 148
Wortspiele, 5, 45f, 57f, 68, 70, 73, 89f, 99, 105, 106f, 108f, 113, 119, 120, 123, 134, 144, 156

yaqtulu, 3. Pers. Sing., 35, 113
yiqtōl, Erzähltempus, siehe auch „*qātal–yiqtōl*-Folge“, 97

Zwei verschiedene Konjugationen desselben Verbs in demselben Vers, 66f, 107f, 129

3) Wörter

a) HEBRÄISCHE

'ād, Hand, 82, 132
'ādām, Erdboden, Land, 83
'ădāmâ, Totenwelt, 54
'ôyēb, Feind (Name für Baal), 42, 47, 104f
'ôr, Sonne, 81
'êmâ, furchtbar (Adverbsakkusativ), 33f, 81
'immār, Lamm, 149
'eṣbāʿôt, Arme, 99
'aryēh, Löwe (Bezeichnung für die Unterwelt), 54
'ereṣ, Stadt, Stadtstaat, 127
'ereṣ, Unterwelt, 8f, 54f, 141
'āšam, zugrunde gehen, 75, 120, 153f
'etnan, Dirnenlohn, 111f

bᵉ (ablativisch), von, aus, 82, 96f, 101, 127
bᵉ, zu, 147f
bûq (*bāqaq* ?), trinken, 117f
biṭṭēn, schwanger sein, 93
bāqaq (*bûq* ?), trinken, 117f
bōšet, Schande (Schimpfname für Baal), 42, 113

dibber, wegtreiben, 54f
deber, Dorn (?), 52
dālap, sich senken, niedersinken, 127
dāmîm, Götzenbilder, 26-28
dāmîm, *dāmîn*, (Mischnahebr.), Gegenwert, Preis, 28
derek, Macht, 89

hēm, *hēmmâ*, siehe, 62, 67f, 82-85

zûr, widerlich sein, 68
zᵉnût, Unzucht (vermutl. Name für Baal), 42, 47
zār, widerlich, 68

ḥōdeš, Neuling (Name für Baal), 42, 69f
ḥālal, loslassen, 135
ḥālaq, zugrunde gehen, 70, 120, 153
ḥammâ, Fieber, 92

ṭôb, Gütiger, Freundlicher (Gottestitel), 42, 47, 104, 155
ṭôb, Regen, 118

yāḥīd, der Einzige (Gottestitel), 138
yāṣā', scheinen, leuchten, 81
yāšab, thronen, 113

kābôd, Herrlichkeit (Titel Jahwes), 40-43, 47
kāzāb, Falschheit = Götze, 145
kḥš, Thron, 89f, 113
kaḥaš, Lüge = Götzen, 42, 142f
kiḥēš, thronen, herrschen, 90, 113
kî, fürwahr, in der Tat, 93
kissâ, aufdecken (Piel privativum), 21-23
kārîm, Höhlen, Gruben, 54

l^e, von, von – weg, ohne zu, 65, 78
lē', der Starke (Gottestitel), 112
lō' ʿal, der Nicht-Höchste (Baal), 37, 42, 100f, 113, 144
lā'â, stark sein, überwinden, 112, 136
lē'ê, der Starke/Schwache (Baal), 42, 112f, 144

māgān, Wohltäter, Lehensherr, 137, 139
minḥâ, Gabe, Abgabe, Tribut (von *nāḥâ*, führen, bringen), 121
mōʿēṣôt, Ratgeber, 136
māṣā', erreichen, ankommen, gelangen, 16
merḥāb, Weite, d.h. die Unterwelt, 50f
mirmâ, Trug = Götzen(bilder), 42, 142f

naʿar, Knecht, 127

ʿîr, beschützen, 36, 108f, 135, 151
ʿal (ablativisch), von, aus, 133
ʿal, Höchster (Gottesname), 100, 137
ʿām, Festung, Stadt, 125
ʿim, wie, 24
ʿāmam, stark, tief, weise sein, 125
ʿārab, eintreten, 115
ʿārîm, Fürsten, Prinzen (wörtl. Beschützer), 135f, 151
ʿārîm, Götter (wörtl. Beschützer), 108f
ʿēt, Furche, 123f
ʿattâ, darum, 69

pa, und, 26, 88

ṣedeq/ṣ^edāqâ, Fülle, Rechtzeitigkeit, 123
ṣūrôt, Höhen, 109

q^edôšîm, Heilige, d.h. Mitglieder des kanaan. Pantheons, 143f
qōṭeb, Stachel (?), 52
qālôn, Schande (Schimpfname für Baal) 40-43, 47
qērēb, im Innern tragen (Piel denominativum), 93

rā'â b^e, sich satt sehen an, 62
rōb, Regen, Niederschlag, 118
rābab, reich sein, 40
rāʿ, Verrat, 100
rōʿēm, der Donnerer/Verstörte (Baal), 42, 112f, 144

šābab, zerschlagen, zersplittern, 3, 106
šēd, Dämon, Götze, 42, 143, 145
šûr, sehen, erscheinen, 156f
šām, siehe, 82f
šiqqûṣîm, Scheusale (Baal und seine Verehrer), 42

b) UGARITISCHE

akl, Korn, Getreide, 46, 87
arṣ, Stadt, Stadtstaat, 18
itnn, Lohn (hebr. *'etnan*), 111f
g, Stimme, 22
gt glʿd, Ortsname (Kelter von Gilead), 86
dbr, Weide, Trift, 10
dlp, niedersinken, 127
drkt, Macht, Herrschaft, 89f
ḏrt, Erscheinung, Traum, 157
hm, siehe, 83
ḫḫ, Dorngestrüpp, 17f
ḫlq, zugrunde gehen, 70, 120
ḫmr, Weingefäß, Faß, 97
ẓr, Spitze, Höhe, 109
yrǵm il/bʿl (Eigennamen), Donnern möge El/Baal, 112
kḥṯ, Thron, 89f, 113
kny, makellos, 49
liy, Personnenname, 112
mẓ', finden erreichen, 16
mk, Grube, Pfuhl, 18
mkk, sich senken, 127
mǵy, erreichen, (an)kommen, 16
mṣ', erreichen, 16
nʿr, Diener, Knecht, 127
ʿnt, Furchen, 123f
ʿnt, nun, jetzt, 124
ʿšy, gepreßt, gekeltert, 48
ǵyr, beschützen, 36, 108f, 135, 151
pwq, trinken, 117
qdš, Heiligkeit (Titel der Aschera, Els Frau), 12, 140f
ṯbb, zerschlagen, zersplittern, 106

c) SONSTIGE (in Auswahl)

Akkadisch : *ḫaḫīnu*, dornige Pflanze, 17
Arabisch : *ḫalla*, loslassen, lösen, gehen lassen, 135
ḫalaṣa, sich entziehen, 67
Aramäisch : *ʿal*, von, 133
Punisch : *ʿbdl'y*, Eigenname, 112
Syrisch : *ḥamtā'*, Fieber, 92

4) Wortparallelen („ Parallel Pairs ")

Der Kürze halber werden jeweils nur die hebräischen Paare und Wortgruppen aufgeführt, in alfabetischer Reihenfolge. Für strikten Parallelismus steht das Zeichen //, für Zusammenordnung drei Auslassungspunkte, für Nebeneinanderstellung ein +.

a) HEBRÄISCH–UGARITISCHE

1. im Hoseabuch

'êk//'êk, 139
'ên//'ên, 25f
'ēl//qādôš, 140f, 143
'immārê-m zabḥî, 149
'ānōkî//'ănî, 74
'ereṣ//bayit, 141
'ereṣ ... šāmayim ... yām, 28f
'attâ//'ănî, 34
bᵉ//bᵉ, 81f, 96f
bô'//bô', 115f
bîn//yādaʿ, 157
bēn//bēn, 5f
bat//kallâ, 49
dᵉgê hayyām, 28f

hālak + šûb, 18f, 74
hārâ + yālad, 1f
w^e//pa, 26, 88
ḥiṭṭâ + 'ākal, 45f
ḥereb + bāqaʿ, 154
yādaʿ//yādaʿ, 93
yôbîl minḥâ, 121
yôm//yôm, 81, 115, 116
yômayim//yôm haššᵉlîšî, 80f
yayin//zebaḥ, 114
yayin + tîrôš, 47f
yālad + bēn, 2
yāšār//ṣaddîq, 158
kᵉ//kᵉ, 74, 140
kābôd ... qālôn, (40-)42f
kaḥaš ... derek, 89f
kiḥēš//yāšab, 90, 113
kî//kî, 95
killâ//'ākal, 136
lᵉ//ʿal, 59
lᵉ//ʿim, 5, 146
leḥem ... šemen, 12
leḥem ... šiqqûy, 12f
lāqaḥ ... lāqaḥ, 155
midbār//'ereṣ, 10
māwet ... māwet, 152
mayim ... šemen, 12f
melek ... melek, 151
melek ... mišpāṭ, 58
melek ... šōpēṭ ... melek, 151
miṣrayim//'aššur, 94, 114, 141, 146
māqôr//maʿyān, 153
nîr//ʿēt, 123f
naʿar//bēn, 42, 127
nātan//lāqaḥ, 152
nātan//miggēn, 137f, 139f
nātan//nātan, 140
ʿôp haššāmayim, 24, 29, 95
ʿal//lᵉ, 46f, 149
ʿal//ʿal, 96f
ʿal//taḥat, 48f
ʿim//lᵉ, 5
ʿim//ʿim, 24, 50, 144
ʿānâ//šûb, 93f
qārā'//hālak, 94, 129, 134
qiryâ ... ḥeber, 86f
śāmaḥ//gîl, 110
šôr + zibbaḥ ... mizbēaḥ, 148
šēm//šēm, 23f
šāmayim//'ereṣ, 25
šāmaʿ//(hiqšîb//)he'ězîn, 57
šōpeṭ//melek, 93

2. außerhalb des Hoseabuches

hištaḥăwâ//kibbēd (kābôd), 41
yôbîl//nāḥâ, 121
māgān ... nātan, 137f, 139f
mākak//dālap, 127
mᵉqāreh//bayit, 127
ʿûp//dā'â, 41
šōreš ... bēn, 73

b) HEBRÄISCH–PHÖNIZISCHE (nur im Hoseabuch)

hēm ... 'ānōkî, 129
yāšār//ṣaddîq, 158
miggēn//nātan, 137f, 139f

c) HEBRÄISCH–INNERBIBLISCHE

Hier sind nur die Wortparallelen des Hoseabuches aufgeführt.

himlîk//hēśîr, 105
hirbâ//hêṭîb, 119
ḥākām (... bîn)//nābôn, 37
yissar + ḥizzaq, 98
yāšār//ṣaddîq, 37
miggēn//nātan, 137f, 139f
melek + śār, 105
ṣō'n + bāqār, 37, 52
šāmayim//'ereṣ, 37
šāmaʿ//(hiqšîb//)he'ězîn, 37

5) Texte

a) BIBLISCHE

Gen

2,5 113
2,6 9
2,21 133
3,17 70
14,18-20 137
15,12 133
17,8 73
19,2 62
27,28 112
35,19 87
38,14 87
39,21 12
40,11b 48
43,30 98
45,7f 23
48,14ff 7

Ex

1,10 9
20,13-16 27
32,20 . . . . 107, 109

Num

4,3.23.30.35.39.43.47 150
27,20 72

Dtn

2,25 64
5,17-20 27
7,5 109
9,21 107
15,18 32
28,22 92
29,21b 135
32 39
32,1 . . . . 36, 37
32,1f 38
32,1-43 . . . . 30, 33, 35-39. 40, 69, 92, 100, 109, 129, 136, 144f, 151
32,2 36
32,4 . . . . 37, 38, 144
32,5 37
32,5f 38
32,6 . . . . 36, 37, 38
32,8 36
32,10 . . . . 10, 36, 38
32,10-12 38
32,11 . . . . 36, 109, 151
32,13 36
32,13f 39
32,14 . . . . 36, 37, 52
32,15 . . . . 38, 39
32,15f 40
32,16-18 . . . . 38, 69
32,17 . . . . 36, 37, 101, 145
32,18 . . . . 38, 39, 68
32,18-20 38
32,19 39
32,21 . . . . 37, 38, 39, 101, 129, 144
32,22 . . . . 30, 39
32,24 . . . . 36, 39, 92
32,25 . . . . 33, 36, 81
32,26-35 39
32,28f 38
32,29 37
32,32 . . . . 36, 37, 39
32,32f 37
32,33 . . . . 36, 92
32,34 39
32,35 . . . . 37, 39
32,38b-41 . . . . 38, 69
32,39a 138
32,39 39
32,42 37

Jos

5,4 65
7,5 65
7,19 72
10,13 65

Ri

5,14a 72f
8,1 7
12,1-6 7
15,9 71
16,18 20
19,11 . . . . 44f

1 Sam

4,2 71
11,11 7
13,6 . . . . 17, 61
14,11 61
14,14 123
15,22b 77
17,17 61
19,9b 65
20,10 65
22,7 28
25,27 120
26,12 133
26,18 65
28,13 9

2 Sam

1,21 110
2,8ff 70
5,2 61
5,18.22 71
6,20 54
7,15 105
12,23 19
14,14 46
15,30 20
18,8 71
20,12 150
22,41 71
23,1 137
23,30 61

1 Kön

5,25 . . . . 45f
8,29 32
11,1-8 143
16,29-33 143
19,20b 19
20,30 137
22,25 137

2 Kön

13,19 131
15,8-28 7
16,10-18 143
21,3-5 143
21,3-7 143
23,5 143

1 Chr

29,25 72

2 Chr

1,12 20
18,24 137
30,10 101
30,22b 45
36,16 101

Neh

6,19 63

Ijob

1,17 7
1,21 80
4,3 98
4,13 133
5,2-4 73
9,18 59
13,22 94
15,2 104
15,12a 48
15,22 20
17,11 102
18,5 107
18,8-10 54
19,8 16
20,26 118
23,17 102
24,4 86
24,13 . . . . 147f

24,21 102
29,25 121
31,33 82
31,39f 46
33,14 . . . . 156f
33,15 133
33,16f 21f
36,9f 22
40,4 94

Ps

4,5 98
7,5.10 100
8,2 . . . . 71f
8,9 29
16,3 144
16,11 25
17,14 120
18,11 41
18,20 51
18,35 99
29,5 108
31,7 47
31,9 51
31,24 34
41,9 20
45,11 64
48,5-7 83
48,9 64
49,4 20
49,15 . . . . 50, 52
50,7-15 156
51,4.20 119
55,3 44
59,3.6.8.13 28
60,11 121
66,8-12 . . . . 50f
66,12b 50f
66,13-20 51
68,25 14
68,28a 73
68,28 45
68,35 72
69,30 . . . . 14f
73,9 29
76,4 3
78,9f.57 99
80,13b 150
81,17 45
83,2 110
84,12 . . . . 137, 139
86,9 41
86,16 72
103,14 . . . . 20f
104,11 3
104,12 24
104,34 115
106,19f 41f
106,37 145
108,11 121
109,18 13
109,24 102
110,7 89
111,8 22
112,7 . . . . 20f
115,7 111
118,5 51
118,11 45
120,7 130
127,4 42
129,3 . . . . 123f
139,15 48
139,20 20
139,21a 108
144,1 99
147,20 113
149,5 98

Spr

3,33-35 . . . . 33f
4,1 111
4,9 139
5,7 111
5,9 72
5,22 . . . . 34, 75
6,14 79
7,24 111
8,17a 34
13,18 43
18,5 79
21,19 10
26,26 . . . . 21f
30,10 154

Koh

5,14a 79f
5,16 45
11,3 80
10,15b-17 127
12,10 20

Hld

1,17 60
3,10f 62f, 84
4,1a 77
4,7 49
4,8 156
5,2 49
6,9 49
8,6 55

Sir

7,13 89
8,10 107
10,24 127
41,17 89
45,19 107

Jes

1,2 . . . . 68, 84
1,7b 70f
5,11 92
5,19 101
5,22f 137
8,9b 8
9,2 29
9,20 7
11,5 61
14,29-32 . . . . 63f
15,9 – 16,1 53-55
15,9 – 16,2 55
16,2 . . . . 54, 61
16,3 61
16,6 55
16,8a 77
16,11f 53
19,1-15 . . . . 53, 54, 55f
21,3 64
22,18b 40
23,5 71
23,16b 119
24,6 154
26,3 20
26,7 76
27,3 32
27,8 104
28,13f 54
28,24 78
28,26 98
29,2 45
29,9a 8
29,10 133
32,14 71
32,19 131
33,1 64
34,13a 17
44,5b 61
45,20a 6, 7f, 63
45,21a.24b 8
51,23 83
57,19 81
59,20 60
61,7a 31f
62,6 110
65,4b 66
65,14b 102
66,16a 30

Jer

2,2 133
2,11 . . . . 40f
2,25.27 68
2,28b 109
3,24a 71
4,22b 137
5,1 88
7,9 26
7,31 70
9,1 91
9,4b.5a 137
9,15b 135
13,16 72
16,18 32
18,17 104
20,7 101
22,14 20

23,23 66
25,3b 44
25,16.27 135
31,7 123
31,13a 8
32,19 45
48,30 98
48,31 102
49,16 55
49,19 20
49,37b 135
50,35f 136
50,44 20

Klgl

1,19 84
2,5b 45
3,7.9 . . . . 16f
4,6 135

Ez

6,6 154
8,10 144
16,3 68
17,5 131
17,10 104
19,4 36
19,12 104
21,17 98
27,25 15
27,26 104
28,16 20
32,14 13
37,1-14 10
37,10 . . . . 7, 9
37,12 10
37,12f 9
37,15ff 9f
47,17 62
48,14 . . . . 62f

Dan

6,19b 133
11,21 72

Hos

1 . . . . 4, 15
1,2 . . . . 47, 68, 111
1,3b 1f
1,4 . . . . 2f, 39
1,5 . . . . 2f
1,6 . . . . 1f, 4, 37
1,7 3
1,8 . . . . 1f, 36, 37
1,9 37
1,9b 4f, 58
2,1 . . . . . 9, 30, 36, 37, 38, 143, 144
2,1-3 10
2,2a 5-10, 93, 114, 126, 150
2,4 . . . . 38, 47
2,4c-12 13
2,5 17
2,5b 10
2,6 . . . . 38, 47, 68
2,7 47
2,7b 6, 10-13, 16, 112, 121
2,7b-15 13
2,7c-11b 13
2,8 . . . . 6, 11, 14-18, 55, 57, 73, 84, 95, 106
2,9a 16
2,9b 18f, 74
2,10 . . . . 11, 19-21, 39, 44, 46, 88, 129
2,11 13
2,11b 21-23
2,12 . . . . 21, 23, 69
2,15 39
2,16 84
2,16f 133
2,18 20
2,19 . . . . 23f
2,20a 24, 29, 66, 95, 144
2,20 3
2,23 37
2,23f 25, 119
2,25 37
3,1 . . . . 36, 85
3,3 47
3,4 . . . . 25f, 105
4 43
4,1b 25f

4,2 . . . . 26-28, 88, 129
4,3 . . . . 24, 28f, 39
4,3-4a 30
4,4a 12, 29f, 35, 39, 143
4,4 29
4,4-6 40
4,4-19 40
4,4b-6 . . . . 30-35, 146
4,5 . . . . . 35, 36, 81, 100, 103, 129
4,5b 118
4,5f 39
4,6 . . . . 39, 43, 122
4,6b 43
4,7 . . . . 6, 35, 38, 40-44, 47, 105, 113, 129, 145
4,8 . . . . . 45f, 58, 88, 92, 107
4,9b 6, 46f, 59, 149
4,10 . . . . 43, 97
4,10-15 47
4,10b(f) 47, 48
4,11 . . . . 38, 42
4,11(f) 47f
4,12 111
4,12b 43, 97
4,13a 44, 48f
4,13f 68
4,13b 6, 44, 49f
4,14a 44, 49f
4,14 . . . . 24, 36, 85
4,16 . . . . 10, 39, 50-53, 69, 74, 95, 152
4,18 47
5,1a 38
5,1 . . . . . . 5, 15, 37, 45, 57-59, 68, 89, 105, 113, 119, 123, 134, 151, 156
5,1b 46
5,3 69
5,3f 47
5,4a 8, 59f, 130, 148
5,5 . . . . 66f, 129
5,5b 108
5,6 . . . . 37, 52, 67, 68
5,7 . . . . 4, 35, 38, 42, 58, 67, 68-71, 120, 155, 157
5,8 . . . . 32, 72f, 102, 122
5,8 – 6,6 39
5,8b 14, 106
5,13 . . . . 120f, 128, 156
5,13b 38
5,13b – 6,2 . . . . 38, 69
5,14 . . . . 38, 74, 140
5,14b 75
5,15a 18f, 74, 75
5,15 . . . . 38, 153f
5,15(b) 75f
6,1 38
6,2 . . . . 6, 9, 38, 80f, 116
6,3 39
6,4 . . . . 36, 39
6,5 . . . . 35, 36, 81f, 133
6,7 . . . . 62, 68, 82-85
6,8.9a 86f, 102
6,9 . . . . 102, 129
6,10 47
6,10b.11b 111
7,1a 111
7,1 . . . . 46, 87f, 92
7,2 . . . . 69, 87, 88
7,3 . . . . .58, 87, 88, 89f, 105, 113, 124
7,4 68
7,4-6 90-93
7,5 . . . . . 36, 46, 88, 102, 105
7,7 . . . . 58, 93, 105
7,7b 90, 91
7,9 . . . . 36, 93
7,10 . . . . 93f
7,11 38
7,11b 94, 114, 129, 134, 141, 146
7,12a 95
7,12 24
7,13a 95
7,13 . . . . 4, 85
7,13b 67
7,14 . . . . . . 6, 36, 82, 112, 122
7,14-16 . . . . . . 67, 96-102, 146
7,16 . . . . 4, 32, 35, 37, 42, 111, 113, 132, 133, 137, 144
8 . . . . 106, 107
8,1 . . . . 36, 102
8,2 . . . . 87, 102, 105, 129, 144, 155
8,3 . . . . . 42, 47, 68, 97, 102, 155
8,3f 103, 104f, 122
8,4a 58, 68, 102, 105, 107

8,4 85
8,5a 106
8,5 . . . . 14, 44, 73, 102
8,6 . . . . 37, 106
8,6b 58, 106f, 109
8,7 67
8,8 69
8,9 85
8,10 . . . . 69, 105
8,11 . . . . 67, 107f
8,13 . . . . 37, 69
8,13b 85
8,14 . . . 36, 38, 39, 58, 107, 108f
9,1a 146
9,1 . . . . 47, 60, 69, 155
9,1-4 109-115
9,2 . . . . 42, 58, 97, 136, 144
9,2f 90
9,2-6 15
9,2-9 15
9,2b.3a 6
9,3 94
9,3b 6, 67
9,4 133
9,5 . . . . 115f
9,6a 115
9,6 . . . . 15, 17, 84
9,7a 15, 81, 115f
9,7 . . . . 37, 39
9,7b 101, 116
9,7-9 15
9,9 15
9,10 . . . . . 36, 38, 42, 70, 85, 113
9,11 93
9,12.14 36
9,17 39
10,1 . . . 37, 58, 88, 91, 92, 108, 117-119, 134, 138, 146
10,2a 58, 119f
10,2 . . . . 69, 70, 153f
10,2b 138
10,3 69
10,4 37
10,6a 120f
10,6 . . . . 128, 156
10,8 109
10,11 . . . . 36, 39, 97, 133, 138
10,11f 121-124
10,12 58
10,13a 6
10,13 . . . . 58, 89, 113, 123, 124
10,14a 6, 125f
10,14 . . . . 75f, 126
11 144
11,1 . . . . . . 42, 103f, 121, 156
11,1-4 . . . . 38, 126-133
11,2 . . . . 44, 68, 86, 94, 138
11,3 . . . . 45, 60, 149
11,3f 38, 137
11,4a 75f
11,4 . . . . 82, 101, 149
11,5 . . . . . 58, 67, 94, 118, 133f
11,6 . . . . 4, 36, 37, 69, 151
11,6f 6, 134-138
11,7 . . . . . 30, 35, 39, 69, 101, 111, 121, 128, 149, 155, 156
11,7b 143
11,8a 137, 138, 139f
11,8 39
11,8f 39
11,9 . . . . 30, 143
11,9b 140f, 144
11,11 . . . . 94, 141
12 . . . . 39, 142, 144
12,1 . . . . . 24, 30, 42, 138, 140, 141
12,1f 6, 35, 73, 101, 104, 142-146, 148
12,2a 104, 129
12,2 . . . . 35, 36, 42
12,2b 94
12,3 143
12,3b 6
12,5 . . . . 5, 146
12,7a 147f
12,8 143
12,10 . . . . 42, 70
12,12a 142
12,12 . . . . 60, 145, 148
12,13f 128
12,15b 46, 149
13 39
13,2 . . . . 69, 85
13,2b 69, 102, 149, 155
13,3 36
13,4 . . . . 39, 42, 70, 138

13,6 . . . . 39, 40
13,7a 150
13,8 . . . . 36, 39
13,8b 6, 150
13,10 . . . . . 35, 36, 58, 135, 150f
13,10b 105
13,11 . . . . 151f
13,12 39
13,13 . . . . 37, 38
13,14 . . . . . 6, 36, 52, 53, 151, 152
13,15b 152f
14,1 . . . . 75, 120, 153f
14,3 . . . . 87, 102,1 04, 154-156
14,3b 58, 69, 149
14,6 36
14,8 37
14,9 . . . . 121, 128, 156f
14,10 . . . . 37, 38, 93, 157f

Joel

1,17f 154
2,10 47
2,23 123

Am

2,4 145

Obd

3f 55

Jon

2,9 47
4,8 104

Mich

1,8 98
1,13 60

Hab

1,5a 8
3,2a.16 64

Zef

2,1a 8
3,10 121
3,18 18

Sach

10,1 . . . . 78f
12,10 138

Lk

2,20 64

Röm

11,26 60

1 Kor

14,20 137
15,56a 53

Eph

5,27 49

1 Joh

1,1.3 64

b) UGARITISCHE

6:22f 57
49:I:8-10 43
49:I:30 113
49:II:6-9 52
49:II:7f 149
49:II:19f 10
49:II:21-23 . . . . 52, 74
49:II:22 132
49:II:28f 149
49:II:28-30 52
49:II:31f 154
49:II:31-34 81
49:II:35-37 136
49:III:18-21 95

49:IV:25-27.36-38 123
49:V:6 90
49:VI:24-27 139
49:VI:28 59
49:VI:28f 58
51:I:15-19 49
51:IV:13-15 122
51:IV:25f 43
51:IV:43f 58
51:IV:54-57 49
51:IV:59f 74
51:VI:42f 149
51:VIII:7-9 141
51:VIII:13 17
51:VIII:15-20 . . . . 52, 74
51:VIII:26-29 42
51:frag.:1-4 139
52:6 97
52:61-63 28
58:VIII:28f 41
59:I:8-10 43
67:V:14-16 141
67:V:22 2
67:VI:6.29 10
68:11f 23f
68:12f 89
68:20 90
75:I:36f 16
77:7 2
77:21 151
95:10-18 25
95:15-18 5
121:II:7f 94
122:1f.9f 94
123:3f.8f 94
124:11 . . . . 24, 29, 95
125:10f 12
125:14f 110
125:25-27 5
125:26f 153
125:99 110
126:III:13-16 11
126:IV:2 64
126:V:24f 113
127:3-5 115
127:24 90
127:33f 58
127:34f 32
127:37f 58
127:41f 57
128:I:2 92
129:17f 58, 59
132:5 2
137:20f 140
137:37f 121
170:2 86
329:11-14 . . . . 49f
601:3f 48
601:6f 93
608:7f.9.19 . . . . 46f
1001:rev:7 148
1005:6-9 151
1007:5-7 151
1015:14-20 25
1089:3.7.10 . . . . 94, 141
1117:18.20 131
2004:1f 114
2009:6-9 25
2009:8 5
2068:25f 127
2115:rev:8-12 5
1 Aqht:44 110
1 Aqht:60 122
1 Aqht:117 26
1 Aqht:131 26
1 Aqht:148-150 41
1 Aqht:167f 88
1 Aqht:213f 115
2 Aqht:I:3f.8f.13f 12
2 Aqht:I:19f 73
2 Aqht:I:22-23 12
2 Aqht:II:22f 116
2 Aqht:VI:7f 47f
2 Aqht:VI:28f 24, 66
2 Aqht:VI:35f 155
2 Aqht:VI:38 152
2 Aqht:VI:42 19
2 Aqht:VI:50f 43
3 Aqht:obv:16f 19
3 Aqht:obv:19 141
3 Aqht:obv:29 . . . . 32, 141
3 Aqht:rev:24 34
Krt:12f 158
Krt:65-72 114
Krt:76-78 148
Krt:80-82 . . . . 46, 87

Krt:142f 140
Krt:159-165 114
Krt:160 149
Krt:168-170 148
Krt:172-173 . . . . 46, 87
Krt:203-206 152
Krt:287-289 140
ʿnt:II:9f 48f
ʿnt:II:38-39 12
ʿnt:III:6f 43
ʿnt:III:17-22 25
ʿnt:III:23-25 . . . . 93, 157
ʿnt:IV:47 90
ʿnt:IV:86-87 12
ʿnt:V:40f 58
ʿnt:VI:18-20 43
ʿnt:pl.IX:III:2f 43
ʿnt:pl.IX:III:12-14 25
ʿnt:pl.X:IV:14f 23
ʿnt:pl.X:IV:24f 90
RS 24.244 . . . . 111f
RS 24.246B 112

c) PHÖNIZISCH–PUNISCHE

KAI 4:6f 158
KAI 10:9-11 11
KAI 14:9 . . . . 54, 55f
KAI 24:13 129
KAI 26:II:11 132
KAI 29:1-2a 140
KAI 81:7 112

d) ARAMÄISCHE

KAI 217:7-9 . . . . 11f
KAI 222:B:38 11
KAI 224:5.7 11

e) QUMRAN

1QH 7,2f 64
1QM 6,13 27
1QJes[a] 11,5 62
1QJes[a] 24,6 154
1QJes[a] 45,20 . . . . 7f
1QJes[a] 59,20 60
4QDtn 32,8 36
4QDan frag. apocr. 145

19. — J. FITZMYER, The Aramaic Inscriptions of Sefîre. 1967. XIII-207 p., XVIII tab. L.it. 3.800/$6.70

20. — H. J. VAN DIJK, Ezekiel's Prophecy on Tyre (Ez 26,1 - 28,19): A New Approach. 1968. XII-149 p. L.it. 3.000/$5.30

21. — N. J. TROMP, Primitive Conceptions of Death and the Nether World in the Old Testament. 1969. XXIV-241 p. L.it. 4.000/$7.00

22. — A. C. M. BLOMMERDE, Northwest Semitic Grammar and Job. 1969. XXVIII-151 p. L.it. 3.200/$5.50

23. — W. A. VAN DER WEIDEN, Le livre des Proverbes. Notes philologiques. 1970. 178 p. L.it. 3.000/$5.30

24. — E. M. MEYERS, Jewish Ossuaries: Reburial and Rebirth. Secondary Burials in Their Ancient Near Eastern Setting. 1971 XII-119 p. L.it. 3.000/$5.30

25. — L. SABOTTKA, Zephanja. Versuch einer Neuübersetzung mit philologischem Kommentar. 1972. XIX-177 p. L.it. 4.300/$7.55

26. — K. J. CATHCART, Nahum in the Light of Northwest Semitic. 1973. 171 p. L.it. 6.000/$10.00

27. — W. KUHNIGK, Nordwestsemitische Studien zum Hoseabuch.

PONTIFICIUM INSTITUTUM BIBLICUM

Biblical Institute Press, Piazza della Pilotta 35, 00187 Roma, Italia